庆祝福建师范大学地理科学学院建院20周年系列专著

本书研究及出版获以下项目支持
福建省科技厅省属公益类科研专项（2017R10343）
国家自然科学基金项目（41871208）

福建『海丝』文化旅游

资源、形象、认知

谢红彬 陈东军 郭鹏飞 等 著

科学出版社
北京

内 容 简 介

福建是古代海上丝绸之路的重要起点和发祥地，又是“21世纪海上丝绸之路”核心区，具有“海丝”文化旅游发展的先天优势。本书在梳理福建海上丝绸之路发展历史的基础上，分析评价“海丝”文化旅游资源的空间结构及发展潜力，探讨“海丝”文化旅游形象，分析民众对“海丝”文化遗产的认知及保护态度。以“资源禀赋-文化认同”为分析框架，探讨福建“海丝”文化旅游发展问题，以期推动“海丝”文化遗产资源的保护与开发，为福建“海丝”文化旅游区构建提供理论依据和实践参考。

本书适合高等院校人文地理、旅游相关专业师生和关注“一带一路”建设的研究人员阅读，亦可供政府相关部门工作人员参考使用。

图书在版编目(CIP)数据

福建“海丝”文化旅游：资源、形象、认知/谢红彬等著．—北京：科学出版社，2021.6

ISBN 978-7-03-068469-1

Ⅰ.①福… Ⅱ.①谢… Ⅲ.①海上运输-丝绸之路-旅游文化-研究-福建 Ⅳ.①F592.757

中国版本图书馆CIP数据核字（2021）第052239号

责任编辑：林 剑／责任校对：樊雅琼

责任印制：吴兆东／封面设计：无极书装

科学出版社 出版

北京东黄城根北街16号

邮政编码：100717

http://www.sciencep.com

北京建宏印刷有限公司 印刷

科学出版社发行 各地新华书店经销

*

2021年6月第 一 版 开本：787×1092 1/16

2021年6月第一次印刷 印张：13

字数：313 000

定价：158.00元

（如有印装质量问题，我社负责调换）

前　　言

2013年，国家主席习近平提出共同建设“丝绸之路经济带”和“21世纪海上丝绸之路”的倡议，引起了世界各国的广泛关注。海上丝绸之路是世界上最古老的航线之一，是东西方联结的纽带，也是人类文明的历史见证。“海丝”历史文化在“21世纪海上丝绸之路”建设这一承前启后的伟大实践中发挥重要作用。海上丝绸之路因其鲜明的文化特色、丰富的文化内涵、深厚的历史文化价值而颇具旅游开发潜力。习近平主席指出，“应该发展丝绸之路特色旅游，让旅游合作和互联互通建设相互促进发展”，促进文化与旅游的融合发展是“一带一路”建设的重要内容。我国积极主动地与“海丝”沿线国家（地区）开展旅游合作，通过多种途径和手段促进文化和旅游融合发展，鼓励“海丝”旅游，弘扬“海丝”文化。

福建省作为古代海上丝绸之路的重要起点和发祥地，拥有丰富多元的“海丝”历史文化遗址遗迹，是我国“海丝”文化遗存最为富集的省份之一。近年来，福建省泉州市、漳州市、莆田市联手广州市、宁波市、南京市等8个城市组成中国海上丝绸之路保护与“申遗”城市联盟，共有32个遗产点联合申报世界文化遗产，其中福建省3个城市有19个遗产点。福建省在积极参与“海丝”世界文化遗产申遗报工作、极力推动“海丝”文化遗产保护的同时，也在不断挖掘“海丝”文化遗产所蕴含的历史文化、科学研究及艺术观赏价值，大力宣传“海丝”文化旅游，助力福建省“21世纪海上丝绸之路”核心区建设。

“海丝”文化遗产资源是旅游发展的客观基础，而民众文化认同为“海丝”文化遗产的保护传承及旅游发展提供主观支持。为实现“海丝”文化遗产的科学保护、促进“海丝”文化旅游资源合理开发、推动福建省“21世纪海上丝绸之路”核心区建设，对福建省现有“海丝”文化遗存遗迹进行系统调查、分类与评价，分析民众对“海丝”文化认同状况及对“海丝”文化遗产的保护态度，是文化强国背景下的重要科学任务。基于此，本书将资源利用与文化认同视为统一有机整体，从“海丝”旅游资源、旅游形象、文化认同、遗产保护认知、旅游满意度等方面探讨福建“海丝”文化旅游发展问题。

全书共分为10章。第1章和第2章明确研究背景与意义，界定相关概念及空间范围，并对福建“海丝”文化旅游发展作简要概述；第3章至第5章在界定“海丝”文化旅游资源概念基础上，分类并评价福建省“海丝”文化旅游资源，并探究其空间特征及开发潜力；第6章通过游客感知形象与官方投射形象的对比分析，探讨福建“海丝”文化旅游目的地形象特征及旅游形象宣传中存在的问题；第7章和第8章从文化认同视角出发，探究民众“海丝”文化认同状况及其对“海丝”文化遗产的认知与保护态度；第9章从“激励—保健因素”维度，探究游客对“海丝”文化旅游景区的满意度及其影响因素，进而揭示景区经营管理问题；第10章在整合“海丝”文化旅游资源现状、旅游形象感知、文化认同与遗产保护、景区满意度分析结果的基础上，提出“海丝”文化旅游区空间构建设想及对策。

本书总体思路、框架由谢红彬负责设计和组织。全书共分10章，各个章节撰写人员具体如下：第1章，谢红彬、杨璐；第2章，张娜娜、杨璐；第3章，郭鹏飞、罗琳、谢红彬；第4章，郭鹏飞、谢红彬、罗琳；第5章，汪文花、李积普；第6章，叶建玉、李积普；第7章，陈东军、李积普；第8章，郭鹏飞、罗琳；第9章，张娜娜、谢红彬、杨璐；第10章，谢红彬、陈东军。全书由谢红彬负责统稿，魏平、关钊参与校稿。

本书内容为福建省自然科学基金项目（2017R10343）、国家自然科学基金项目（41871208）的研究成果，并得到福建师范大学地理科学学院建院20周年系列专著出版经费的资助。

衷心感谢在本书数据收集、实地调查、书稿撰写及文字校对过程中所有参与人员。大家认真负责、精诚合作的态度，令人感动和难忘。感谢福建师范大学地理科学学院各位领导和相关老师提供的帮助和支持，特此致谢。

福建省“21世纪海上丝绸之路”核心区建设尚处于起步发展阶段，作者殷切期望本书能够引起社会各界对福建“海丝”文化的更多关注与兴趣，并希望能够为福建“海丝”文化旅游区建设建言献策。

限于著者水平，内容难免存在疏漏，不足之处敬请广大读者批评赐教！

谢红彬

2020年12月20日

目　　录

1 研究概述

1.1 研究背景和意义

1.1.1 研究背景

自2013年习近平主席提出“一带一路”倡议以来，建设“21世纪海上丝绸之路”成为当今社会的重要议题。该倡议不仅为“海丝”① 沿线各国、各地区经贸合作及文化交流提供崭新机遇，同时也进一步引发我国各“海丝”沿线城市“申遗”的热潮。2012年，福建省的福州、泉州和漳州同广州、宁波、扬州、蓬莱、北海、南京等9个城市的海上丝绸之路史迹即已共同列入中国世界文化遗产预备名单；2016年，国家文物局召开“海丝”申报世界文化遗产工作会议，确定泉州、广州、南京、宁波、漳州、莆田、江门、丽水等8个城市共34个遗产点联合申报2018年世界文化遗产。在此背景之下，“海丝”沿线城市对“海丝”文化遗产价值挖掘及文化遗产保护性开发利用也日益重视。

加强文化与旅游融合发展，是“一带一路”建设的重要内容。“海丝”沿线蕴含着极为丰富的文化旅游资源、庞大的市场体量及相应高速成长的旅游产业，因此文化与旅游融合发展将为“海丝”沿线旅游发展注入活力。2013年至今，我国与“一带一路”沿线国家签署近百项文化、旅游合作文件，与多个国家共同举办旅游年，创办丝绸之路旅游市场推广联盟等，多手段多途径促进“一带一路”沿线国家之间文化与旅游深度融合发展。文化和旅游部相继提出多项倡议，弘扬“海丝”文化、鼓励“海丝”旅游、加强“海丝”沿线旅游合作。作为“21世纪海上丝绸之路”建设的核心区，福建省制定了《关于加快推进文化和旅游融合发展的实施意见》和《关于推进文化和旅游融合发展示范工程的实施方案》；通过举办“海丝”国际旅游节、“海丝”国际学术研讨会等多种举措将区域内的“海丝”文化与旅游产业深度融合，以充分展现区域“海丝”文化历史内涵，推进区域“海丝”文化城市形象建设，打造国际“海丝”文化旅游目的地。

福建省是我国海上丝绸之路重要起点和发祥地，发展历史悠久，人文积淀深厚，并保留了丰富的“海丝”文化遗址遗迹，涵盖港口码头和航标工程等交通设施、手工业和丝织业等商贸遗址、宗教和名人文化建筑等方方面面，这些遗址遗迹具有重要的历史文化价值、科研价值和艺术观赏价值，旅游开发潜力巨大。目前福建省除已有较高知名度的25个“海丝”申遗点外，还有大量具备旅游开发价值的遗址遗迹，由于分布散落、保护利用

① “海丝”，即“海上丝绸之路”的简称。

重视不足、文化内涵挖掘不够、资源辨识度和观赏性不佳等原因未能得到系统全面的开发利用。因此，在推动福建省21世纪海上丝绸之路核心区建设、促进“海丝”文化与旅游融合背景下，对福建省现有“海丝”文化遗存遗迹进行调查分类评价，摸清资源整体空间分布状况，分析“海丝”旅游目的地形象，了解民众的“海丝”文化认同及其保护态度，进而构建“海丝”文化旅游区具有重要的理论与现实意义。

1.1.2 研究意义

1）“海丝”文化旅游资源分类评价及空间特征分析，可为福建“海丝”文化旅游区建设提供本底依据。通过构建“海丝”文化旅游资源分类与评价指标体系，对资源富集的福建沿海地区“海丝”文化旅游资源进行分类评价，并应用定量统计和GIS空间分析法研究福建“海丝”文化旅游资源空间结构特征，为福建省保护和利用“海丝”文化旅游资源、旅游景点规划、旅游产品开发、专项旅游路线规划等提供科学指导和参考。

2）“海丝”文化旅游形象研究，可为福建“海丝”文化旅游区建设提供“海丝”IP导向。利用网络文本分析法，从游客感知形象与官方投射形象视角，对比分析福建“海丝”文化旅游目的地形象，评价“海丝”文化旅游形象宣传的优势和不足，找准形象优化着力点，为福建“海丝”文化旅游形象宣传提供优化建议。

3）民众对“海丝”文化认同和保护态度研究，可为福建“海丝”文化旅游区建设提供情感支持。从文化认同视角探讨民众对“海丝”文化遗产的认知与保护态度，了解民众及游客对福建“海丝”文化旅游的情感需求，强化民众及游客与“海丝”文化遗产的内在联系，有利于唤醒民众对“海丝”文化遗产保护与开发的积极性。

4）“海丝”文化旅游景区游客满意度分析，可为福建“海丝”文化旅游区经营管理提供优化建议。从保健因素和激励因素两个维度，分析本地游客与外地游客对“海丝”文化旅游景区的满意度及其影响因素，可以有效了解游客对“海丝”文化旅游景区满意程度及其原因，以便准确了解和预测游客的潜在需要，从而对旅游产品和服务进行创新；也有利于强化旅游从业人员的市场观念和服务管理意识，进而提升旅游景区经营管理水平。

5）“海丝”文化旅游空间开发设想，可为福建“海丝”文化旅游区构建提供规划依据。通过上述多角度研究整合，以资源为基础构建福建“海丝”文化旅游区开发总格局，有利于推动旅游区内福建“海丝”文化旅游资源优化配置，增强福建“海丝”文化旅游的整体实力，扩大福建“海丝”文化旅游品牌知名度和影响力，从而推动福建“海丝”文化旅游的持久发展。

1.2 相关概念

1.2.1 海上丝绸之路

海上丝绸之路概念是相对于陆上丝绸之路而提出的，由日本学者三杉隆敏在1967年首次提出。华人学者中最早提出海上丝绸之路概念的饶宗颐（1974）认为，海上丝绸之路是古代中国与海外各国互通使节、贸易往来、文化交流的海上通道。赵春晨（2002）认为，海上丝绸之路是以丝绸贸易为象征的、在中国古代曾长期存在的、中外之间的海上交通线及与之相伴随的经济贸易关系。马建春（2016）认为，海上丝绸之路是古代东西方人民开通的，连接亚、非、欧三大洲的海上交通大动脉，是古代中国与南海、印度洋沿岸国家及非洲、欧洲诸国物质和精神文明双向交流的通道。综上所述，海上丝绸之路指古代中西贸易者秉承和平友好信念，开展以丝绸为代表的中外经贸活动，以及人口流动和迁移所伴随的中外文化交流和政治往来的海上通道。

1.2.2 海上丝绸之路文化旅游

世界旅游组织针对文化旅游提出广义和狭义两种概念。广义概念认为：文化旅游包括旅游的各个方面，旅游者可以从中了解到不同的历史和遗产，体验其中的文化内涵。狭义概念认为：人们出于文化动机而进行的移动，诸如研究性旅行、参观历史遗迹、宗教朝圣旅行、节日和其他文化事件旅行。这不但为文化旅游提供了观念性的理论框架，而且明确了概念性定义的内容和范畴。国内对文化旅游的定义也见仁见智，主要有三种：①文化旅游是一种旅游类型（马波，1998）；②文化旅游是指旅游产品的提供者为旅游产品的消费者提供的学习、研究、考察所游览国家（地区）文化的一方面或诸方面为主要目的的旅游产品，比方说历史文化旅游、民俗文化旅游等（蒙吉军和崔凤军，2001）；③文化旅游是旅游者参与旅游经营者创造的带有文化色彩的旅游产品的过程（郭丽华，1999）。综合国内外学者对于文化旅游的概念，本书认为文化旅游是一个强调旅游资源、旅游者体验和文化融入的综合概念。

“海丝”文化旅游是指人们出于对“海丝”文化独特魅力的需求，通过旅行实现感知、了解、体验地方“海丝”文化相关的遗迹、建筑、民族艺术和民俗、宗教等有形和无形遗产或产品的行为过程。

1.3 研究内容与技术路线

1.3.1 研究内容

1）在明确研究背景与意义的基础上，采用文献研究法，梳理相关研究进展，界定相关概念，明确“海丝”文化旅游区空间范围，并对其发展概况进行分析。

2）通过构建“海丝”文化旅游资源分类与评价指标体系，对资源富集的福建沿海地区“海丝”文化旅游资源进行分类评价，并应用定量统计和GIS空间分析法研究福建“海丝”文化旅游资源空间结构特征。

3）利用网络文本分析法，从旅游供需视角出发，基于游客网络游记和官方网络宣传文本，通过ROST CM软件提取文本高频词，构建语义网络图谱，进行情感分析。以福建省泉州市为例，构建泉州“海丝”旅游形象分析体系，研究泉州“海丝”旅游感知形象与投射形象的内容与特征，进而对比分析福建“海丝”文化旅游目的地形象感知与投射，并总结评价福建“海丝”文化旅游形象宣传的优势和不足。

4）基于田野调查及问卷调查数据，利用 Logistic 分析法和因子分析法，分析民众对“海丝”文化认同状况。从地方文化认同视角探讨民众对“海丝”文化遗产的认知与保护态度，了解民众对“海丝”文化内涵的理解，认识民众对福建“海丝”文化旅游的情感

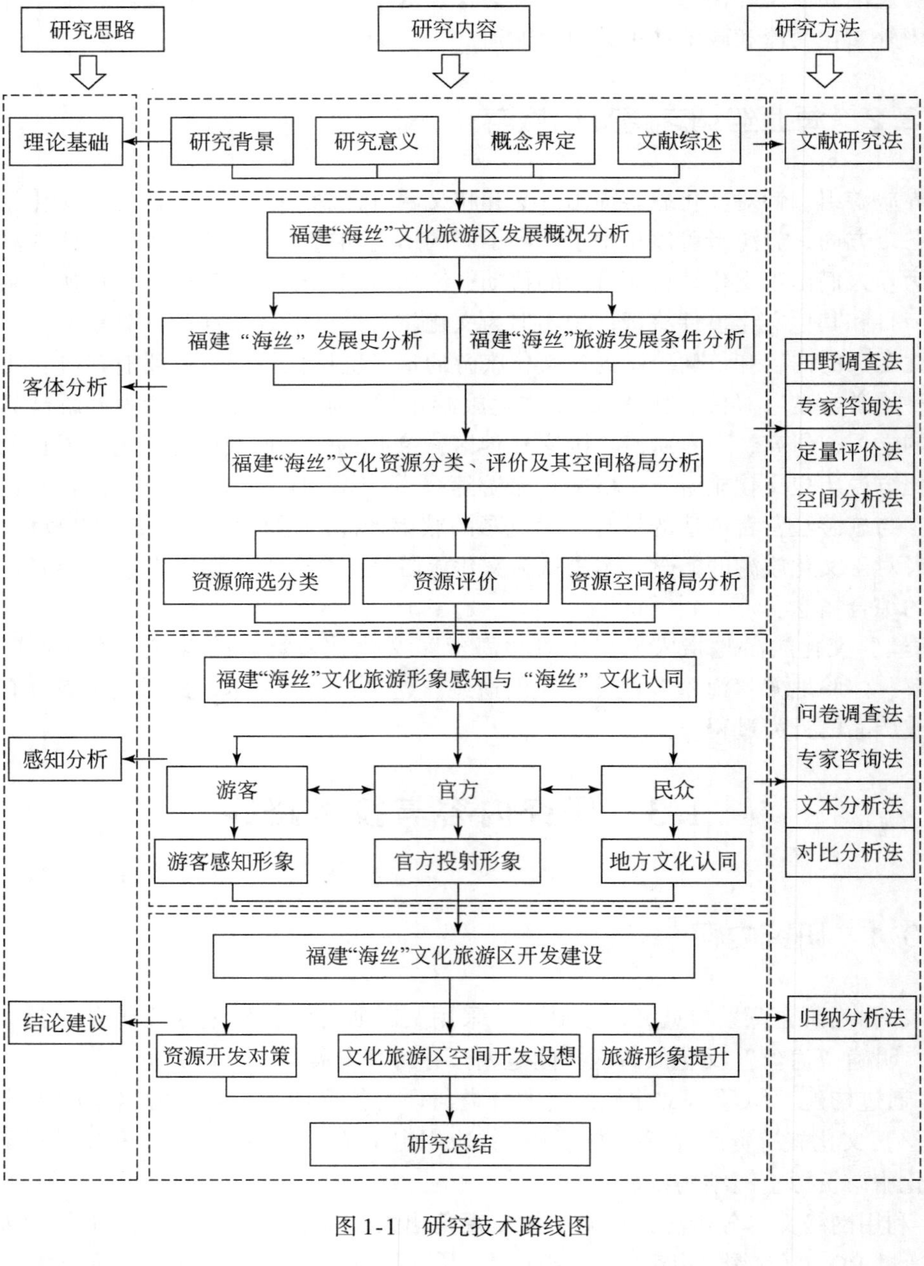

图 1-1　研究技术路线图

需求，强化民众与“海丝”文化遗产的内在联系。

5）基于“保健-激励”双因素理论，利用结构方程构建历史文化街区游客满意度测量模型，分析本地游客与外地游客对“海丝”文化旅游景区的满意度及其影响因素，并探讨保健因素、激励因素与游客满意度和忠诚度之间的关系。

6）通过上述多角度研究整合，分析“海丝”文化旅游资源开发利用对策，构建福建“海丝”文化旅游区开发总格局。

1.3.2 技术路线

本书技术路线如图 1-1 所示。

1.4 海上丝绸之路研究现状

1.4.1 海上丝绸之路研究进展

随着“一带一路”倡议的提出，海上丝绸之路研究逐渐成为我国学术界的讨论热点。海上丝绸之路是以丝绸贸易为象征的中外之间的海上交通线及其经济贸易关系，共建海上丝绸之路是我国及“海丝”沿线国家经贸合作、经济发展和文化交流的新机遇。

1.4.1.1 国外研究概况

“海上丝绸之路”泛指古代中国通过海洋与周边国家和地区进行友好、平等的贸易往来和文化交流的通道，它是与陆上丝绸之路相对应的概念。法国汉学家沙畹最早提出丝绸之路有陆海二道。此后，不断有学者使用海上丝绸之路这一名称，学界对海上丝绸之路的关注和研究也越来越深入和细化。按照发展时间和研究内容可分为以下三个阶段：

第一阶段：20 世纪 90 年代以前，对海上丝绸之路的研究以日本学者为主。日本学者依据大量史料对海上丝绸之路的形成、发展历史进行梳理，并对“海丝”涉及的历史事件、历史人物、历史港口和地名、贸易流通方式等进行论述和实地考察（周长山，2014）。藤田豊八、桑原隲藏先后对宋元时期曾担任泉州提举市舶司的阿拉伯人蒲寿庚个人事迹进行了考证①；还有学者根据《汉书·地理志》记载，分别对南海等海域的地名和中东地区

① 藤田豊八：ユール氏注マルコ・ポーロ紀行補正二則（约尔氏所注马可波罗游记补正两则），初刊 1913 年東洋学報第三卷第三号，后收于氏著東西交渉史の研究（东西交流史研究：南海编），東京：荻原星文館，1932 年。桑原隲藏的文章初名宋末の提举市舶西域人蒲寿庚に就いて（关于宋末提举市舶西域人蒲寿庚），连载于 1915～1918 年史学雑誌（Shigaku Zasshi）（二六编一〇号、二七编二号、二七编五号、二八编九号、二九编一〇号）；后以宋末の提擧市舶西域人蒲壽庚の事（宋末提举市舶西域人蒲寿庚之事）为题，出版单行本（上海：东亚研究会，1923）；又修改后以蒲寿庚の事蹟（蒲寿庚事迹）为题，收于《桑原隲藏全集》第五卷，東京：岩波書店，1968 年。转引自周长山的《“海上丝绸之路”概念之产生与流变》一文。

的历史遗迹进行比对研究和实地考察（藤田豊八，1932；小山富士夫，1939）；京都大学的冈崎敬[①]、吉田光邦等[②]对中西陶瓷交易进行了深入研究。20世纪60年代后，以三杉隆敏为代表，通过广泛引用文献材料，对海上丝绸之路的形成发展史，海上丝绸之路涉及的港口、地图、博物馆等，以及中国海上丝绸之路贸易商品流通方式和路径等进行了深入研究（周长山，2014）。

第二阶段：20世纪90年代至21世纪初，召开了一系列海上丝绸之路国际学术研讨会，如联合国教科文组织发起“海上丝绸之路与伊斯兰文化”国际学术讨论会、联合国教科文组织海上丝绸之路综合考察团在泉州举办国际学术研讨会等，产生了众多“海丝”文化相关的学术论文（表1-1）。研究途径依然是通过考古、考察、古籍和文献等梳理区域和地区间的海上丝绸之路贸易和文化往来。这一阶段研究区域有所扩展，对同中国从事海上贸易的研究区域从南亚、东南亚扩展到波斯湾；研究内容则侧重于宗教文化和商品贸易。

表1-1　20世纪90年代至21世纪初海上丝绸之路研究的主要区域与内容

项目		文献
研究区域	南亚地区	Michel Jacq-Hergoualc'H（2002）对马来半岛到中国的海上丝绸之路展开了相关研究
	东南亚地区	Wade（2009）对公元900～1300年间东南亚海上丝绸之路的发展情形进行了系统研究
	西亚地区	Kalph（2010）对波斯湾到中国的海上丝绸之路展开了相关研究
	海、陆丝绸之路	Jones和Pratt（2012）对陆上和海上丝绸之路的联系和影响研究
研究内容	宗教文化	伊斯兰教：郑一钧（1994）探讨了苏禄穆斯林早期文化对海上丝绸之路的贡献 摩尼教：Peter Bryder（1991）对泉州摩尼教历史进行研究调查，认为摩尼教是海上丝绸之路和陆上丝绸之路的连接纽带
	商品贸易	Lisa（1991）依据考古资料证实，15世纪中叶波斯的一些制瓷中心开始仿制中国瓷器，表现在波斯青花瓷的花纹特征、形状及岩石类结构等方面；Jessica Hallett（1995）指出，在穆斯林航海的繁荣时期，波斯湾的巴士拉港的陶工模仿中国瓷器制作的巴士拉的工艺品，这种东西方艺术的相互交流对陶器历史产生了深远的影响*

*转引自陆芸《模仿与启示——中国和巴士拉之间的陶瓷贸易》。

第三阶段：进入21世纪后，关于海上丝绸之路的研究主要集中在经济贸易和旅游两方面。经济贸易方面，众多学者对“海丝”沿线国家和地区之间交通、物流、贸易和投资合作、经济外交政策等展开研究，为实现区域一体化、“一带一路”建设提供借鉴。如Broadman（2007）、Muthiah（2010）分别针对中印两国与非洲间贸易和投资的增长情形及中印关系的发展进行了系统分析；Sklias等（2012）运用现实主义框架，对中国与希腊及中国与土耳其的经济外交政策对当地航运业和能源行业现有格局的可能影响展开分析；Bhattacharyay（2012）认为，通过完善运输和物流基础设施建设可以增强亚洲与世界的联

① 冈崎敬：磁器から見た東西交渉史（瓷器所见的东西交流史），收于座右宝刊行会编，世界磁器全集15海外篇，東京：河出書房，1958年。转引自周长山的《“海上丝绸之路”概念之产生与流变》一文。

② 吉田光邦，小山喜平：西アジアの技術1964（西亚的技术1964），京都：京都大学出版会，1966年。转引自周长山的《“海上丝绸之路”概念之产生与流变》一文。

系，进而促进亚太地区的经济一体化。海上丝绸之路旅游方面的研究明显不足，学者们的研究主要集中在发展比较成熟的陆上丝绸之路沿线国家和地区旅游业。Lane 等（2011）通过梳理乌兹别克斯坦悠久的丝绸之路文化，对重建丝绸之路文化旅游提出倡议；Heshmatipour（2010）对丝绸之路在沿线国家和地区旅游业发展中所起的作用进行了探讨；Esfahani 等（2015）对韩国到伊朗的丝绸之路旅游发展进行了分析，指出通过适当投入基础设施，举办和丝绸之路相关的展览或国内外旅游广告，有助于实现丝绸之路的复兴；世界贸易组织探讨了丝绸之路沿线国家旅游便利签证和旅行手续问题（World Trade Organization，2001）。

1.4.1.2 国内研究概况

（1）研究发展历程

我国对海上丝绸之路的记载始于汉朝，《汉书·地理志》首次记载了由中国南方通向印度洋的航线。之后，历代典籍和地方志等均有不同程度涉及，但未冠以海上丝绸之路的名称。20 世纪 20 年代起至改革开放前，国内学界对海上丝绸之路的研究一般是涵盖在“中西交通史”“南洋交通史”“海交史”等研究之下；改革开放以后，我国学者陈炎（1982）首先提出“海上丝绸之路”的概念，并从“海丝”发展不同历史阶段我国对外丝绸贸易方面出发，探讨了我国对“海丝”沿线国家和地区生活方式、手工业发展、技术传播、文化交流、人口迁移等方面所做出的贡献，成为中国海上丝绸之路研究的开拓者。在联合国教科文组织的推动下，国内也相继涌现出一批梳理“海丝”历史的研究成果。众多学者从“海丝”发展时间维度出发，依据大量史料对“海丝”发展历程及其起止的上下时限进行梳理和探讨（王爱虎，2015）；或针对“海丝”概念的提出过程、“海丝”的内涵、性质、兴衰原因等（司徒尚纪和许桂灵，2015；陈潮，2001）进行探讨。还有学者从海上丝绸之路发展的某个历史阶段切入研究海上丝绸之路的发展，如选择某个时间段对“海丝”背景下的历史事件、历史人物、技术、航海贸易、考古发现、中外文化交流及地区发展进行研究（庄景辉，1984；何国卫，2015；杨恩璞，1984；李金明，2011）。

21 世纪以来特别是“一带一路”倡议提出之后，海上丝绸之路研究进入快速发展阶段，研究视角更加多元化。一方面，针对“21 世纪海上丝绸之路”倡议，中国与“海丝”沿线国家和地区之间区域合作（张天桂，2016；黄栋栋，2019；侯毅，2018）、港口布局建设（邹云美和陈军，2018；伍静等，2019）、旅游业发展（郭伟锋和部俊利，2018）、经贸往来的相关研究更加突出（向晓梅，2014）。另一方面，对国内“海丝”沿线省份，如广东、福建、广西、山东等参与海上丝绸之路建设的机遇、挑战和对策等探讨也更加丰富（吴崇伯，2014；卢文刚等，2015；黄耀东和黄尚坤，2015；王可佳，2018）。同时，针对“海丝”文化研究也开始兴起，如宗教文化的交流与传播、地方文化的传承、“海丝”文化认同分析等（林明太和黄朝晖，2015；王保庆和申艳楠，2019；占毅，2015）。“海丝”文化的研究也促使海上丝绸之路保护和申遗工作的推进，学界对“海丝”文化史迹遗产的相关研究加大，如“海丝”史迹遗产的概念特征、调查与分类、发掘和保护、开发利用等（沈阳和燕海鸣，2018；李欣，2018；张晓斌和郑君雷，2019；陈志宏，2006）。

(2) 重点研究内容

以中国知网收录期刊为数据库，检索关键词为“海上丝绸之路”和“海丝”，文献来源类别为CSSCI和中文核心期刊，以此反映国内“海丝”的研究进展。文献来源年限为1992～2016年，检索到相关文献1486篇，经过对比筛选获得有效文献1214篇。借助Citespace进行分析发现：①自2013年“一带一路”倡议提出后，相关研究成果快速增长；②研究机构间的合作程度较低，且主要分布于沿海地区；③研究内容以海上丝绸之路和“一带一路”为中心，主要从国家战略、东盟国家、互联互通、文化交流、海洋经济等几方面展开。

1）战略层面的相关研究。通过Citespace对相关文献分析可知，“互联互通”“全面深化改革”“区域合作”“命运共同体”“经济发展”等关键词都与国家战略指导密切相关，是海上丝绸之路建设的重点。从研究内容上看，首先，主要包含海上丝绸之路的倡议背景、倡议意义、问题和挑战、建设方略，以及沿线国家对“海丝”的认知、解读、响应与应对。当前国际环境复杂，经济全球化成为潮流所趋，而“21世纪海上丝绸之路”建设可加强沿线各国的交流与战略互信，推进国际经济政治新秩序的建立，深化新兴经济体的多边合作，实现亚欧国家共同繁荣（谭瑶，2016）。其次，沿线国家的广泛参与，将促进世界各国对中国的开放，有助于加快中国对外开放进程，完善多元平衡的开放型经济体系，增强中国经济“生命线”通道的安全系数，加快中国建设海洋强国战略目标的实现（陈万灵和何传添，2014；刘赐贵，2014）。与此同时，海上丝绸之路的建设也面临着美国的“亚太再平衡”战略、区域性的传统与非传统安全、战略对接、印度地缘政治、南海问题、中东及非洲局部地区政局动荡不安与贫穷、同质化无序竞争、产业结构重叠等各种问题，这些都对实现海上丝绸之路倡议，促进各国经济共同发展带来不可忽视的挑战（傅梦孜和楼春豪，2015；全毅等，2014；袁新涛，2014）。

从区域尺度上看，国际尺度研究涵盖海上丝绸之路沿线国家或地区，包括非洲、欧洲、中亚、中东等，其中以针对与中国紧密联系的新兴经济体国家及东盟国家的研究为主。李靖宇和张晨瑶（2015）通过分析中俄两国合作发展“21世纪海上丝绸之路”的背景、问题，提出应依托两国相关沿海区域，加强海洋领域合作，完善沿线基础设施，加强科研合作等以实现海上丝绸之路的建设；廖萌（2015）认为斯里兰卡作为连接亚非欧航路的枢纽，具有推动中斯自贸区建设、振兴本国经济等重要作用，应该进一步加强中斯在经贸、金融、旅游等方面的合作。国内尺度的研究主要集中在福建、广东、广西、上海、港澳等沿海地区，以分析其在海上丝绸之路建设中的角色、优势、政策衔接路径、经贸合作为主。海上丝绸之路建设是惠及国内沿海地区与城市的重大举措，各沿海地区都应该把握机遇，结合自身优势，优化产业结构，发展相关新兴产业，深化与“海丝”沿线国家或地区间的产业合作，密切与周边地区的协作，在海上经济贸易和人文交流中实现特色发展（黄茂兴和季鹏，2015；胡建华，2015）。目前，从全球或者宏观区域尺度出发的研究居多，倾注于跨国界的合作研究，尤其对于中国同东盟国家的合作研究占有较大比例；而国内跨区域合作的相关研究较少，未来应该将研究对象拓展至沿线的其他国家，增强国内各省（自治区、直辖市）间的合作研究，以沿海带动内陆，加强内陆地区与海上丝绸之路倡议的衔接。

2）海洋经济贸易的相关研究。海上丝绸之路以海洋为背景，通过航海进行不同国家与地区间的商品贸易与交流，因此，海洋经济贸易成为“海丝”研究的热点之一。早期的研究主要是以港口为中心，研究其形成发展、演变、历史地位、中外贸易交流等，其中针对港口不同朝代的断代研究较多。近年来的研究拓展到“海丝”历史遗迹的保护与开发及其非物质文化遗产的传承、“海丝”旅游资源的产业化、品牌化开发等方面（卢文刚等，2015；罗雪珍，2016；丁玲玲，2016），其中以福建的泉州港、广东的徐闻港和广州港为主。例如，曾昭璇等（2003）通过大量史料说明广州港不同朝代的经济贸易情况及兴衰变化，论证了广州港在“海丝”研究上的重要价值与地位；赖琼（2003）从历史地理学角度对徐闻和雷州两港的位置进行考察，认为港口的兴衰主要是受港口所在地当时的经济开发程度、港口在对外交通格局中所处的地位以及国家政治、军事和对外贸易政策的制约。海外贸易的发展，推动了港市空间结构变化及商业繁荣，形成了港市特色文化，因此，港市成为海洋经济贸易内向延伸的载体（卢山，2004）。以港口为依托的外向海洋经济贸易研究，主要是针对不同国家或地区间的产业合作，涉及物流、农业、远洋渔业、能源、交通、金融以及旅游业等方面，其中农业、物流、旅游的相关研究较多。例如宋双双（2014）通过分析沿线国家的优势农业资源和市场，探索各国的农业合作关系；韦有周等（2014）认为建设“21 世纪海上丝绸之路”是我国在新时期促进对外开放，拓展发展空间的重大举措，与沿线国家地区建立和深化双边友好合作关系，可以推动海上丝绸之路建设。李华（2016）研究了福建—东盟的区域物流产业合作模式，提炼了福建省与东盟物流产业合作的政策和方向、合作目标及方针。“海丝”沿线国家之间的要素禀赋不同，具有差异性、互补性和竞争性，如何协调各国供需问题，以及构建合理的产业结构，获得互利共赢的发展是海洋贸易的研究热点。目前，对于港口的历史发展研究较为全面，但对各国经贸合作的研究仍有较大空间。海上丝绸之路沿线国家的产业合作涵盖面广，而目前对于产业合作的研究不够深入，且辐射产业不足，未来应加强对其他产业与海上丝绸之路建设的关联研究。

3）文化交流的相关研究。海上丝绸之路不仅是经济贸易的通道，更是各个方面文化的交流与传播，内涵极为丰富。文化交流研究可分为非文化产业交流与文化产业交流两类。

非文化产业交流是指在海洋经济贸易过程中所伴随的文化现象，其实质并非以文化交流为目的。学者们通过对有形的沉船等水下文物、贸易商品、海战遗迹、宗教建筑，乃至无形的非物质文化如海洋精神、民间技艺、民情风俗、宗教信仰、艺术、华侨文化等的研究，论证古代海上丝绸之路发展过程所伴随文化交流的史实及影响，其中以宗教信仰、宗教建筑、民俗风情等研究为主（章仲根，2004；贾鸿雁，2006；崔勇，2011）。海洋经贸的繁荣发展，带来人口的流动，与之相伴的是宗教信仰、民俗风情的传播，例如儒教、佛教、道教沿海上丝绸之路传入朝鲜、日本等国，妈祖等民间信俗随着中国移民传到东南亚地区（陆芸，2006）；生活在中国东南沿海的吴越民族通过海上丝绸之路，将自己的文化习俗传到日本、朝鲜、韩国等东亚国家，并对当地产生重大影响（蔡丰明，2004）。反过来，我国为了适应外来人员的日常宗教生活等需要，清真寺和圣墓等早期伊斯兰教建筑逐渐涌现，形成具有中国伊斯兰教建筑特色的结构体系和艺术风格，为我国古代建筑科学的发展做出了积极贡献（吕变庭，2011）。另外，外来物种、乐器、语言等的输入也影响着当地的生活习惯、服饰、音乐、语言、娱乐等。

文化产业交流是指海上丝绸之路沿线国家或地区间文化产业交流合作。学者们对其基础、优势、合作方式与建议等展开相关研究。目前教育、科技、医学等方面研究较为普遍，但深入分析探讨较少，且对于文化艺术、体育、流行文化等方面的研究相对薄弱。邓颖颖（2015）指出加强中国—东盟的旅游经济合作，应加强国内各沿海地区的旅游合作沟通与分工协作，加强以海洋旅游为重点的双边和多边合作，打造南海跨洋丝路旅游圈，带动区域经济的共同发展。虽然目前中国与沿线国家间的文化交流还存在许多问题，但是大量的史料与研究表明，中国与海上丝绸之路沿线国家有着深厚的文化交流历史，有理论基础，更有现实条件。中国及沿线国家应把握建设海上丝绸之路的契机，加强各国间科技、人文、教育等方面的交流研究，推进区域文化共识的形成，促进地区和谐，实现整体共同发展。

1.4.2 “海丝”文化旅游研究进展

1.4.2.1 国外研究

国外关于“海丝”文化旅游研究的文章较少，学者们主要集中在对陆上丝绸之路沿线国家和地区旅游业的研究。如 Lane 和 Lewcock（2011）通过梳理乌兹别克斯坦悠久的丝绸之路文化，对重建丝绸之路文化旅游提出倡议，并对政府为丝绸之路文化遗产的复兴所做的努力给予高度评价；Grabowski（2000）为探究欧洲丝绸之路上的旅游产品形象和服务质量感知，对景点的游客和导游进行随机调查访谈；Heshmatipour（2010）对丝绸之路在沿线国家和地区旅游业发展中所起的作用进行了探讨；WTO（2001）将丝绸之路沿线国家划分为三个区域，对国家间旅游签证便利化问题进行研究，并制定长期旅游项目，以推广丝绸之路旅游；Esfahani 等（2015）对韩国到伊朗的丝绸之路旅游发展进行了分析，指出通过适当投入基础设施，举办和丝绸之路相关的展览或国内外旅游广告，有助于实现丝绸之路的复兴。

1.4.2.2 国内研究

国内“海丝”文化旅游的研究随着“一带一路”倡议提出和“海丝”申遗工作的推进而更加深入和丰富。通过对国内现有研究成果的梳理，归纳出研究内容大致集中在以下几方面。

（1）“海丝”文化旅游资源调查评价与空间特征分析

“海丝”文化旅游资源点的筛选与获取方式主要分两种：一是通过梳理相关文献资料并进行实地考察确认资源点，二是使用政府公布的数据。在此基础上对资源点进行评价和空间特征分析。例如，傅云新和唐文雅（2003）从资源价值、商贸文化、宗教文化、聚集性四个方面分析了广州“海丝”旅游资源特色，针对资源现状提出开发整合思路；李永春和陈大涌（2007）运用层次分析法（AHP）定量评价泉州市“海丝”文化旅游标志景区

(点)的景观质量，并首次提出“标志景区(点)”概念；罗景锋(2017)运用灰色统计法和二元比较法构建评价指标体系并确定权重子集，建立可变模糊模型对开元寺、洛阳桥等“海丝”文化旅游景点进行开发适宜性评价，确定开发等级；方旭红等(2019)对福建省“海丝”旅游资源进行调查及空间分析，基于游客的旅游感知提出由点到轴线再到网络的协同发展模式；汪文花(2018)应用德尔菲法和层次分析法构建“海丝”史迹旅游资源评价指标体系，对泉州63处“海丝”史迹资源进行分类、评价和空间特征分析。

(2)“海丝”沿线地区文化旅游开发与品牌建设

付业勤和李勇(2015)分析“一带一路”倡议对海南旅游业发展的影响，运用SWOT-PEST矩阵法，分析海南“中国旅游特区”的政治、经济、社会和技术因素，提出对应的旅游发展策略；赵鸣等(2019)综合研讨江苏“海丝”的文化渊源、文化经典和文化脉络，并提出文化传承保护与旅游发展的研究思路和建议；王晶晶(2018)分析扬州7处“海丝”文化旅游资源点的保护和开发现状，并通过游客感知调查明确存在的不足，对旅游产品的开发提出建议；颜妍婷(2015)分析广州和佛山地区与“海丝”有关的非物质文化遗产旅游资源的现状与问题，针对打造广东“海丝”品牌提出建议；门达明(2015)针对南海在“海丝”中的地位、资源潜质，提出沿海省份与东南亚国家整合构建“海丝”旅游经济带，塑造“海丝”旅游品牌的思路。

(3)“海丝”沿线区域旅游合作研究

跨国界合作方面，王新越和司武兴(2016)分析了中国与东盟国家旅游业现状，并在经济和交通等方面进行对比，判断了区域旅游合作的优势条件及阻碍因素，提出了“海丝”沿线国家旅游合作的初期和长期战略；邓颖颖(2015)基于中国与东盟旅游发展总体概况及特点，分析了旅游合作的理论基础、现实条件，从政府、“申遗”工作、合作沟通等方面提出“海丝”旅游合作建议。跨区域合作方面，王琼和王珍珍(2018)针对“海丝”倡议背景下闽台旅游合作的新机遇，探讨了闽台开拓“海丝”旅游市场的资源条件、历史渊源、交通状况和客源市场等优势和面临的问题，提出旅游合作的对策和方向；冯学钢和唐睿(2017)分析了“海丝”沿线五省(直辖市)入境旅游市场特征，基于2000年以来的相关数据，利用DEA方法测算投入产出效率，提出提高企业效率、服务水平、挖掘客源市场和弥补短板的对策；庄伟光和邹开敏(2015)以建设“21世纪海上丝绸之路”旅游为背景，提出了粤港澳台旅游合作的模式与途径，并分析了阻碍四地合作的障碍与困难，从资源整合、旅游产品创新及机制保障等方面提出建议。

1.4.3 福建“海丝”文化旅游研究进展

2015年2月“21世纪海上丝绸之路国际研讨会”在福建省泉州市召开，围绕“打造命运共同体，携手共建21世纪海上丝绸之路”主题展开深入探讨。同年8月原福建省旅游局代表在“2015丝绸之路国际旅游商品博览会”中指出：要把福建省建设成为“21世纪海上丝绸之路”的旅游核心枢纽。同年11月经福建省政府授权发布的《福建省21世纪海上丝绸之路核心区建设方案》中指出，要积极打造福建省海上丝绸之路旅游品牌，把福建省建设成为海上丝绸之路旅游合作先行试验区和重要集散中心。

近年，学术界在“一带一路”倡议大背景下对福建省“海丝”文化旅游发展进行了一些探索。除了前述一些学者对福建省“海丝”文化旅游资源调查、评价与空间特征进行研究之外，还有一些学者对福建省“海丝”旅游品牌建设、产品开发、旅游业发展途径等方面进行了研究。例如，陈钦（2015）以福建省为例，探讨了“一带一路”背景下福建省“海丝”旅游品牌的创建；周建标（2016）对泉州市“海丝”旅游发展的优势和机遇、形式和途径进行了研究；柯彬彬（2017）运用昂谱分析法构建评价模型，基于产品周期理论等，提出泉州“海丝”文化遗产廊道的旅游开发对策和产品开发方法；潘冬东（2016）认为福州市应紧抓“一带一路”发展机遇，策划并推广“海丝”文化旅游，加快文化旅游融合发展；李群群和方旭红（2016）以泉州海上丝绸之路为例，研究了文化遗产类旅游产品品牌建设问题。通过对以上文献资料的梳理发现，关于福建省“海丝”文化旅游的研究区域多集中在泉州、福州和漳州等地，主要探讨了各地“海丝”旅游发展背景、条件、发展形式和途径。

1.5 小　　结

从相关文献综述来看，国内外对海上丝绸之路的研究较早，研究内容涉及范围广，研究较为深入，内涵也很丰富。早期研究以梳理相关史实、贸易产品和概念界定为重点。在联合国教科文组织和国家“一带一路”倡议的推动下，研究重点转移到沿线区域的经贸合作、港口建设、文化交流、遗产开发保护、旅游业发展等方面，多学科和跨领域综合研究越来越多，新技术、新方法的运用更为多样。国外对于“海丝”文化旅游的研究相对较少，而国内的研究则较为丰富，涉及旅游资源的开发保护、旅游品牌建设、产品开发、旅游业发展和区域旅游合作等，且主要集中在“海丝”申遗点的开发保护、“海丝”城市品牌建设和“海丝”沿线区域旅游合作等方面，而对遗存丰富的“海丝”文化旅游资源全面普查和分类研究不足，针对“海丝”文化旅游资源评价体系的构建和综合评价尚需加强。

2　福建省“海丝”文化旅游区概况

2.1　“海丝”文化旅游区空间范围界定

国家《旅游规划通则》（GBT18971—2003）中对“旅游区”定义为：旅游区是以旅游及其相关活动为主要功能或主要功能之一的空间或地域。本章以福建省“海丝”旅游发展现实情况为基础，尝试给出福建“海丝”文化旅游区的概念：以推动福建省“海丝”文化旅游繁荣发展为目标，在对“海丝”文化旅游资源开发和保护的基础上，以“海丝”文化旅游为主题，打造集参观、游览、休闲、度假、学习和交流于一体的旅游地域综合体。福建“海丝”文化旅游区建设，有利于实现区内资源共享和优势叠加，推动区内“海丝”旅游资源优化配置；有利于扩大客源市场，实现旅游区内客源共享；有利于增强福建省“海丝”文化旅游的整体实力，提高福建省“海丝”旅游品牌的知名度和影响力；有利于促进福建省与“海丝”沿线国家和地区文化交流及经济贸易发展。

相关研究表明，旅游区是由若干旅游点通过旅游路线连接组成的旅游地域单元，比风景区范围大，一般将旅游资源相对集中，与毗邻区有显著差异，在区内政治、经济、文化联系较为密切的区域划入一个旅游区。依据旅游区的概念和特征，综合考虑福建省“海丝”文化旅游发展的具体情况，确定福建“海丝”文化旅游区的空间范围。首先，经过对福建省海上丝绸之路历史文献资料的考查发现，历史上作为古代海上丝绸之路起点的福建省，通过海上丝绸之路开展商业贸易、文化交流等活动保留了众多的遗址遗迹等文化遗产，这些遗址遗迹大多数都分布在福建省沿海地区。其次，福建省具有开展“海丝”文化旅游的良好基础，沿海地区“海丝”文化旅游资源丰富，旅游经济发展水平高，交通信息发达，客源市场充足，“海丝”文化在国内外具有较高的知名度。最后，随着国家对“海丝”申遗工作的大力推进，福建省在沿海地区“海丝”文化资源的保护性挖掘、“海丝”文化旅游形象的打造和宣传等方面开展了大量工作。基于此，本章将福建省沿海的福州（含平潭综合试验区）、莆田、泉州、厦门、漳州、宁德等6个行政区初步界定为福建“海丝”文化旅游区空间范围。

2.2　福建“海丝”发展历程

2.2.1　西汉至南北朝初步形成阶段

福建地区海上丝绸之路的形成始于西汉初期，闽越国作为当时东南沿海的一方诸侯国，政治、经济和技术发展迅速，开始频繁地与周边地区和海外诸国进行经济贸易往来。据《后汉书·郑弘传》记载，当时“旧交趾七郡贡献转运，皆从东冶（福州）泛海而至”。东汉末年直至南北朝时期，持久的战争使得北方人民大量向南方迁移，同时为南方地区带来了先进的生产技术，促进了福建沿海地区的开发与对外交流，也促进了福州港和泉州港的发展。三国时期，孙吴政权曾在福州“立曲校尉，立谪徙之人作舟船”（《元和郡县志》卷二十九江南道·福州），并设温麻船屯（图 2-1）。南朝时，印度名僧拘那罗陀先后两次来华译经传教，在今泉州九日山延福寺（图 2-2）翻译《金刚经》，推动了南朝时期福建地区佛教的发展。对外贸易的频繁使得福建地区各类手工业也发展起来，如丝织业、制瓷业等，东亚和东南亚等国家都出土有南朝时期福州怀安窑和晋江磁灶窑的瓷器。福建地区海上丝绸之路在这一时期初步形成。

图 2-1　福州连江温麻庙史略碑

2.2.2　隋唐时期快速发展阶段

隋唐时期，中国政治稳定、国力强盛、经济繁荣、科技文化进步，特别是统治者开明的对外政策，使得福建地区与外部世界交往日益活跃，商贸日益繁盛，福建的海上丝绸之路进入快速发展时期。

图 2-2 泉州九日山延福寺

唐朝中期，福州港在政府的支持下，成为当时主要对外贸易港口之一，并设有税课司衙门向外国贡船和运往东南亚的货船收税。至唐末五代，王审知、留从效等管辖闽地时，实行“尽去繁苛捐，纵其交易”“招徕海上蛮夷商贾”的开放政策，疏浚港口，撤去关卡，免除苛税，建设城市和海港码头，进一步加强甘棠港、福州港和泉州港的对外作用。现留存的怀安接官道码头、闽安邢港码头、迴龙桥（图 2-3）、马尾东岐码头和泉州江口码头（图 2-4）等遗址，是当时繁盛的海外贸易的历史见证。贸易的繁荣促进了与贸易相关的制瓷业、纺织业、制茶业和炼铁业等的发展，瓷器、丝绸、铜铁制品和茶叶等成为海外贸易的重要商品。随着商船而来的诸国使节、商人、传教士等在福建地区行商、定居、通婚、传教，在促进经济发展的同时也加强了文化的交流，各种文化兼容并蓄，特别是宗教文化方面，武德年间穆罕默德子三贤、四贤传道泉州，死后信徒将其葬于泉州灵山圣墓

图 2-3 福州闽安古镇迴龙桥

（图2-5）①。此后，印度、日本的佛教高僧也通过海上丝绸之路前来传教、译经，由于来访僧众日益增多，朝廷还指定福州开元寺（图2-6）专门接待外国僧人。其他异域宗教如摩尼教、景教和印度教等也在这一时期相继传入。

图2-4　泉州江口码头

图2-5　泉州伊斯兰教圣墓

① 《闽书》记载“唐武德时穆罕默德遣门徒来泉州传教，殁于泉州，今墓尚存”。

图 2-6　福州开元寺

2.2.3　宋元时期繁荣鼎盛阶段

宋元时期统治者推行积极的对外贸易政策，加之社会经济繁荣，造船工艺和航海技术的进步，海外贸易得到前所未有发展。此时泉州港和福州港已经成为东南沿海重要的外贸港口。元朝时期，泉州刺桐港贸易航线之长、沟通范围之广、进出口货物之多、文化交流之盛都远超前代，福建海上丝绸之路发展达到繁荣与鼎盛时期。

北宋时期，泉州港的对外贸易日趋兴盛，并于宋哲宗年间（1087 年）正式对外开港，成为继广州、杭州和明州之后全国第四大贸易港口①。南宋时期，由于经济重心的南移，泉州港很快上升为京师外港的地位，发展速度不断提高。宋元之际，阿拉伯人后裔蒲寿庚提举泉州市舶②，其“善蕃舶利者三十年”③，利用自己丰富的经商管理经验及其在海外诸国海商中的威望，为泉州招来大批蕃商，并鼓励和保护海外贸易，为泉州港兴盛与发展奠定坚实基础。元朝时期，泉州港“舟船辐辏”“帆樯鳞集”，一举成为与亚历山大港齐名的“梯航万国”的“东方第一大港”④。福州港成为福建地区仅次于泉州的第二大海外贸易港口，嘉禾里（厦门）作为泉州大港的外围辅助港，在泉州港的辐射带动下，也逐步成为对外贸易文化交流的新港口。为管理福建沿海日益兴盛的海外贸易，积极鼓励异域蕃商

① （元）脱脱：《宋史》卷 167，《职官志七》，北京：中华书局，1977 年，第 3968 页。

② （元）脱脱：《宋史》卷 47，《瀛国公本纪》，北京：中华书局，1977 年，第 921 页。

③ 《元史》卷一《世祖纪七》。

④ 泉州古卷史编写组：《泉州古卷史》，北京：人民交通出版社，1994 年，第 132 页。

来华，政府设立了众多管理和服务部门。例如，在泉州设立市舶司（图 2-7），管理船舶、征榷、招徕与迎送外商、监管进出口货物和主持祈风仪式（图 2-8）等；设立“来远驿”，专门接待外国使节；设立“蕃校”，为蕃商子女提供教育场所；在福州闽安镇设立有巡检司衙门，负责稽查、向出入境船舶收税。这些都有力推动了福建沿海对外经贸文化的发展。

图 2-7　泉州市舶司遗址

图 2-8　泉州九日山祈风石刻

这一时期，福建地区海外交通畅达东、西二洋，东至日本，南通南海诸国，西达波斯、阿拉伯和东非等地，繁盛的海外贸易促进了港口建设和海陆交通的发展。围绕港口建设有众多海港码头，其中以泉州的“三湾十二港”最为著名。为保证航运安全，政府还着力于航标工程的建设，如泉州六胜塔（图 2-9）、万寿塔，福州圣寿宝塔（图 2-10）、云居塔，漳州石矾塔等。同时为方便货物进出，沟通内外交通，还兴建了众多桥梁工程，如泉州的安平桥和洛阳桥组成了沟通泉州港和港口以内市镇的重要通道，福州闽安镇迴龙桥一带既是城区河运交通枢纽，也是当地经济中心。

图 2-9 泉州六胜塔

图 2-10 福州圣寿宝塔

同时，与外贸商品有关的制瓷业、纺织业、金属制造业等手工业和茶叶、甘蔗等农副产品生产，在这一时期发展兴盛。较之于前代，宋元时期手工业水平大幅度提高，瓷器烧制工艺更加成熟，闽清义窑、德化屈斗宫窑（图 2-11）、晋江磁灶窑等所产的青瓷、白瓷、黑釉瓷等风靡海外各国，甚至被奉为珍宝。

图 2-11 德化屈斗宫窑遗址

在纺织业方面，为满足贸易需要，政府建立大规模的丝织工场，民间也有众多私人丝织作坊。福州南宋黄昇墓出土的大量随葬服饰和丝织品，面料几乎包括古代各种高级织物，款式和功能也极为齐全，是宋朝丝织业鼎盛的最好见证（余明径，2009）。宋代，饮茶之风十分盛行，茶叶逐渐成为中国主要的外销商品之一。福建安溪铁观音茶产区、武夷山岩茶产区、福州茉莉花茶产区等生产的茶叶风靡海外各国。同时蕴含中国传统文化特征的茶文化也以其独特的魅力影响了日本等周边国家。南宋时，日本荣西禅师在宋学习佛法并埋头于茶的研究，回国后著《吃茶养生记》介绍茶叶的种植和医疗作用，荣西禅师的研究与传播，为日本茶道文化奠定了基础。

随着对外贸易范围的扩大，海外诸国民众通过海上丝绸之路汇集到福建地区，带来了异域的习俗、宗教文化和艺术风格。这一时期，泉州出现“市井十洲人”“涨海声中万国商”的景象，被后世冠以“世界宗教博物馆”和“多元文化宝库”的美誉。大量外国人员在福建地区定居，今晋江陈埭丁氏、惠安百崎郭氏及永春蒲氏，都是侨居福建的阿拉伯人或波斯人后裔。人员的交往不仅影响了当地的文化形式和风格，同时促进宗教的繁荣。一方面，传统的佛教寺院数量增多；另一方面，穆斯林经海上丝绸之路来到福建并定居，修建伊斯兰教寺院，其中泉州的清净寺是中国现存最古老的伊斯兰教寺院之一（图 2-12）。此外，一向被官方禁止的摩尼教在这一时期也公开活动，留下不少遗址遗迹。泉州晋江草庵及摩尼光佛造像（图 2-13）是世界现存最早、也是唯一的摩尼佛造像。泉州拥有全国最为丰富的景教石刻，目前所发现和搜集到的泉州十字架石就有三十多方，其中属于景教的大约二十三方（尚不包括墓室中的石垛，历来失散掉的石刻），其中标明年代的有四方，它们分别是“至大四年”（1311 年）、“皇庆二年”（1313 年）、“泰定元年”（1324）、“至正己丑”（1349 年）（张淼海，2006）。这一时期，印度教也在泉州发展壮大，开元寺的印度教石柱、临漳门外的印度教“石笋”、海外交通博物馆的毗湿奴立身像（图 2-14）等见

图 2-12　泉州清净寺

图 2-13　泉州草庵摩尼光佛造像

图 2-14　毗湿奴立身像

证了印度教在泉州地区的繁荣发展。与航海相关的民间信仰也异常兴盛，这一时期产生了我国的“海洋神”——妈祖。虽然人们对于航海技术的掌握日益成熟，但面对不可测的海上风浪，出海依旧是充满艰险的畏途，起源于福建的妈祖逐渐成为东方最具影响力的海神信仰。莆田湄洲岛妈祖庙（图 2-15）是建设年代最久远、影响力最大的妈祖信仰载体，其他如泉州的泉郡天后宫、福州显应宫等祭祀妈祖的庙宇宫殿遍布福建沿海地区。此外，民间信仰，如陈靖姑、通远王、真武大帝、保生大帝等都迅速发展并向海外传播。多元文化共生的环境造就了“匣肆杂四方之俗，航海皆异国之商”① 的文化景象。

图 2-15　莆田湄洲岛妈祖庙

2.2.4　明朝时期由盛转衰阶段

与宋元时期的开放态度不同，明朝时期开始实行严厉的官方管控政策，排斥民间航海贸易，与中国业已呈现的“向海而生”的轨迹背道而驰，海上丝绸之路由此盛极而衰。这一时期，泉州港的地位逐步下降，但政府主持的郑和七下西洋活动和民间盛行的私人贸易，促进了福州长乐太平港和漳州月港短暂的繁荣。

明朝初年政局不稳，海疆不定以及重农抑商的思想，明太祖朱元璋实行严格的海禁政策。一方面“敢有私下诸蕃互市者，必置之重法”，严格限制外商来华贸易；另一方面，为抗击倭寇大规模构筑海防设施并内迁民众。一系列政策阻断了正常贸易往来，海上丝绸之路受到沉重打击。经过元末明初的大饥荒和长达十年的战争，客居泉州的蕃商、使者和传教士等有的死于战争，有的被迫回国，泉州港急剧衰落，随之丧失其“东方第一大港”的地位。明成祖时，放松海禁政策，在福建设市舶司接受琉球和吕宋等国的朝贡贸易。永乐三年开始，明朝政府特派郑和率船队七下西洋，与海外进行特定的政治、外交和经济活动，将中国古代航海事业推上前所未有的巅峰。此后，一些经郑和招徕来华进贡的国家，其贡使来中国都选择福州港作为转口口岸，故福州港成为中国同琉球的唯一往来港口，城内建有柔远驿（图 2-16）以接待琉球赴华朝贡的宾客和商人，并有十洋街以供商人互市。福州长乐港是郑和舰队重要的停泊港口，郑和第五次下西洋时，立下“郑和行香碑”（图 2-17）以记述其事，是研究郑和下西洋最珍贵的史料之一。第七次下西洋前夕，郑和和王景弘等寄泊福州长乐港，重修天妃宫并镌刻《天妃灵应之记》碑于南山，记述其率百余远洋船队六下西洋的盛况，赞颂天妃护佑功德。

① 郑侠：《西塘集》卷七．《代太守谢泉州到任》，文渊阁．《四库全书》台北影印本。

图 2-16 福州柔远驿

图 2-17 泉州郑和行香碑

永乐之后，明朝重新开始了更加严厉的海禁政策，对海上丝绸之路造成了严重打击。但漳州、泉州、福州的海商迫于生计，不得不从事私人海外贸易，对政府管理造成严重困扰，以至于政府被迫部分开放海禁，准许私人出海贸易，商民出海贸易剧增。漳州月港在这一时期超越先前繁荣的泉州港和福州港成为闽地最大的外贸中心，至今仍留有响馆码头、路尾头码头、容川码头等遗址。此时的商品贸易中，陶瓷仍是最重要的产品之一，泉州的德化窑、漳州的南胜窑等烧造的白瓷、青花瓷，被东亚、东南亚和欧洲上层阶级视为珍品。当时中西合璧的“克拉克瓷”就采用欧洲设计、本地加工的方式，将域外文化与中国瓷器相结合，成为海外各国竞相追逐的产品。丝织品和农副产品销路大增，也促进纺织业和种植业的发展。农副产品中的蔗糖、柑橘、荔枝大宗出口，烟草和番薯也由国外传入漳州，在农村普遍种植并商品化，进而反销往海内外。通过商品贸易和人员交流将中国传统文化、先进技术、宗教信仰、茶文化等传播到商船可达之处，同时招徕外商包容外域文化，为中国文化的传播和人类文明的交流起到重要作用。

2.2.5 清朝时期衰落停滞阶段

清朝时期，实行比明朝更为严厉的海禁政策，虽然郑氏势力构建了以厦门为基地的贸易船队，与日本以及一些东南亚国家开展贸易活动，促进了厦门港的崛起，但随着清政府闭关锁国政策的实行迅速衰落。中国与外国的正常海外贸易几乎处于停顿状态，海上丝绸之路进入衰落与停滞时期。鸦片战争后，福州和厦门开埠通商，但在与其他国家的激烈竞争中逐渐衰落，海上丝绸之路在内忧外患中艰难发展，直到中华人民共和国成立才重新焕发生机。

漳州港的繁荣随着明末频繁的战争和西方殖民者的入侵开始逐渐衰落，清朝建立后为消灭郑氏集团又厉行禁海、迁界，月港日趋没落，作为漳州港外港的厦门却在这一时期发展起来。厦门港作为月港的门户，商船出入月港须从此经过，明朝中后期已经具备一定规模。郑氏集团占据厦门时期，经济上突破清朝中央政府严厉的禁海令，大力开展海上贸易，厦门港迅速成为国内外贸易的重要中转港、东南亚沿海的贸易中心。康熙年间在厦门和福州分设闽海关衙署，厦门港和福州港正式开放为对外贸易港口，但这一时期福州港的地位和作用明显衰落，及至乾隆年间，厦门港“夷夏梯航，云屯雾集”成为福建最繁盛的港口。乾隆晚期受到“闭关锁国”政策和福建海船“不归正口，私口偷越者多”现象的影响，厦门港随之衰落。

鸦片战争后清政府海权沦丧，传统的和平、平等的海外贸易规则随之终结，海上丝绸之路发生了根本变化。这一时期，福州和厦门被辟为“五口通商”口岸。自古为茶叶生产和出口中心的福州，凭借其优势地位迅速成为“世界茶港”，海外贸易频繁。列强的入侵、使馆界的开辟、移民的进入，福州文化融入了西方文化印记并呈现出多元特征。福州的烟台山近代建筑群（图2-18）是这一时期中西方文化深入交流的见证。

与福州共同开埠的还有厦门，开放之后的厦门凭借有利的位置，经济上开始与世界接轨，对外经济文化交流范围扩大。在获得更多机会的同时，也受到世界各地其他市场的竞争，如长期出口的大宗产品——茶叶，就遭到印度、锡兰、日本等国更为物美价廉茶叶的竞争，在国际市场上逐渐失去竞争力。殖民者的入侵对厦门的城市建设和文化产生影响，除闽南古老的居民建筑之外，还包括典型哥特式建筑、欧式别墅建筑、英国维多利亚式建筑、中西合璧的八卦楼和菽庄花园等，如厦门鼓浪屿被后世誉为“万国建筑博物馆”，这些建筑就是中西方文化交流的直观例证。

中华人民共和国成立后，海上丝绸之路在艰难中前进。直到1978年改革开放，福建海上丝绸之路才再度复兴。2013年国家提出“一带一路”倡议之后，又发布《推动共建丝绸之路经济带和21世纪海上丝绸之路的愿景与行动》，将福建省定位为“21世纪海上

图 2-18 福州烟台山近代建筑群

丝绸之路”的核心区，福建省海上丝绸之路发展开启全新篇章。

2.3 福建省构建“海丝”文化旅游区的 SWOT 分析

2.3.1 优势

(1) “海丝”文化旅游资源丰富

福建省是我国古代海上丝绸之路的重要通道，遗存着数量丰富且类型多样的“海丝”文化旅游资源。与广东、广西和浙江相比，福建省“海丝”文化旅游资源的文化多元性更为突出。根据国家旅游资源分类标准，物质文化遗址遗迹主要有港口码头遗址、宗教遗址、建筑遗址和古石刻等，如龙海月港、开元寺、清净寺和九日山祈风石刻等；非物质文化方面主要有妈祖文化、宗教文化、闽商文化等。1991 年泉州市被联合国教科文组织列为中国海上丝绸之路的考察地，并确认泉州市为“海丝”起点。泉州目前与“海丝”历史文化相关的国家级重点文物保护单位有 12 处，省重点文物保护单位有 18 处。这些为福建省“海丝”文化旅游区的构建奠定了资源基础。

(2) 地理位置优越，港口历史悠久

福建省位于我国东南沿海地区，北与浙江接壤，西与江西相邻，东部与台湾隔海相望，海岸线曲折漫长，岛屿有 1500 多个，海岛海岸线长约 2804 公里，多优良港湾。特殊的地理位置是福建省较早对外通商贸易的重要条件，沿海港口对海上丝绸之路的开辟和发展起到重要作用。宋元时期经济重心的南移，泉州取代杭州、宁波和广州等港口，取得对外贸易的中心地位，成为全国经济最繁荣的商贸集散地。改革开放以来，福建省凭借港口优势被优先划为改革开放实验区，迎来新的发展机遇。特殊的地理位置在带动福建省社会经济繁荣发展的同时，也为福建省“海丝”文化旅游区的构建奠定雄厚的经济基础。

（3）交通运输体系日趋完善

交通是旅游发展的先决条件，制约着旅游者的行为决策、旅游资源的开发和旅游服务质量的提高。为加快海上丝绸之路核心区建设，福建省政府高度重视综合交通运输体系的发展和完善。在铁路方面，随着福建“三纵六横”铁路网格局规划实施，将开通十多个进出福建省铁路通道，且90%以上的县市将覆盖快速铁路；在公路方面，“六纵十横”高速公路网为建设“海丝”文化旅游区提供有力支撑；在航空方面，厦门新机场、泉州新机场以及福州长乐机场的二期扩建工作都在有序进行，增加了多条国内国际航线；在港口方面，福建省正在积极建设和发展厦门国际邮轮母港和平潭邮轮旅游服务，以开拓港澳台和东盟旅游市场。福建省海陆空交通一体化的发展，大幅度提高了区域间的旅游通达度和连接度。从客源市场层面来看，旅游交通的便捷性提高了“海丝”文化旅游区的可进入性，有利于扩大客源市场。从资源开发角度来看，便捷的交通也为“海丝”文化旅游资源的开发以及“海丝”文化旅游区的规模化发展奠定了基础。

（4）海外华人华侨资源优势明显

福建省是著名的侨乡之地，一直与海外侨胞保持友好交往和密切联系。据不完全统计，旅居世界各地的闽籍华人华侨有1000多万人，其中80%集中在东南亚，且大多数分布在东盟国家。自改革开放以来，海外华人华侨对福建省经济贸易发展和文化繁荣作出重要贡献，为福建省经济发展带来了雄厚的资金、先进的科学技术和管理经验。因此，在“海丝”文化旅游区建设中，充分发挥海外华人华侨资源优势，加强与海外侨胞的情感交流，激发海外侨胞参与福建“海丝”核心区建设的热情，积极搭建海内外信息交流平台，整合闽籍华人华侨资源，吸引侨商来福建省进行实地考察和投资，更好地利用海外华人华侨带来的资金、管理经验和科学技术等。

2.3.2 劣势

（1）合作意识淡薄，联动开发能力弱

福建省“海丝”文化历史遗址遗迹数量丰富，“海丝”旅游资源升值潜力大。但是省内各地多以自我经济利益为先导，争优惠政策多而奉献意识少，各地旅游管理部门、旅游企业和旅游团体之间缺乏交流，一定程度上会导致“海丝”文化旅游资源和建设资金的浪费。目前，以泉州、福州、漳州和莆田为代表的几个城市正在积极挖掘和整合“海丝”文化旅游资源，以“海丝”文化旅游为主题开展各项旅游推介活动，以此拉动当地旅游经济的发展。这虽然在一定程度上提高了福建省“海丝”文化旅游的知名度，但也存在一些问题。首先，各城市过于注重对遗址遗迹的浅层次开发，而对“海丝”文化内涵挖掘不够。其次，单个城市“海丝”旅游品牌效应不及“海丝”文化旅游区的整体品牌效应，福建省“海丝”文化旅游资源的整体开发有利于规避各地对资源开发不当带来的负面影响。因此，沿海各个城市的紧密合作对“海丝”文化旅游资源的开发与整合、品牌的树立与宣传具有重要意义。

（2）旅游区构建经验不足

“海丝”文化旅游作为文化旅游产业中的新兴项目，各地在“海丝”文化旅游区的构建方面都处在探索阶段，在遗址遗迹的开发、保护、包装和营销等方面存在一定难度。首先，“海丝”文化旅游资源的精髓主要体现在“海丝”文化价值上，而“海丝”文化内在价值的有形展示难度较大，投资相对较高。其次，在这个以旅游观光为主的时代，部分缺乏观赏性的“海丝”旅游资源只能被少数游客青睐，这也会影响到开发商投资的积极性。最后，福建省部分“海丝”遗址遗迹的集中程度较低，在一定程度上增加了“海丝”文化旅游资源评价、规划和开发的难度。

（3）高素质旅游人才缺乏

人才是福建省建设“21 世纪海上丝绸之路”核心区的关键要素与重要资源。福建省“海丝”文化旅游区的建设对旅游人才的素质要求较高，需要一批专业素养高、创新能力强和趋于国际化的旅游人才。但目前福建省内高效精准的人才引进机制未能有效实施，高素质的旅游人才资源相对匮乏。一方面，表现为高级管理型旅游人才资源的短缺；另一方面，表现为旅游人才的专业覆盖面受限，整体知识结构与国际知识结构的接轨程度较低。

2.3.3 机遇

（1）政府政策支持

2015 年发布的《福建省 21 世纪海上丝绸之路核心区建设方案》中指出：福建省要重点加强与东南亚、南亚和西亚等“海丝”沿线国家和地区的旅游合作，打造一批精品旅游线路，鼓励举办系列“海丝”文化旅游交流活动，共同打造和树立“海丝”旅游品牌，把福建省建设成为“海丝”旅游合作先行试验区和重要集散中心。支持企业参与沿线国家和地区的旅游基础设施建设，争取与沿线国家和地区互设旅游办事处，探索打造“海丝”旅游经济走廊和环南海旅游经济圈。近几年，为加强福建省“海丝”旅游品牌宣传，在福州市举办多次“海丝”国际旅游节，并邀请“海丝”沿线国家（地区）共同参与。泉州市旅游管理部门也连续举办“海丝泉州文化旅游嘉年华”系列活动，并开展了“清新福建·海丝泉州”省内巡回旅游推介活动。此外，福建省也正在积极调动知名专家对“海丝”旅游资源进行挖掘和整合，举办类型多样的“海丝”旅游活动，树立“海丝”文化旅游品牌形象，提高福建省“海丝”旅游知名度、影响力和核心竞争力。

（2）海外贸易繁荣

海外贸易的繁荣和“海丝”文化旅游区的构建能够相互促进，创造新的发展机遇。福建省凭借福州及厦漳泉等良港优势，能够使省内海外经济贸易繁荣发展，以提升区域经济发展能力，带动消费、投资和就业率的增加，吸引更多的建设资金、先进的科学技术和高层次的管理人才，为福建省“海丝”文化旅游区的构建奠定良好基础。福建“海丝”文化旅游区的构建，既能促进“海丝”文化资源科学合理的整合、保护和开发，强化人们对“海丝”历史文化发展的认知，推动福建省“海丝”文化的广泛交流与融合，又能加快福建省“海丝”文化旅游迈向世界的步伐，带动海外经济贸易的发展与繁荣。因此，海外贸易的繁荣是福建省“海丝”旅游发展的重要契机。

(3) 沿海“五通”实施

2014年习近平总书记初步提出加强“五通”的“丝路新语”，后来在《“一带一路”愿景与行动》中明确了“五通”的内容，即加强政策沟通、道路联通、贸易畅通、货币流通、民心相通。在山东、江苏、浙江、广东、广西和海南等6个“海丝”省份(自治区)中，拥有“五通”中某一条件的省份(自治区)并不少，但“五通”俱全的省份(自治区)却不多。福建省作为我国古代“海丝”的起点和现代对外开放的前沿阵地，从古至今一直与东盟等沿线“海丝”国家和地区保持着紧密的经济贸易联系和文化技术交流，“五通”俱全。“五通”的实施将使福建省与欧亚地区的经济贸易联系更加密切，文化技术交流更加深入，也能为“海丝”文化旅游区的建设提供坚实的资金、技术支持和广阔的客源市场。

2.3.4 威胁

(1) 客源市场竞争激烈

以2015年沿海各“海丝”省份的旅游接待人次为例，在接待入境游客方面，广东省接待的入境游客最多，高达10 512.91万人次，浙江省接待入境游客量也超过1000万人次，而福建省与广西壮族自治区接待入境游客相对较少，海南省最低。在接待国内游客方面，浙江省接待的游客人数最多，高达52 532万人次，其次为广东省和广西壮族自治区，接待国内游客总人数相当，福建省接待人数相对较少，海南省最少。从各省(自治区)接待的旅游人次来看，广东省和浙江省在国内外客源市场竞争中处于绝对优势地位，而福建省相对处于劣势。因此，福建省“海丝”文化旅游区的发展面临着激烈的客源竞争。

(2) 旅游空间竞争激烈

除福建省外，山东、江苏、浙江、广东、广西和海南等地也是“海丝”的重要起点和发祥地，在“海丝”历史发展中发挥着重要作用，并遗留了丰富的“海丝”遗址遗迹。尤其是广东，“海丝”的历史发展更为悠久，知名度高于其他“海丝”省份。此外，福建省与周边省份的“海丝”旅游资源具有一定的相似性，导致旅游的可替代性较高。近几年，“海丝”沿线相关省份都重视这次发展机遇，致力于挖掘和整合“海丝”旅游资源，以“海丝”为主题开展各项旅游推介活动，大力宣传“海丝”旅游品牌，积极推动“海丝”申遗。因此，“海丝”旅游空间竞争十分激烈。

2.4 小　　结

综上所述，福建省“海丝”文化旅游区的构建有优势也有劣势，机遇与挑战并存，但“海丝”文化旅游区的构建在整体上处于优势地位，对于存在的劣势和面临的外部威胁应采取合理的举措。努力扬长避短，趋利避害，充分发挥自身优势，紧抓历史发展机遇，克服劣势，回避威胁。此外，“海丝”文化旅游区的构建与长期健康发展需要政府、企业、社团以及当地民众等多方共同努力。一方面，要积极发挥政府在“海丝”文化旅游区建设中的主导作用和带头作用，提高民众参与“海丝”核心区建设的激情和热情；另一方面，要加强“海丝”文化内涵挖掘和“海丝”旅游品牌宣传，创新营销方式，努力开拓国内外旅游市场，共同推动福建“海丝”文化旅游区的建设与发展。

3 福建省“海丝”文化旅游资源类型与等级

建设“21 世纪海上丝绸之路”倡议不仅为中外经济贸易合作提供了新的平台，也为“海丝”沿线国家和地区旅游业发展带来了新的发展机遇。国家文化和旅游部相继提出多项举措，弘扬“海丝”文化、鼓励“海丝”旅游、加强“海丝”沿线城市和地区旅游合作。福建省作为古代海上丝绸之路重要的起点，见证了其两千年来兴衰变化的全过程，遗存有丰富的“海丝”文化旅游资源，涵盖交通设施、商贸遗址、宗教和名人文化建筑等，开发潜力巨大。目前，福建省除已列入“海丝”申遗点的史迹之外，还有大量具有科研价值和旅游开发价值的“海丝”历史文化遗址遗迹由于分布散落、开发保护重视不足、资源辨识度和观赏性较差等原因未能得到系统梳理。同时，国家《旅游资源分类、调查与评价》（GB/T18972—2017）标准对于“海丝”文化历史遗址遗迹这特殊资源的分类和评价缺少针对性。因此，迫切需要适用于“海丝”文化旅游资源自身特点的分类与评价体系，科学指导资源的开发与保护，避免造成资源破坏和浪费。

3.1 “海丝”文化旅游资源概念界定

目前，关于“海丝”文化旅游资源，学界暂无明确定义。对其概念的界定必须从旅游资源和“海丝”史迹资源两方面入手。一是采用原国家旅游局的定义，即旅游资源指自然界和人类社会凡能对旅游者产生吸引力，可以为旅游业开发利用，并可产生经济效益、社会效益和环境效益的各种事物和现象。二是借鉴“海丝”史迹资源概念相关研究和标准。邓炳权（2008）在全面梳理和研究相关概念的基础上，综合考虑了海上丝绸之路的性质、时限和保存状况等，比较全面地对“海丝”史迹概念进行了界定。邓炳权（2008）认为，海上丝绸之路文物古迹的认定要同时符合以下几个条件：①与经常性的远洋航线有关；②与国际交往有关；③和平的；④总体上平等互惠的；⑤在当地海上丝绸之路活动时间上下限之内；⑥实际存在，包括本体尚存或有遗迹存在的，占有独立地域范围，可与文献互证的不可移动历史文化遗存。笔者认为该条件若用于“海丝”文化旅游资源的界定则略显不足。首先，从时限上看，一般“海丝”史迹资源主要是指鸦片战争之前古海上丝绸之路历史上遗留下的遗址遗迹。然而，鸦片战争之后也产生了许多与“海丝”历史文化相关的遗址遗迹，如福州、厦门作为当时的通商口岸，形成并遗留下众多“海丝”文化资源，以及现代为展现“海丝”历史文化而建设的艺术公园和博物馆等，此类与“海丝”文化相关的现代建筑场所或设施等也可作为旅游资源加以开发利用。因此，本书界定的“海丝”文化旅游资源不但包括古海上丝绸之路历史遗存，也包括近现代海上丝绸之路中发展形成的遗址遗迹和建筑设施等。其次，从“和平的”这一标准来看，历史上海上丝绸之路的发展受到诸多阻碍，如明朝时期倭寇为患，影响正常的海上贸易往来，必须以武力维护其正常运行。抗倭斗争所遗留的海防古城遗址，可以看做是在当时特殊历史背景下为了维护正常海外贸易而产生的“海丝”遗迹。最后，从“总体上平等互惠”来看，鸦片战争之后，传统意义上“平等互利”的特征被颠覆，但海上丝绸之路的历史文化影响依然存在，因此期间形成的遗址遗迹也应考虑包含在“海丝”文化资源之内。

综上所述，我们认为“海丝”文化旅游资源是指与海上丝绸之路贸易往来、政治交往、文化交流等相关的，能对旅游者产生吸引力，可以为旅游业所利用，并能产生经济效益、社会效益和环境效益的事物和因素。这些资源是从海上丝绸之路形成发展至今，中国与其他国家凭借海上丝绸之路以和平友好、平等互惠的方式进行贸易往来、文化交流、物产交流、技术交流、宗教和民间信仰传播、政治交往、民族迁徙等活动遗留的遗址遗迹、建筑设施等。特别说明的是，本书的研究对象主要为物质型资源，不包括可移动文物（仅是在遗址、墓葬中有个别涉及）和非物质型资源。

3.2 福建省“海丝”文化旅游资源筛选

3.2.1 资源筛选标准

根据上文定义，“海丝”文化旅游资源主要是指与海上丝绸之路贸易往来、政治交往、文化交流相关的，能对旅游者产生吸引力，可以为旅游业所利用，并能产生经济效益、社会效益和环境效益的资源的总和（本文主要指物质型资源）。因此，对“海丝”文化旅游资源的认定主要包括以下方面：①直接与“海丝”要素相关的资源点；②对“海丝”的繁荣和发展有间接影响或反映的资源点；③能够体现中外文化交流融合结果的资源点；④为展现“海丝”历史、普及“海丝”文化而建设的现代博物馆、陈列馆和艺术公园等。为保证资源的整体价值，可为旅游业开发利用，主要选取县级及以上文物保护单位和3A级及以上景区作为对象，以及个别具有强烈“海丝”相关性，但并没有纳入文物保护单位和A级景区名录的资源点。本书所指资源点包括独立型的旅游资源单体，也包括由同一类型的独立单体结合在一起的集合型旅游资源单体。

3.2.2 数据资料来源

本章首先通过查阅中国海上丝绸之路发展历史、福建省海上丝绸之路发展历史、地方志等文献资料和文旅部门公布的相关文件，筛选“海丝”文化旅游资源点（表3-1）。

表3-1 福建省“海丝”文化旅游资源点数据来源

数据来源	内容
国家文物局官方网站	全国重点文物保护单位、三级博物馆名录
福建省文物局官方网站	福建省省级文物保护单位

续表

数据来源	内容
福建省地方志编纂委员会省情资料库	福建省志：文物志、宁德市志、福州市志、莆田市志、泉州市志、漳州市志、厦门市志遗产资源名录
福建省文化和旅游厅	福建省A级景区名录、“海丝”申遗点名录
华侨大学海上丝绸之路研究院	“海丝”文化遗产资源点
泉州海上丝绸之路官方网站	“海丝”申遗点名录
泉州市、福州市、漳州市、厦门市、莆田市、宁德市官方网站	市级和县级文物保护单位
福建省博物馆、泉州海外交通史博物馆等	“海丝”相关港口、贸易管理机构遗址、沉船遗址、窑址遗迹、宗教信仰遗址、文化遗址、近现代建筑设施
新闻、报纸、书籍、网络	“海丝”相关文化遗产资源

根据上述标准，筛选出国家级文物保护单位81个，省级文物保护单位139个，市级文物保护单位67个，县/区级文物保护单位90个，5A级景区4个，4A级景区9个，3A级景区1个，全国重点寺庙9个，国家级历史文化名镇1个，福建省历史文化街区1个，博物馆12个，未定级但与“海丝”相关的资源点53个，共计467个资源点。为保证数据资料的真实可靠性，课题组从2016年10月到2019年11月对所搜集的“海丝”文化旅游资源点进行实地考察，与当地社区居民、文物保护部门和旅游部门相关工作人员进行访谈，深入了解相关资源点的开发与保护现状、存在的问题。通过文献梳理和实地考察共筛选出“海丝”文化旅游资源点406个。其中，泉州132个、漳州94个、福州84个、莆田43个、厦门27个、宁德26个。借助Google Earth坐标提取功能和GPS等工具，再经过实地调查后获得每个资源点的精确坐标对面积较大的面状资源群体，如三坊七巷，选取其质心作为坐标点；单独的资源单体则选取其中心点作为坐标点。然后利用ArcGIS10.2软件，以福建省“海丝”文化旅游区空间范围为基础，建立包含406个资源点坐标、名称、具体位置、历史成因等信息的福建“海丝”文化旅游资源数据库。

3.3 福建省“海丝”文化旅游资源分类

3.3.1 资源分类标准讨论

第一，“海丝”文化旅游是一种新型的主题旅游形式，目前尚没有统一的资源分类标准。因此，在资源分类时首先要借鉴国家《旅游资源分类、调查与评价》（GB/T 18972—2017）（简称《国标》）。根据“二分法”，“海丝”文化旅游资源属于人文旅游资源类型，主要涉及《国标》中的类型见表3-2。作为一种普查型旅游资源分类体系，《国标》中分类原则具有内容全面、规范得当、应用性较强的特点，对于“海丝”文化旅游资源基本类型的筛查具有指导意义。但是，一方面《国标》中对旅游资源类型的命名概括性强，未能凸显“海丝”文化旅游资源的特殊性；另一方面，基本类型之间也存在着前后重复、类项重叠等弊端，在“海丝”文化旅游资源分类时容易出现重复统计的情况。例如，人文景观综合体中的社会与商贸活动场所和实用建筑与核心设施中的特色街区、特色店铺、特色市场都有商品或商业服务场所的含义；人文景观综合体中的宗教与祭祀活动场所、纪念地与纪念活动场所都有进行宗教、祭祀礼仪活动场所或场地的含义。因此，在“海丝”文化旅游资源具体划分时将其归为一类。同时，《国标》中的基本类型未能展现“海丝”文化旅游资源中的航线遗存，在具体分类时应加以补充。

表 3-2 《旅游资源分类、调查与评价》中与“海丝”相关的类型

主类	亚类	基本类型
建筑与设施	人文景观综合体	社会与商贸活动场所、军事遗迹与古战场、建筑工程与生产地、文化活动场所、宗教与祭祀活动场所、纪念地与纪念活动场所
	实用建筑与核心设施	特色街区、特色屋舍、桥梁、港口、渡口和码头、陵墓、特色店铺、特色市场
	景观与小品建筑	亭台楼阁、碑碣、碑林、经幢、牌坊牌楼、塔形建筑
历史遗迹	物质文化遗存	建筑遗迹、可移动文物
人文活动	人事活动记录	地方人物、地方事件

第二，借鉴“海丝”史迹资源分类标准。《海上丝绸之路（中国段）申报文本（2012年）》（表 3-3）中，将预备申报的 53 处“海丝”遗存划分为 3 个主类和 17 个亚类。2017年编制的《海上丝绸之路（中国史迹）申报世界文化遗产文本》（表 3-4），将具有突出普遍价值的 31 处“海丝”史迹分为 3 个主类和 8 个亚类。两次申报文本中对“海丝”史迹的分类对“海丝”文化旅游资源的分类有重要指导意义，但是也存在不足之处。一方面，两次申遗文本选取的只是“海丝”中国段最具代表性与价值的史迹，代表着“海丝”史迹的精华部分，未必能够涵盖“海丝”史迹的所有类型，也未必符合其他地区的实际情况；另一方面，作为中外文化交流重要部分，宗教文化资源在福建“海丝”文化资源中占据重要地位，历史上通过海上丝绸之路与海外进行宗教文化交流并留有遗址遗迹的传统宗教寺庙和经海上丝绸之路传入福建的伊斯兰教、景教和印度教等外来宗教遗迹数量众多。为祈求出海平安而诞生的地方海神信仰宫庙也通过海上丝绸之路发展到东亚、东南亚和南亚等地，在海内外广泛传播。因此，应当将亚类中的宗教建筑和海神祭祀设施归为一主类，以凸显宗教文化的重要性。最后，具有文化线路类型遗产特征的航线遗存，如沉船等物证、重要地标、历史航道等，也并未被列入分类体系之中，本章相应加以补充。

表 3-3 《海上丝绸之路（中国段）申报文本（2012 年）》中海上丝绸之路史迹分类

主类	亚类
海港设施	海湾、码头、航标建筑、造船场、仓库、祭祀建筑、贸易管理机构、驿站、桥梁、道路、海防设施、商业街等
外销物品生产基地与设施	瓷窑、丝绸织造工场
文明及文化交流产物	宗教建筑、外国人聚居区及墓葬区、贸易市场等

表 3-4 《海上丝绸之路（中国史迹）申报世界文化遗产文本（2017 年）》中海上丝绸之路史迹分类

主类	亚类
基础设施	港航遗存、海神祭祀设施、管理设施
生产设施	窑址等
产物类遗存	宗教遗存、聚落、墓葬、祈风仪式产物

第三，借鉴《广东文化遗产：海上丝绸之路史迹》（简称《广东“海丝”史迹》）分类标准。广东省文物局将调查筛选的254 处“海丝”史迹划分为：海港设施、文化交流、外销物品生产基地与设施、海神信仰建筑、航线遗存 5 个主类若干亚类（表 3-5）。首先，相较于《国标》和两次“海丝”文化遗产申报文本，《广东“海丝”史迹》从分类体系和命名上都充分反映了“海丝”资源的特征与区域特色。其次，《广东“海丝”史迹》改进了两次申报文本分类中的不足，将航线遗存纳入分类体系。但是相对于其他 4 个主类，航线遗存单独分为一类较为薄弱，宜纳入海港设施主类之下。再次，将海神信仰建筑单独列为一类，体现出“海丝”史迹的特色。但作为宗教文化类，应与文化交流主类中的宗教文物和宗教传播石刻碑刻归入一主类。最后，贸易管理机构及市场、外销物品生产基地与设施都是体现商业贸易特征的实际类型，也应该归为一类。

表 3-5 《广东文化遗产：海上丝绸之路史迹》中海上丝绸之路史迹分类

主类	亚类
海港设施	海港码头、贸易管理机构及市场、海防设施、其他（造船遗址、古道桥梁及与航海有关的岩画石刻等）
文化交流	宗教文物、外国人墓葬、舶来品出土遗址与墓葬、其他（宗教传播的石刻碑刻、反映海外移民的宗祠故居、反映物产交流的墓葬等）
外销物品生产基地与设施	窑址、其他（冶铁工场遗址、采石工场遗址、制蓝工场遗址等）
海神信仰建筑	妈祖崇拜建筑、南海神崇拜建筑
航线遗存	航标地标、水下沉船

基于以上分类标准，结合福建“海丝”文化旅游资源的具体情况，构建资源分类体系。从整体上看，福建“海丝”文化旅游资源主要涉及与交通相关的港口、码头、桥梁和水下沉船遗址等；与贸易相关的商贸管理机构、窑址、市场遗址等；与文化交流相关的宗教、人物、墓葬、文化活动场所等；与维护海疆稳定相关的海防设施等。

首先，根据《国标》中的基本类型对资源进行分类。第一，将与交通相关的港口、渡口、码头和桥梁归为一主类。第二，将与贸易相关的建筑工程和生产地、特色商铺和特色市场归为一主类。第三，将与文化交流相关的文化活动场所、宗教与祭祀活动场所、纪念地与纪念活动场所、特色屋舍、陵墓、亭台楼阁、碑碣、碑林、经幢、牌坊牌楼、地方人物、地方事件归为一主类。第四，塔形建筑中属于航标建筑的归入交通类，属于宗教文化的归入文化类；社会与商贸活动场所中社会交往场所归入文化类，贸易活动场所归入商贸类；特色街区中属于商业贸易街区的归入商贸类，属于历史文化街区的归入文化类；军事遗迹与古战场基本类型不进行归类。第五，新增祈风遗迹、航线遗存、商贸管理三个基本类型。

其次，借鉴两次申报文本和《广东“海丝”史迹》中的分类和命名方式。第一，将交通主类中的基本设施港口、渡口和码头史迹归为一亚类，命名为海港设施；将与交通相关的沟通主要航道的桥梁、指示航向的航标建筑和“海丝”航线上的水下沉船遗迹归为一亚类，命名为航线遗存。第二，将贸易主类中进行贸易管理的政府机构命名为商贸管理类，列为一亚类；将进行直接贸易交往的特色街区、特色商铺和特色市场归为一亚类，命名为商贸街市；将进行贸易产品生产的建筑工程和生产地命名为外销产品生产地设为一亚类。第三，宗教文化的传播与交流是“海丝”文化发展中的重要部分，福建沿海地区无论是传统宗教、外来宗教还是海神信仰都在海内外影响深远，为突出宗教文化资源的地位，将文化主类中与宗教文化相关的宗教与祭祀活动场所、纪念地与纪念活动场所、碑碣、碑林、经幢列为一主类，命名为宗教文化类。同时，福建省的民间海神信仰繁多，根基深厚，其规模和影响远远超过制度化的传统宗教。因此，将宗教文化主类分为宗教信仰（具有严格的宗教组织、成员、仪式、经典和体系化的宗教类型，如佛教、基督教、伊斯兰教和道教等）和民间信俗两个亚类。第四，“海丝”发展历史中有众多为“海丝”城市、港口和航道建设、贸易往来、文化交流做出突出贡献的中外人物，遗留有故居、墓葬、碑刻、宗祠等遗址遗迹，将文化主类中与“海丝”历史人物相关的史迹归为一亚类，命名为名人史迹；将海外移民聚居形成的聚落或通过中外文化交流对本土聚落产生重要影响的相关古村落归为一亚类，命名为聚落遗址；将有别于古海上丝绸之路的近现代“海丝”文化旅游资源，如社会活动场所、文化活动场所、特色屋舍、建筑遗迹归为一亚类，命名为近现代建筑设施。第五，新增祈风遗迹基本类型为出海航行前为祈求平安而遗留的石刻、碑刻等纳入交通类，列为一亚类。福建沿海历史上遗留的军事遗迹与古战场有维护海疆稳定、抵御外来侵略、保障正常海上贸易与交往的作用，借鉴申遗文本和广东“海丝”史迹分类体系，将其纳入交通类，更名为海防设施，列为一亚类。

综上所述，将与交通相关的海港设施、海防设施、航线遗存和祈风遗迹归为一主类，称为海上交通类；与贸易相关的商贸街市、商贸管理和外销商品生产地归为一主类，称为商业贸易类；与宗教文化相关的宗教信仰和民间信俗归为一主类，称为宗教文化类；与文化交融、历史人物和文化展览相关的聚落遗址、名人史迹和近现代建筑设施归为一主类，称为文化融合类，共 4 个大类及 12 个亚类（表 3-6）。

表 3-6 福建“海丝”文化旅游资源分类表

大类	亚类	资源点
海上交通	海港设施	石湖码头、文兴码头、美山码头、乌屿码头遗址、接官道码头、东岐码头、邢港码头、东冶港遗址、三都澳、月港码头遗址、旧镇港码头、佛昙港码头、盐鱼市古码头遗址、芦州古渡口、新圩渡口、月港饷馆码头、吉了港、五通渡头遗址、深青驿遗址、永泰嵩口古镇码头、后渚港、富美渡、江口码头、后垵古码头、登文道码头遗址、涂门水关遗址

续表

大类	亚类	资源点
海上交通	海防设施	崇武古城、福全城墙遗址、万安所城、马江海战炮台、海口民城、长门炮台、塘湾民城遗址、透堡烽火台、潋城城堡、玉塘城堡、传胪城堡、大京城堡、外浒城堡、双城城堡、莆禧城墙、莆禧古城、铜山水寨遗址、分水关遗址、镇海卫城、六鳌古城、铜山古城、东石石寨、悬钟古城、赵家堡、胡里山炮台遗址、龙头山寨遗址、水操台遗址、同安城墙、永宁古卫城、定海古城、古谯楼、屿仔尾南炮台、莆美堡、东山城遗址、新建蚶江海防官署碑记
	航线遗存	后渚港古船、法石古船、万寿塔、六胜塔、洛阳桥、安平桥、铁竹篙、罗星塔、闽安迴龙桥、马尾船厂遗址、圣寿宝塔、天妃灵应之记碑、郑和铜钟、普光塔、古温麻镇遗址、古厝壁画、导航灯塔、塔仔塔、祥应庙碑记、雁阵塔、明代天文图、壶屿古桥、石笋桥、南太武延寿塔、石砚塔、祥麟塔、晏海楼、望洋台、文峰塔、定潮楼、牛山岛灯塔、碗礁一号遗址、顺济桥、盘光桥、江东桥、溜石塔、林浦石塔、定海白礁一号遗址、江口桥、延寿桥、浮屿桥、宁海桥、龙文塔、澳柄桥、南门宋桥、东吴塔、东关桥、龙潭拱桥、濠溪桥、吟啸桥、大德桥、辋川桥、无尾塔、朝天桥、星塔、登龙桥、中山桥、埭头石塔、五显第一溪桥、靖城文昌塔、萩芦溪大桥
	祈风遗迹	九日山祈风石刻、郑和行香碑、水寨大山摩崖石刻、太武山摩崖石刻
商业贸易	商贸街市	泉港土坑村港市遗址、东石玉记商行建筑群、聚宝街、五店市历史街区、泉州西街、三坊七巷历史文化街区、上下杭文化历史街区、福华茶厂遗址、鼓岭老街、十洋街、明清古街、月港临江古街、青龙巷
	商贸管理	泉州市舶司遗址、来远驿遗址、税课司旧址、闽安巡检司、闽安协台衙门、鹿港郊公堂遗址、柔远驿遗址
商业贸易	外销商品生产地	德化屈斗宫窑遗址、梅岭德化窑遗址、永春蒲庆兰香室、西坪铁观音发源地、安溪磁灶窑址、东门碗窑遗址、怀安古窑、长柄窑址、东张窑、南屿碗窑遗址、浦口窑、闽清义窑窑址、宦溪窑址、飞鸾古窑址、扶摇窑址、后坪南广古窑址、灵川窑、西天尾窑、庄边窑、云居窑、南胜窑址、南胜花仔楼窑、大垅窑、肥窑瓷窑、南门坑窑址、澎水瓷窑遗址、东溪窑遗址、罗宛井窑遗址、水头窑、赤草埔窑、童子山窑、磁窑村窑、碗窑古窑址、东瑶古窑址、许厝古窑址、汀溪窑址、东田南坑窑址、盖德碗坪仑窑址
宗教文化	宗教信仰	府文庙、清净寺、开元寺、崇福寺、福清寺、宝海庵、泉州南少林寺、石笋、老君岩、西资岩石刻造像、南天寺石刻造像、草庵摩尼光佛造像、泛船浦教堂、马尾天主堂建筑群、天安堂、石厝教堂、涌泉寺、云门寺、万福寺、福清少林院遗址、雪峰寺、云居寺、永泰名山室、建善寺、华严寺、狮峰寺、太姥山摩尼宫、灵峰寺、莆田南少林寺、南山广化寺、东汾五帝祖庙、文峰宫、会元寺、南山寺、南山寺弥陀佛造像、瑞竹岩、东明寺、登云寺、步文岭东天主堂、龙池岩寺、普贤寺、朝真堂、新街礼拜堂、南普陀寺、婆罗门佛塔、安海龙山寺、延福寺、天中万寿塔、莆田龙华寺、卫理公会莆田总堂、德济门遗址、福州开元寺、梵天禅寺、五塔岩石塔、池店印度教石刻、三世佛石雕、丰州陀罗尼经幢、新店石经幢、池店石经幢、陈埭石经幢、杨林石经幢、涪垵村秀林山崖刻造像、承天寺、海印寺、延平郡王祠、白耇庙、天柱岩、龙瑞寺

续表

大类	亚类	资源点
宗教文化	民间信俗	通远王祠、真武庙、泉郡天后宫、美山天妃宫、蟳埔顺济宫、霞洲妈祖宫、安溪清水岩、南安凤山寺、通淮关岳庙、惠安青山宫、螺洲天后宫、望北台真武庙、西关天后宫、顺天圣母陈靖姑故居、文石天妃庙、显应宫、张真君祖殿、松山天后宫、古田临水宫、宁德天后宫、东山关帝庙、雁阵宫、麟山宫、平海卫城隍庙、莆禧天妃宫、平海天后宫、湄洲岛妈祖庙、港里祖祠、贤良港天后祖祠、官园威惠庙、燕翼宫、岑头威惠庙、云霄威惠庙、松洲威惠庙、白礁慈济宫、真君宫、天湖堂、浦头大庙、扶摇关帝庙、东山宫前天后宫、梅林天后宫、埔尾妈祖庙、浯屿天妃宫、铜陵天后宫、旧镇妈祖庙、铜钵净山院、南门胜澳天妃宫、郑和庙、五通宫、三平寺、大坑玄天上帝庙、凤霞祖宫、云霄天后宫、青礁慈济宫、马巷城隍庙、文兴宫、东石天妃宫、昭惠庙、崇武天后宫、石狮明代城隍庙、獭窟妈祖宫、庄头万安天妃宫、永宁城隍庙、威镇庙太王陵、玉湖殿
文化融合	聚落遗址	百崎回族乡、蟳埔民俗文化村、锡兰侨民故居、后黄村、天马村、云水谣土楼村、赤岸村、沧江古镇、闽安古镇、埭美村
	名人史迹	锡兰侨民墓区、开闽三王祠、林则徐祠堂、黄昇墓、五代闽国刘华墓、福州琉球墓园、恩赐琅琊郡王德政碑、林则徐墓、蔡忠惠公祠、鼓山绝顶峰摩崖石刻、闽王墓、林尔康墓、李参将军故居、方壶岩摩崖石刻、戚公祠、秦屿戍守台湾将士墓群、张朝发墓、太姥山历代摩崖石刻、定海琉球墓、伊斯兰教圣墓、李富墓、林兆恩墓、蒲坂郑氏祖祠、黄府墓、蓝廷珍提督府、陈元光墓、潘尚书府第、南诏镇明代石碑坊群、林氏义庄、德远堂、双门顶明代石坊、林氏宗祠、奎壁齐辉楼、潘氏祖祠及民居群、蔡氏古民居群、孙氏大厝、蓝理墓、太师太傅墓、俞戚诗壁、陈第沈有容题名石刻、澎湖阵亡将士祠碑、征倭诸将诗刻、徐一鸣等攻剿红夷题名石刻、朱一冯等攻剿红夷题名石刻、丁氏回族墓、祖闾苏民居、武肃王陵、锡兰王子陵园、清源山、青华庄用宾故居、俞大猷墓、衙口施氏大宗祠、靖海侯府、郑成功墓、大演洪氏民居、施琅墓、林路大厝、王潮墓
文化融合	近现代建筑设施	安澜会馆、乐群楼、思万楼、华南女子文理学院旧址、福建协和大学建筑群、鼓浪屿、烟台山近代建筑群、天一总局旧址、空海大师纪念堂、中国古代船模馆、昙石山遗址馆、壳丘头遗址馆、泉州湾古船陈列馆、天福茶博物院、海外交通史博物馆、中国闽台缘博物馆、景胜别墅、泉州宗教石刻陈列馆、泉州古代外销陶瓷博物馆、霞美陈氏民居、海上丝绸之路艺术公园

3.3.2　资源分类体系

3.3.2.1　海上交通类

第一类“海港设施”，指地处海岸或江河沿岸供船舶停靠、装卸货物和上下客的港口、码头等建筑设施等。长期的海上丝绸之路历史发展中，福建沿海地区以其优越的地理位置和地形条件形成众多优良港口，多分布在闽江、晋江、九龙江沿岸及出海口地区，部分港口随着历史变迁已无迹可寻，还有部分发展成为现代化港口。如泉州石湖码头遗址、漳州月港码头遗址、福州怀安接官道码头遗址等。

第二类“海防设施”，指为保障社会安定、海上贸易秩序和航行建造的海防军事设施等。漫长的海外贸易历史中必定会受到某些不利因素的影响，特别是明清时期，东南沿海经常出现私商和倭寇勾结阻碍正常贸易往来，政府为维护同周边各国的朝贡贸易而修建了一系列海防设施。如赵家堡、崇武古城、定海古城等。

第三类“航线遗存”，指海上丝绸之路航线上船舶航行时判断航向和界限的标志、交通古道桥梁及水下沉船等。即为保证航向，人们在陆地上建造较为醒目的标志性建筑，如万寿塔、圣寿宝塔、罗星塔、延寿塔等；航线周边建设的便于贸易往来的古道桥梁等交通设施，如洛阳桥、迴龙桥、安平桥等；海上丝绸之路航线路途长、支线多、连接地域广阔，遗留下众多水下堆积遗存，如碗礁一号遗址、白礁一号遗址、后渚港古船、法石古船等。

第四类“祈风遗迹”，指为祈求出海航行、贸易往来平安顺利而遗留的石刻、碑刻、岩画等。如九日山摩崖石刻、郑和行香碑、天妃灵应之记碑等。

3.3.2.2　商业贸易类

第一类“商贸街市”，指港市或港口腹地进行海外贸易活动的交易场所。海外贸易繁荣使得本土和其他国家或地区的商人在港口附近聚集进行贸易，遗留下众多商业贸易遗址遗迹。例如，泉州的西街、土坑村港市遗址、福州的上下杭历史文化街区、漳州十洋街等。

第二类“商贸管理”，指政府为管理商业贸易活动而设立的政府职能机构。如泉州市舶司、来远驿、闽安巡检司等专门负责管理船舶、征榷、接待外使和商人等事务。

第三类“外销商品生产地”，为保证海外贸易出口货源供应而专门建立的生产外销商品的遗址遗迹或场所的总称。贸易往来和文化交流使得以瓷器、丝绸、茶叶为代表的手工业产品和农副产品成为热销商品，生产基地众多。例如，泉州屈斗宫德化窑址、漳州平和南胜窑址、福州怀安窑址等。

3.3.2.3　宗教文化类

第一类“宗教信仰”，指经海上丝绸之路入华传播的伊斯兰教、基督教和印度教等海外宗教及能体现中外宗教和谐相处的本土宗教遗址遗迹、建筑设施等。福建地区宗教信仰丰富，泉州更是有“世界宗教博物馆”之称，海上丝绸之路使得本土与外来宗教文化相互交融传播，传统的儒道佛三教和基督教、伊斯兰教、印度教、景教、摩尼教等域外宗教文化在此汇聚，遗留下珍贵遗迹，如清净寺、开元寺、府文庙、老君岩、延福寺等。

第二类“民间信俗”，指民间为祈求船舶出海平安或经海上丝绸之路传播海外的民间信仰神祇崇拜建筑。海上活动频繁使得保佑出海航行平安的海神信仰应运而生并广泛传播。其中妈祖信仰最为著名且影响深远，同时闽北地区的临水夫人陈靖姑信仰、闽南地区的保生大帝等各类民间信俗宫庙建筑遍布福建沿海地区。

3.3.2.4 文化融合类

第一类“聚落遗址”，指经海上丝绸之路到福建地区的海外移民后裔形成的聚落或深受“海丝”文化影响的本土聚落。例如，以伊斯兰教文化聚集区为主，如晋江陈埭回族村、惠安百崎回族乡、锡兰侨民故居等；同时包括中外文化融合的本土聚落，如蔡氏古民居、蟳埔民俗文化村、大岞惠女民俗村等。

第二类“名人史迹”，指经海上丝绸之路到福建地区的海外人士遗留的或对古代福建社会安定和海外贸易做出贡献的名人史迹、墓葬等。例如，为福建地区城市建设和“海丝”发展有突出贡献的中外名人史迹，以及定居在福建地区的海外移民遗留的墓葬等，如恩赐琅琊郡王德政碑、伊斯兰教圣墓、锡兰侨民墓等。

第三类“近现代建筑设施”，与“海丝”相关的具有一定规模、富含特殊意义和影响力的建筑及科普教育文化设施等。能够体现中外文化交流的近现代建筑，如鼓浪屿、烟台山近代建筑群、福建协和大学建筑群等。为更好地继承和弘扬“海丝”文化而建设的各类科普教育设施，如海外交通史博物馆、泉州宗教石刻博物馆、泉州古代外销陶瓷博物馆、海上丝绸之路艺术公园等。

3.4 福建省“海丝”文化旅游资源评价

3.4.1 评价指标体系构建原则

旅游资源评价是一个系统、综合、多层次的体系，必须在科学理论的指导下围绕评价对象的特点展开。因此，在对福建“海丝”文化旅游资源相关指标进行筛选与确定的过程中，需要遵循一定的设计原则，以确保评价指标能全面、充分、准确地反映资源特性。因此，在构建“海丝”文化旅游资源评价指标体系的过程中应遵循下列原则。

3.4.1.1 科学性原则

在构建“海丝”文化旅游资源评价指标体系时，必须坚持科学思想指导，实事求是地对“海丝”文化旅游资源进行充分挖掘和梳理，并在此基础上进行评价方法的确立、指标的选取、数据的处理等。基于科学分析建立的“海丝”文化旅游资源评价指标体系，有利于反映“海丝”文化旅游资源的本质特点。

3.4.1.2 全面性原则

“海丝”文化旅游资源的形成与自然、经济和社会息息相关，涉及内涵广泛、类型多样、层次结构复杂。在资源梳理、分类及评价指标选取时要力争保持客观和完整，全方位综合考虑以确保指标选取的全面性。

3.4.1.3 特殊性原则

“海丝”文化旅游资源除具备旅游资源一般特征外，还兼具其自身独特的品质。在构建评价指标时，要突出反映“海丝”文化旅游资源的原真性、完整性、可持续性及开放包容性等特点与内涵，兼顾全面性的同时又能突出其特殊性。

3.4.1.4 可操作性原则

评价体系构建中，指标的选择既要考虑客观合理性，也要考虑指标数据的可获得性。本章涉及的部分客观性指标直接通过官方公布渠道获取相关数据，而有些主观性指标则通过问卷形式定性描述并根据评分标准来赋值。在指标设置的过程中，要充分考虑数据信息的来源和量化等问题，以确保评价结果合理可靠。

3.4.2 评价过程

3.4.2.1 评价指标选取

“海丝”文化旅游资源评价指标的选取，首先以《旅游资源分类、调查与评价》（GB/T 18972—2017）、《旅游景区质量等级的划分与评定》（GB/T 17775—2003）等国家标准性文件作为参考依据，同时，综合借鉴以往专家学者提出的旅游资源综合评价指标，确保评价指标选取的科学性和权威性。其次，考虑“海丝”文化旅游资源的特性，综合分析之后构建经验性预选指标框架。最后，咨询相关专家学者进行筛选和修改，以保证指标体系设计的合理性和可操作性。基于以上，构建福建“海丝”文化旅游资源评价指标体系，该体系分为评价目标层、评价综合层、评价项目层、评价因子层4个层次，24个评价因子（图3-1）。

第一层为评价目标层，其指标为一级指标，是指最终的评价对象“海丝”文化旅游资源。

第二层为评价综合层，是从宏观角度评价“海丝”文化旅游资源的总体情况。对“海丝”文化旅游资源评价时要以旅游资源的概念为切入点，即自然界和人类社会，凡能对旅游者产生吸引力，能激发旅游者的旅游动机，具备一定旅游功能和价值，可以为旅游业开发利用，并能产生经济效益、社会效益和环境效益的事物和因素。“海丝”文化旅游资源作为旅游资源的一种，其规模大小、保存状况、珍稀奇特程度和蕴含的价值等是资源产生吸引力、诱发旅游动机的基础，因此，首先要考虑资源自身的条件。其次，旅游资源的保护和开发依赖于一定的自然和社会环境，如周边自然环境状况、政府支持力度和当地居民的保护态度等，因此，旅游资源所处的环境条件也是对其进行评价分析的重要指标之一。最后，还要衡量旅游资源开发所需的经济条件、客源市场和交通服务等基础设施状况及未来发展前景等，以保障资源能够产生最大的经济、社会和环境效益。综上所述，以“旅游资源条件”“旅游环境条件”“旅游发展条件”三方面构成评价综合层。

第三层为评价项目层，从中观角度出发，对二级指标进行深化。“旅游资源条件”包括“资源属性”和“资源价值”两方面，是对资源本身蕴含的价值进行评价，也是资源评价的基础。“海丝”文化旅游资源作为一种独特的资源类型，包含着有别于其他

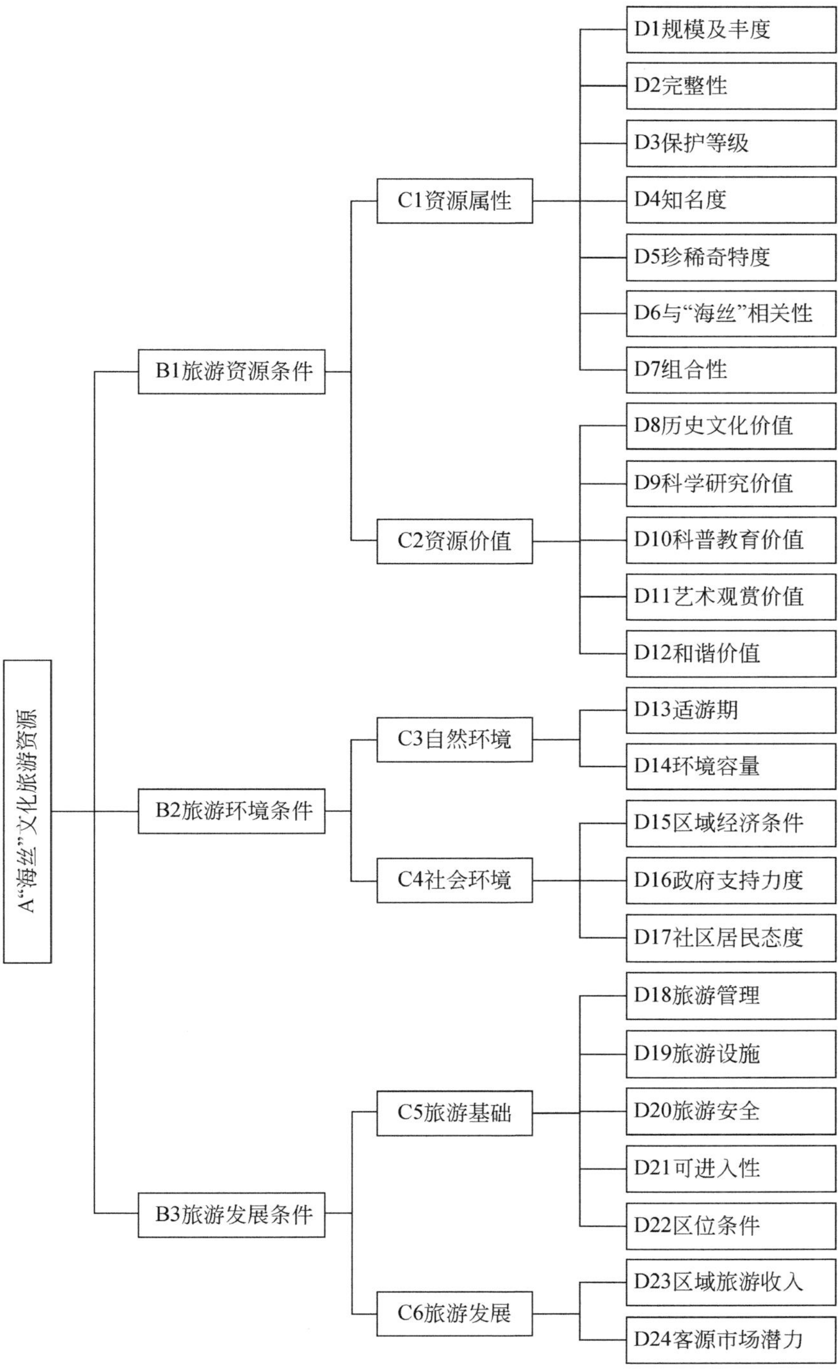

图 3-1 “海丝”文化旅游资源评价体系

资源的属性和价值，如“海丝”文化开放包容的基因，又如文化遗产原真性和完整性等特性。同时，作为一种文化传播的载体，也要突出其历史价值和时代价值。“旅游环境条件”包括“自然环境”和“社会环境”两个方面，是对资源获得支持和保护的外部条件的评价。“海丝”文化旅游资源既作为独立个体，又与其周围的环境和谐共生、相互依存，少了任何一部分都会有损其价值，因此必须对其所处环境进行评价，才能有效地进行保护和开发。“旅游发展条件”包括“旅游基础”和“旅游发展”两个方面，是对资源所处地区旅游开发基础条件和发展前景进行评价，为“海丝”文化旅游资源的开发提供支撑。

第四层为评价因子层，评价因子以国家标准和相关专家学者的研究为基础，以规模及丰度、完整性、保护等级、知名度、珍稀奇特度和组合性等6项指标来衡量资源属性。为突出“海丝”文化旅游资源的独特性，在资源属性中突出与“海丝”的相关性这一特征。同时，本书的“海丝”文化旅游资源为物质文化资源，多为遗址遗迹等不可移动文物，故设置保护等级指标以突出资源重要程度。以历史文化、科学研究、科普教育、艺术观赏、和谐等5项指标衡量资源的价值。其中，为凸显“海丝”文化所包含的开放兼容、和平友好的精神内涵，在资源价值中设立和谐价值以衡量“海丝”文化旅游资源从古至今对民族团结凝聚的作用。以适游期和环境容量衡量资源可供旅游或使用的时间限制和承载能力的自然环境条件。以区域经济条件、政府支持力度和社区居民态度来衡量资源能够受到保护和发展的社会环境条件。以旅游管理、旅游设施、旅游安全、可进入性和区位条件5项指标衡量资源的基础状况。以区域旅游收入和客源市场潜力衡量旅游资源发展的潜力状况。

3.4.2.2 评语集合的确定

以福建“海丝”文化旅游资源为研究对象，基于模糊赋分法对旅游资源评级因子指标进行模糊定量评价。按照评价因子对旅游资源开发程度的影响不同，将评价指标分为五个级别，即 $V=\{v_1, v_2, v_3, v_4, v_5\}$。为了达到量化研究的目的，在此分别对评判集合中的不同等级赋予相应的分值，即 $V=\{100, 80, 60, 40, 20\}$，评分标准详见表3-7。

表3-7 “海丝”文化旅游资源评分标准

评价因子	评分标准				
	[100，80)	[80，60)	[60，40)	[40，20)	[20，0)
规模及丰度	大	较大	中等	较小	小
完整性	完整	较完整	一般完整	较不完整	不完整
保护等级	国家级	省级	市级	县级	无
知名度	世界	全国	本省	本市	本县
珍稀奇特度	高	较高	一般	较低	低

续表

评价因子	评分标准				
	[100，80)	[80，60)	[60，40)	[40，20)	[20，0)
与“海丝”相关性	紧密	较紧密	一般	较小	不紧密
组合性	强	较强	一般	较弱	弱
历史文化价值	唐五代及以前	宋	元	明	清及以后
科学研究价值	高	较高	一般	较低	低
科普教育价值	高	较高	一般	较低	低
艺术观赏价值	高	较高	一般	较低	低
和谐价值	高	较高	一般	较低	低
适游期	>300 天	250～300 天	150～250 天	100～150 天	<100 天
环境容量	大	较大	一般	较小	小
区域经济条件	全省前 10%	全省前 20%	全省前 30%	全省前 40%	全省 40% 以外
政府支持力度	支持	较支持	一般	较不支持	不支持
社区居民态度	支持	较支持	基本支持	较不支持	不支持
旅游管理	到位	较到位	基本到位	较不到位	不到位
旅游设施	完善	较完善	一般	较不完善	不完善
旅游安全	安全	较安全	一般	较差	差
可进入性	好	较好	一般	较差	差
区位条件	好	较好	一般	较差	差
区域旅游收入	高	较高	中等	较少	少
客源市场潜力	潜力大	潜力较大	潜力一般	潜力较小	潜力小

3.4.2.3 评价数据来源

“海丝”文化旅游资源的评价指标分为客观性指标和主观性指标（表 3-8），其中保护等级、历史文化价值、适游期、区域经济条件、区域旅游收入等 5 项客观性指标主要依据文保单位名录、2019 年福建省各县/区/市统计年鉴和统计公报、原福建省文化和旅游厅网站、旅游景区官方网站等获取的相关数据，结合评分标准确定。第一，保护等级，依据国家级、省级、市级和县（区）级文保单位名录和官方网站公布的旅游景区等级，确定各资源点保护等级，进而依据评分标准按等级确定得分。第二，历史文化价值，根据“海丝”文化旅游资源点的始建年代划分为唐五代及以前、宋、元、明、清及以后五个阶段并分别赋予 5 ~ 1 分。第三，适游期，通过官方网站和旅游景区官方网站查询资源点及景区的开放时间，根据评分标准确定资源点得分。第四，区域经济条件和区域旅游收入，通过查找 2019 年福建省各县/区/市统计年鉴和统计公报获得各县/区/市的政府财政收入，并与福建省 85 个县/区/市进行排名，依据排名顺序确定资源点得分。

表 3-8　福建“海丝”文化旅游资源评价指标及数据来源

指标层	数据来源	指标层	数据来源
D1 规模及丰度	专家问卷	D13 适游期	原福建省文化和旅游厅网站
D2 完整性	专家问卷	D14 环境容量	专家问卷
D3 保护等级	文保单位名录	D15 区域经济条件	各县/区/市 2019 年统计年鉴、统计公报
D4 知名度	游客问卷	D16 政府支持力度	专家问卷、政府部门调研、当地从业人员访谈
D5 珍稀奇特度	专家/游客问卷	D17 社区居民态度	实地调查、当地居民问卷
D6 与“海丝”相关性	专家问卷	D18 旅游管理	专家/游客问卷
D7 组合性	专家问卷	D19 旅游设施	专家/游客问卷
D8 历史文化价值	文保单位名录	D20 旅游安全	游客问卷
D9 科学研究价值	专家问卷	D21 可进入性	专家/游客问卷
D10 科普教育价值	专家/游客问卷	D22 区位条件	专家/游客问卷
D11 艺术观赏价值	专家/游客问卷	D23 区域旅游收入	各县/区/市 2019 年统计年鉴、统计公报
D12 和谐价值	专家问卷	D24 客源市场潜力	游客问卷

除上述可收集到的“海丝”文化旅游资源评价数据的指标外，其余各项指标均结合前述的赋分标准（表 3-7），分别由相关学科的专家学者和游客，在充分了解资源点基本情况的基础上进行评分。自 2017 年 10 月至 2019 年 11 月，在福建沿海 6 市对 406 个资源点开展田野调查，总共发放问卷 2000 份，回收有效问卷 1824 份，有效率达 91.2%。其中，在福州调查资源点 84 个，回收问卷 386 份；泉州调查资源点 132 个，回收问卷 614 份；漳州调查资源点 94 个，回收问卷 383 份；厦门调查资源点 27 个，回收问卷 143 份；莆田调查资源点 43 个，回收问卷 167 份；宁德调查资源点 26 个，回收问卷 131 份。

3.4.2.4　权重子集的确定

“海丝”文化旅游资源评价是一个多种因子共同作用的综合分析评价，由于各个指标因子对“海丝”文化旅游资源的影响作用并不相同，在对福建“海丝”文化旅游资源综合分析时首先要确定各项指标因子的权重值。权重体现了评价体系中某个因素的重要性程度。指标因子的权重赋值有多种方法，常用的有德尔菲法、层次分析法、回归分析法、主成分分析法、相关系数法等。因层次分析法既能保证评价内容合理可靠又能使复杂的问题简单化，因而被广泛采用。本章采用层次分析法对“海丝”文化旅游资源的各项评价指标进行权重赋值。层次分析法根据问题的性质和要达到的总目标，将问题分解为不同的组成因素，并按照因素间的相互关联影响以及隶属关系将因素按不同层次聚集组合，形成一个多层次的分析结构模型，从而最终使问题归结为最底层相对于最高层的相对重要权值的确定或相对优越次序的排定（许树柏，1988）。

3.4.2.5 构造判断矩阵

为提高判断矩阵的准确度，对同一层级内的各个指标进行两两比较，比较时采用相对尺度，以减少性质不同因素相互比较的困难，按其重要性程度用数字 1 ~ 9 及其倒数来标定重要性，用两两比较的结果构建判断矩阵（表 3-9）。

表 3-9 标度描述表

重要性标度	含义
1	表示两个因素相比，具有相同重要性
3	表示两个因素相比，前者比后者稍重要
5	表示两个因素相比，前者比后者明显重要
7	表示两个因素相比，前者比后者强烈重要
9	表示两个因素相比，前者比后者极端重要
2、4、6、8	表示上述相邻判断的中间值

（1）层次单排序及其一致性检验

层次单排序是指对于上一层某目标而言，本层次各因素重要性的排序。Wi 表示对应指标单排序的权重值。评价判断矩阵可信度的标准是检验判断矩阵是否具有一致性，需要将 CI 与平均随机一致性指标 RI 进行比较，得出检验系数 CR。当 CR<0. 1 时，表示判断矩阵具有较好的一致性，否则就要对矩阵进行调整。

（2）层次总排序及其一致性检验

计算某一层次所有因素对于最高层次相对重要性的权值称为层次总排序。这一过程是从最高层次到最低层次依次进行的。层次总排序也要检验其一致性。

通过向从事旅游研究和“海丝”文化研究的专家学者进行问卷发放，对评价指标间相对重要性进行两两对比，并按其重要性程度评定等级，运用层次分析法软件 yaahp5. 0 计算判断矩阵最大特征值 λ_{max} 和权向量 W，并进行一致性检验。经计算各个矩阵一致性检验值均小于 0. 1，结果合理有效。最终权重计算结果如表 3-10 所示。

表 3-10 “海丝”文化旅游资源评价指标体系权重表

评价综合层	评价项目层		评价因子层	
旅游资源条件 0. 539 0	资源属性 0. 500 0	权重 0. 269 5	规模及丰度 0. 034 9	权重 0. 009 4
			完整性 0. 151 9	权重 0. 040 9
			保护等级 0. 209 0	权重 0. 056 3
			知名度 0. 072 9	权重 0. 019 7
			珍稀奇特度 0. 074 2	权重 0. 020 0
			与“海丝”相关性 0. 431 4	权重 0. 116 3
			组合性 0. 025 7	权重 0. 007 0
	资源价值 0. 500 0	权重 0. 269 5	历史文化价值 0. 408 6	权重 0. 110 1
			科学研究价值 0. 176 6	权重 0. 047 6
			科普教育价值 0. 012 2	权重 0. 032 9
			艺术观赏价值 0. 236 9	权重 0. 063 9
			和谐价值 0. 055 9	权重 0. 015 1
旅游环境条件 0. 163 8	自然环境 0. 333 0	权重 0. 054 6	适游期 0. 166 7	权重 0. 009 1
			环境容量 0. 833 3	权重 0. 045 5
	社会环境 0. 667 0	权重 0. 109 2	区域经济条件 0. 251 9	权重 0. 027 5
			政府支持力度 0. 588 9	权重 0. 064 2
			社区居民态度 0. 159 3	权重 0. 017 3

续表

评价综合层	评价项目层		评价因子层	
旅游发展条件 0.297 3	旅游基础 0.666 7	权重 0.198 2	旅游管理 0.097 2	权重 0.019 3
			旅游设施 0.159 0	权重 0.031 5
			旅游安全 0.058 8	权重 0.011 7
			可进入性 0.259 1	权重 0.051 3
			区位条件 0.425 8	权重 0.084 4
	旅游发展 0.333 3	权重 0.099 1	区域旅游收入 0.333 3	权重 0.033 0
			客源市场潜力 0.666 7	权重 0.066 1

3.4.2.6 模糊综合评价

建立评价因素集 U：

$$U=\{u_1,u_2,\cdots,u_p\}$$

建立评判集：

$$V=\{v_1,v_2,\cdots,v_n\}$$

确定各因素的相对隶属度，建立相应的模糊评价矩阵 R：

$$R_p=\begin{bmatrix}R_1\\R_2\\\vdots\\R_p\end{bmatrix}=\begin{bmatrix}r_{11}, & r_{12}, & \cdots, & r_{1n}\\r_{21}, & r_{22}, & \cdots, & r_{2n}\\\vdots & \vdots & & \vdots\\r_{p1}, & r_{p2}, & \cdots, & r_{pn}\end{bmatrix}$$

式中，U 为影响资源评价的各因素，p 为评价因素的个数，n 为等级数。按照公式进行单级模糊评价：$B_i=W_i\cdot R_i=[b_{i1},\ b_{i2},\ \cdots,\ b_{in}]$。其中 W 与 R 的运算，运用先相乘后相加的方法，在单级模糊评价的基础上进行综合模糊评价，对于权重 $W=W_1,\ W_2,\ \cdots,\ W_p$ 计算最终综合模糊评价结果：$A=W\cdot R=W\cdot(B_1,\ B_2,\ \cdots,\ B_n)$。将最终综合评价结果乘以对应得分值，计算最终综合模糊评价得分：

$$E=A\cdot V$$

其中 A 为最终综合模糊评价集，V 为不同等级量化分值所构成的评分集，即 $V=\{100,\ 80,\ 60,\ 40,\ 20\}$。

3.4.2.7 评价等级划分

根据《旅游资源的分类、调查与评价》（GB/18972—2017）及相关研究中关于旅游资源评价等级划分的标准，将“海丝”文化旅游资源分为五个等级（表3-11）。

表3-11 “海丝”文化旅游资源评价等级

等级		得分
特品级	五级“海丝”文化旅游资源	(85，100]
优良级	四级“海丝”文化旅游资源	(75，85]
	三级“海丝”文化旅游资源	(65，75]
普通级	二级“海丝”文化旅游资源	(55，65]
	一级“海丝”文化旅游资源	[0，55]

3.4.3 评价结果与分析

3.4.3.1 资源评价结果

从整体评价结果看，福建“海丝”文化旅游资源中，特品级五级旅游资源28个；优良级旅游资源中，四级资源64个，三级资源116个；普通级旅游资源中，二级资源107个，一级资源91个（表3-12）。

表3-12 福建“海丝”文化旅游资源评价结果

资源	分数	等级	资源	分数	等级
开元寺	94.196	五级	泉港土坑村港市遗址	89.515	五级
清净寺	92.296	五级	石湖码头	89.292	五级
清源山	91.830	五级	府文庙	89.256	五级
洛阳桥	91.237	五级	九日山祈风石刻	88.726	五级
鼓浪屿	90.865	五级	老君岩	88.716	五级
三坊七巷历史文化街区	90.861	五级	真武庙	88.247	五级
恩赐琅琊郡王德政碑	90.685	五级	伊斯兰教圣墓	88.083	五级
圣寿宝塔	90.605	五级	安平桥	87.991	五级
闽安迴龙桥	90.546	五级	云水谣土楼村	87.385	五级
湄洲岛妈祖庙	90.502	五级	闽安古镇	86.948	五级
万寿塔	90.485	五级	泉州市舶司遗址	86.314	五级
草庵摩尼光佛造像	90.481	五级	福州琉球墓园	86.209	五级
泉郡天后宫	90.179	五级	涌泉寺	85.960	五级
六胜塔	90.118	五级	天中万寿塔	85.640	五级

续表

资源	分数	等级	资源	分数	等级
接官道码头	84.858	四级	中国古代船模馆	79.103	四级
德化屈斗宫窑遗址	83.672	四级	莆田龙华寺	78.829	四级
德济门遗址	83.620	四级	江东桥	78.701	四级
梅岭德化窑址	83.504	四级	海外交通史博物馆	78.606	四级
美山码头	83.412	四级	海上丝绸之路艺术公园	78.082	四级
天妃灵应之记碑	83.301	四级	承天寺	78.069	四级
福州开元寺	83.266	四级	显应宫	77.916	四级
来远驿遗址	82.737	四级	石笋	77.601	四级
郑和行香碑	82.660	四级	法石古船	77.506	四级
登文道码头遗址	82.471	四级	林则徐祠堂	77.119	四级
贤良港天后祖祠	82.245	四级	郑和铜钟	76.915	四级
安海龙山寺	82.116	四级	百崎回族乡	76.881	四级
文兴码头	82.091	四级	港里祖祠	76.787	四级
泉州西街	81.939	四级	万福寺	76.461	四级
月港码头遗址	81.871	四级	顺天圣母陈靖姑故居	76.412	四级
怀安古窑	81.577	四级	雪峰寺	76.407	四级
五店市历史街区	81.204	四级	西资岩石刻造像	76.319	四级
南胜窑址	81.096	四级	蔡氏古民居建筑群	76.232	四级
南普陀寺	81.063	四级	郑成功墓	76.096	四级
三世佛石雕	81.026	四级	安溪磁灶窑址	75.970	四级
安溪清水岩	80.942	四级	永泰嵩口古镇码头	75.841	四级
南诏镇明代石碑坊群	80.900	四级	永泰名山室	75.650	四级
崇武古城	80.895	四级	双门顶明代石坊	75.498	四级
后渚港古船	80.848	四级	福全城墙遗址	75.482	四级
三都澳	80.564	四级	太姥山历代摩崖石刻	75.428	四级
东溪窑遗址	80.400	四级	崇福寺	75.361	四级
江口码头	80.312	四级	林氏义庄	75.344	四级
东岐码头	80.082	四级	林氏宗祠	75.196	四级
祥应庙碑记	80.078	四级	盖德碗坪仑窑址	75.032	四级
南山寺	79.729	四级	靖海侯府	74.945	三级
南山广化寺	79.689	四级	蟳埔民俗文化村	74.881	三级
五塔岩石塔	79.663	四级	王潮墓	74.881	三级
龙瑞寺	79.523	四级	衙口施氏大宗祠	74.785	三级
西坪铁观音发源地	79.410	四级	延福寺	74.712	三级
胡里山炮台遗址	79.290	四级	施琅墓	74.686	三级

续表

资源	分数	等级	资源	分数	等级
青礁慈济宫	74.653	三级	惠安青山宫	71.697	三级
泉州宗教石刻陈列馆	74.637	三级	闽清义窑窑址	71.606	三级
鼓山绝顶峰摩崖石刻	74.470	三级	蔡忠惠公祠	71.135	三级
水操台遗址	74.450	三级	龙头山寨遗址	70.975	三级
中国闽台缘博物馆	74.203	三级	定海古城	70.664	三级
南天寺石刻造像	74.117	三级	白礁慈济宫	70.561	三级
月港临江古街	74.094	三级	华严寺	70.505	三级
东石玉记商行建筑群	73.983	三级	南太武延寿塔	70.371	三级
永宁古卫城	73.890	三级	秦屿戍守台湾将士墓群	70.364	三级
罗星塔	73.866	三级	后渚港	70.043	三级
梵天禅寺	73.705	三级	福华茶厂遗址	69.763	三级
明代天文图	73.685	三级	武肃王陵	69.639	三级
白耇庙	73.600	三级	锡兰侨民墓区	69.572	三级
南山寺弥陀佛造像	73.543	三级	马江海战炮台	69.477	三级
狮峰寺	73.495	三级	天福茶博物院	69.407	三级
通淮关岳庙	73.494	三级	邢港码头	69.368	三级
丁氏回族墓	73.284	三级	锡兰王子陵园	69.302	三级
锡兰侨民故居	73.208	三级	平海天后宫	69.297	三级
赵家堡	73.090	三级	开闽三王祠	69.210	三级
昙石山遗址馆	73.064	三级	福清寺	69.169	三级
赤岸村	73.063	三级	明清古街	68.945	三级
池店印度教石刻	73.006	三级	延平郡王祠	68.905	三级
泉州南少林寺	72.903	三级	导航灯塔	68.720	三级
闽安巡检司	72.706	三级	泛船浦教堂	68.595	三级
闽安协台衙门	72.706	三级	宝海庵	67.982	三级
上下杭文化历史街区	72.700	三级	林浦石塔	67.967	三级
泉州古代外销陶瓷博物馆	72.608	三级	玉湖殿	67.639	三级
塔仔塔	72.532	三级	永春蒲庆兰香室	67.611	三级
丰州陀罗尼经幢	72.318	三级	镇海卫城	67.502	三级
黄昇墓	72.039	三级	祖阊苏民居	67.483	三级
五代闽国刘华墓	72.039	三级	永宁城隍庙	67.347	三级
涂门水关遗址	71.795	三级	威镇庙太王陵	67.347	三级
马尾船厂遗址	71.762	三级	溜石塔	67.298	三级
螺洲天后宫	71.744	三级	莆田南少林寺	67.292	三级
凤霞祖宫	71.742	三级	闽王墓	67.279	三级

续表

资源	分数	等级	资源	分数	等级
泉州湾古船陈列馆	67.257	三级	石矾塔	65.267	三级
分水关遗址	67.207	三级	德远堂	65.245	三级
普光塔	67.187	三级	文峰宫	65.117	三级
税课司旧址	67.129	三级	蒲坂郑氏祖祠	65.016	三级
铜山水寨遗址	67.108	三级	沧江古镇	65.013	三级
南安凤山寺	67.082	三级	扶摇关帝庙	64.941	二级
徐一鸣等攻剿红夷石刻	67.008	三级	东门碗窑遗址	64.874	二级
蓝廷珍提督府	66.881	三级	会元寺	64.791	二级
六鳌古城	66.764	三级	五通宫	64.568	二级
东汾五帝祖庙	66.732	三级	青龙巷	64.557	二级
东冶港遗址	66.702	三级	东山关帝庙	64.537	二级
烟台山近代建筑群	66.664	三级	石狮明代城隍庙	64.510	二级
朱一冯等攻剿红夷石刻	66.463	三级	福清少林院遗址	64.506	二级
云霄天后宫	66.403	三级	新圩渡口	64.348	二级
晏海楼	66.402	三级	萩芦溪大桥	64.243	二级
婆罗门佛塔	66.399	三级	悬钟古城	64.159	二级
太姥山摩尼宫	66.386	三级	莆禧古城	64.119	二级
壳丘头遗址	66.381	三级	大演洪氏民居	64.113	二级
林则徐墓	66.319	三级	新街礼拜堂	64.018	二级
东石石寨	66.282	三级	东明寺	63.858	二级
西关天后宫	66.233	三级	蟳埔顺济宫	63.826	二级
燕翼宫	66.225	三级	东吴塔	63.712	二级
长柄窑址	66.199	三级	深青驿遗址	63.460	二级
聚宝街	66.145	三级	景胜别墅	63.403	二级
霞美陈氏民居	66.068	三级	三平寺	63.375	二级
富美渡	66.003	三级	吉了港遗址	63.356	二级
云霄威惠庙	66.000	三级	青华庄用宾故居	63.217	二级
古田临水宫	65.921	三级	望北台真武庙	63.199	二级
大坑玄天上帝庙	65.880	三级	浦头大庙	63.182	二级
盘光桥	65.875	三级	南屿碗窑遗址	63.082	二级
龙池岩寺	65.804	三级	宁海桥	63.054	二级
柔远驿	65.537	三级	新建蚶江海防官署碑记	63.053	二级
顺济桥	65.458	三级	俞大猷墓	63.026	二级
雁阵塔	65.428	三级	天安堂	62.969	二级
莆禧城墙	65.373	三级	铁竹篙	62.800	二级

续表

资源	分数	等级	资源	分数	等级
旧镇妈祖庙	62.642	二级	福建协和大学建筑群	59.587	二级
雁阵宫	62.588	二级	潘尚书府第	59.389	二级
东山宫前天后宫	62.561	二级	官园威惠庙	59.380	二级
碗礁一号遗址	62.383	二级	古厝壁画	59.308	二级
天一总局旧址	62.349	二级	方壶岩摩崖石刻	59.214	二级
祥麟塔	62.002	二级	梅林天后宫	59.197	二级
卫理公会莆田总堂	61.960	二级	浯垵村秀林山崖刻造像	59.046	二级
天湖堂	61.950	二级	陈元光墓	58.989	二级
东田南坑窑址	61.757	二级	庄头万安天妃宫	58.798	二级
安澜会馆	61.730	二级	浯屿天妃宫	58.794	二级
松洲威惠庙	61.621	二级	澎湖阵亡将士祠碑	58.649	二级
定海白礁一号遗址	61.595	二级	许厝古窑址	58.398	二级
华南女子文理学院旧址	61.574	二级	麟山宫	58.320	二级
古温麻镇遗址	61.387	二级	铜陵天后宫	58.312	二级
后垵古码头	61.377	二级	东山城遗址	58.283	二级
铜山古城	61.324	二级	霞洲妈祖宫	58.268	二级
杨林石经幢	61.298	二级	南门胜澳天妃宫	58.240	二级
陈埭石经幢	61.199	二级	岑头威惠庙	58.054	二级
莆禧天妃宫	61.054	二级	太师太傅墓	58.050	二级
陈第沈有容题名石刻	60.851	二级	五显第一溪桥	58.045	二级
通远王祠	60.823	二级	鹿港郊公堂遗址	57.919	二级
十洋街	60.817	二级	真君宫	57.609	二级
月港饷馆码头	60.714	二级	埭美村	57.544	二级
郑和庙	60.713	二级	崇武天后宫	56.989	二级
征倭诸将诗刻	60.713	二级	水寨大山摩崖石刻	56.865	二级
东石天妃宫	60.705	二级	乌屿码头遗址	56.786	二级
埔尾妈祖庙	60.213	二级	双城城堡	56.636	二级
新店石经幢	60.172	二级	定潮楼	56.574	二级
池店石经幢	60.172	二级	大京城堡	56.573	二级
獭窟妈祖宫	60.097	二级	外浒城堡	56.573	二级
天柱岩	60.010	二级	澳柄桥	56.412	二级
汀溪窑址	59.993	二级	碗窑古窑址	56.374	二级
潘氏祖祠及民居群	59.736	二级	空海大师纪念堂	56.212	二级
俞戚诗壁	59.686	二级	东瑶古窑址	56.196	二级
美山天妃宫	59.607	二级	五通渡头遗址	56.136	二级

续表

资源	分数	等级	资源	分数	等级
文兴宫	55.626	二级	林尔康墓	52.257	一级
鼓岭老街	55.551	二级	思万楼	52.195	一级
肥窑瓷窑	55.545	二级	浦口窑	52.095	一级
庄边窑	55.263	二级	辋川桥	52.094	一级
松山天后宫	55.136	二级	无尾塔	52.094	一级
孙氏大厝	55.020	二级	壶屿古桥	52.094	一级
溆城城堡	55.004	二级	马尾天主堂建筑群	52.078	一级
传胪城堡	54.858	一级	登云寺	52.060	一级
西天尾窑	54.526	一级	万安所城	52.031	一级
文石天妃庙	54.463	一级	云居窑	51.967	一级
铜钵净山院	54.450	一级	李富墓	51.815	一级
云门寺	54.364	一级	旧镇港码头	51.367	一级
平海卫城隍庙	54.223	一级	天马村	51.201	一级
石厝教堂	54.052	一级	星塔	51.153	一级
云居寺	54.007	一级	奎壁齐辉楼	51.027	一级
盐鱼市古码头遗址	53.672	一级	乐群楼	50.980	一级
灵川窑	53.574	一级	延寿桥	50.839	一级
东关桥	53.501	一级	黄府墓	50.802	一级
龙潭拱桥	53.195	一级	定海琉球墓	50.433	一级
濠溪桥	53.195	一级	磁窑村窑	50.164	一级
吟啸桥	53.195	一级	普贤寺	50.061	一级
大德桥	53.195	一级	海口民城	49.951	一级
林兆恩墓	53.172	一级	芦州古渡口	49.945	一级
南门坑窑址	53.165	一级	长门炮台	49.924	一级
昭惠庙	53.164	一级	江口桥	49.631	一级
南胜花仔楼窑	53.069	一级	林路大厝	49.557	一级
大垅窑	53.069	一级	牛山岛灯塔	49.484	一级
东张窑	53.053	一级	莆美堡	49.263	一级
后黄村	52.997	一级	埭头石塔	49.253	一级
海印寺	52.963	一级	朝真堂	49.228	一级
玉塘城堡	52.802	一级	澎水瓷窑遗址	48.822	一级
宦溪窑	52.526	一级	太武山摩崖石刻	48.789	一级
中山桥	52.334	一级	塘湾民城遗址	48.781	一级
文峰塔	52.300	一级	赤草埔窑	48.644	一级
张真君祖殿	52.261	一级	童子山窑	48.644	一级

续表

资源	分数	等级	资源	分数	等级
步文岭东天主堂	48.626	一级	后坪南广古窑址	45.351	一级
望洋台	48.460	一级	靖城文昌塔	45.063	一级
古谯楼	48.380	一级	同安城墙	44.475	一级
宁德天后宫	48.268	一级	南门宋桥	44.233	一级
建善寺	47.977	一级	龙文塔	44.140	一级
张朝发墓	47.805	一级	马巷城隍庙	43.832	一级
瑞竹岩	47.726	一级	扶摇窑址	43.447	一级
浮屿桥	47.351	一级	屿仔尾南炮台	43.379	一级
透堡烽火台	47.317	一级	蓝理墓	42.850	一级
登龙桥	47.259	一级	石笋桥	42.095	一级
李参将军故居	47.216	一级	灵峰寺	41.548	一级
罗宛井窑遗址	46.442	一级	飞鸾古窑址	41.416	一级
水头窑	46.442	一级	佛昙港码头	39.310	一级
戚公祠	45.962	一级	朝天桥	36.939	一级

3.4.3.2 评价结果

（1）特品级资源

特品级五级旅游资源以“海丝”申遗点和国家级文物保护单位为主。其中，开元寺、清净寺、洛阳桥、圣寿宝塔、湄洲岛妈祖庙等既作为“海丝”申遗点与“海丝”具有密切相关性，同时又是开发较为成熟的旅游资源点；鼓浪屿、清源山、三坊七巷等都是国家级5A级景区。特品级旅游资源无论是在旅游资源条件方面，还是在旅游环境与旅游发展条件方面都具有优越性，代表了区域内“海丝”文化旅游资源的精华部分，是最有优势和吸引力的旅游资源。

（2）优良级资源

优良级旅游资源以国家级、省级文物保护单位为主。资源条件相对较好，是发展潜力最大的资源点。优良级资源大多规模体量较大，资源保存相对完整，在区域内有一定的知名度和影响力，同时拥有较高的科研与艺术价值，如闽安古镇、泉州西街、南山广化寺、崇武古城等。但是，相对于特品级旅游资源，这些资源点旅游发展条件相对较弱。例如，平和南胜窑遗址、梅岭德化窑址、土坑村港市遗址等，虽然身为“海丝”申遗资源点，但是其相关配套设施和管理维护力度依然不够。为更好地发展“海丝”文化旅游，应该提高对优良级资源的开发保护力度，加大相关配套设施建设和资源管理，充分发挥优良级旅游资源的发展潜力。

（3）普通级资源

普通级旅游资源以市级、县级文物保护单位为主。普通级旅游资源数量最多，但是资源品质条件较弱，多为规模较小的资源单体，资源价值较小，知名度和影响力较弱，区位与可进入性一般，同时旅游发展条件相对不足，多数资源点的原真性因未得到有效的保护和管理而受到一定程度的破坏。因此，对于此类资源应加强资源的保护力度，坚持保护第一，在保证其“原汁原味”的基础上进行合理开发利用。

（4）区域资源等级特征

不同等级“海丝”文化旅游资源在福建沿海分布表现出一定区域特征（图3-3）。优良级及以上资源，泉州最多，其次为福州、漳州、莆田、厦门和宁德。泉州拥有开元寺、清净寺、九日山祈风石刻等众多“海丝”文化旅游资源，且最早开始进行旅游资源的调查梳理与申遗工作。无论是从自身品质还是政府支持力度都拥有得天独厚的条件，因此，优良级及以上资源最多。漳州、福州和莆田紧随泉州之后也进入联合申遗城市名单，对地区内“海丝”文化旅游资源的普查力度和保护程度也进一步加大，相关资源点如月港、恩赐琅琊郡王德政碑、湄洲岛妈祖庙等相继入选申遗名单，因而优良级及以上资源数量也相对较多。厦门和宁德地区未列入联合申遗城市名单，区内优良级及以上资源数量也相对较少。

表3-13　福建“海丝”文化旅游资源等级分布情况

等级/区域	特品级	优良级		普通级		总计
	五级资源	四级资源	三级资源	二级资源	一级资源	
宁德	0	2	7	6	11	26
福州	7	14	28	15	20	84
莆田	2	5	9	13	14	43
泉州	17	32	43	27	13	132
漳州	1	9	21	33	30	94
厦门	1	2	8	13	3	27
总计	28	64	116	107	91	406

（5）类型等级特征

总体上看，不同类型“海丝”文化旅游的资源存在一定的等级特征（表3-14）。宗教信仰类资源优良级及以上数量最多，其次为海上交通类、文化融合类、商业贸易类。宗教信仰类资源在形成和发展的过程中，由于受到人们的朝拜、供奉、修缮，更容易保存下来，资源规模体量较大，保存较为完整，保护等级较高，故优良级数量最多。海上交通类资源中，由于港口变迁、废弃和现代化发展等原因，海港码头遗迹的原真性与完整性不足，故资源等级较低，而优良级资源多为保存较好的航标塔、桥梁和海防设施等。文化融合类资源中，数量最多的墓葬由于体量较小且散落在偏远地区，故资源等级较低，而优良级资源多为保护和聚集性较好的碑刻、规模较大的聚落等。商业贸易类资源中，外销产品生产地遗址遗迹大多破坏严重，除极个别申遗点外，城区的商贸管理机构和街市等开发保护力度不够，故资源等级较低，且优良级资源数量较少。

表 3-14　福建各类型“海丝”文化旅游资源评价结果

类型＼等级	特品级	优良级		普通级		总计
	五级资源	四级资源	三级资源	二级资源	一级资源	
海上交通	9	17	31	29	40	126
商业贸易	3	11	13	13	18	58
文化融合	6	14	35	20	14	89
宗教文化	10	22	37	45	19	133
总计	28	64	116	107	91	406

3.5　小　　结

依据旅游资源评价相关标准，采用历史文献整理、实地调研等方法，对福建“海丝”文化旅游资源进行筛选分类。共筛选出“海丝”文化旅游资源点 406 个，并将“海丝”文化旅游资源分为 4 个大类及 12 个亚类。进而构建评价指标体系对“海丝”旅游资源进行评价，共评出特品级五级旅游资源点 28 个，优良级旅游资源点 180 个，普通级旅游资源点 198 个。总体上看，福建“海丝”资源等级处于中等水平，普通级资源占比接近一半。其中，优良级旅游资源以国家级、省级文物保护单位为主，普通级旅游资源以市级、县级文物保护单位为主。从类型上看，宗教信仰类资源优良级及以上数量最多。从区域上看，泉州优良级及以上资源占比最大。本章对福建“海丝”文化旅游资源的调查和分类仅仅是针对福建“海丝”文化资源较为富集的区域进行调查，而且可能存在某些偏差和遗漏。因此，建议未来应对福建省的“海丝”文化资源进行全面普查和分类，将非物质文化遗产的调查分析和评价纳入，建立完整、规范的资源数据库，为“海丝”文化旅游业的发展提供资源基础。针对资源评价中的特品级资源和优良级资源可根据实际情况进行保护性开发，而普通级资源应加大保护力度。

4　福建“海丝”文化旅游资源空间特征与开发潜力

旅游资源空间结构是各旅游资源在空间中相互作用所形成的空间聚集程度和规模，以及各地区间的相对平衡关系等。通过对区域“海丝”文化旅游资源空间特征的研究，可以揭示福建“海丝”文化旅游资源的空间分布特征、聚集与均衡程度。对某个区域旅游发展而言，仅对旅游资源单体分类、评价和空间结构研究无法突出资源整体的优越性，因为旅游资源往往是以占据一定地理空间的同类资源单体的集合体，即以旅游资源群的形式存在。随着区域旅游业的发展，区域旅游竞争力开始从单个旅游资源延伸至旅游资源群，对资源群开发潜力的评价是判断其综合开发能力的关键。因此，在对福建“海丝”文化旅游资源分类和评价的基础上，探究旅游资源空间结构，进而分析旅游资源群开发潜力，不仅可以确定区域旅游开发优势、特色与方向，而且有助于资源的合理保护与利用及区域旅游线路的组织与规划，为“海丝”文化旅游区的构建提供科学依据。

4.1　福建“海丝”文化旅游资源空间分布特征

经前文调查分析，共筛选得到406个“海丝”文化旅游资源点，其中，泉州132个，漳州94个，福州84个，莆田43个，厦门27个，宁德26个。本章将对“海丝”文化旅游资源进行空间分布特征及开发潜力分析。

本节利用ArcGIS10.2空间分析中的最邻近指数R分析福建“海丝”文化旅游资源的空间分布特征，最邻近指数计算公式为

$$R=\frac{r_i}{r_e}=\frac{r_i}{\dfrac{1}{2\sqrt{n/A}}}=\frac{r_i}{\dfrac{1}{2\sqrt{D}}}$$

式中，R为最邻近指数，r_i为实际最邻近距离，r_e为理论最邻近距离，n为区域要素数量，A为区域面积，D为点密度。$R>1$，表示该要素在空间上呈均匀状分布；$R<1$，表示该要素在空间上呈集聚状分布；$R=1$，表示该要素在空间上呈随机状分布。

4.1.1　各地区资源空间分布特征

经计算，福建“海丝”文化旅游资源最邻近指数为0.483<1，说明福建“海丝”文化旅游资源在空间上呈集聚分布。从各地区看，福州、莆田、泉州、漳州和厦门的最邻近指数均小于1，说明这5个地区旅游资源在空间上呈集聚分布，其中福州的集聚程度最高、泉州和漳州次之；而宁德的最邻近指数大于1，表明其旅游资源在空间上呈均匀分布（表4-1）。

表 4-1　福建“海丝”文化旅游资源最邻近指数表

项目 / 区域	要素数量	平均观测距离	预期平均距离	最近邻比率	分布类型
总体	406	0.033	0.068	0.483	集聚型
宁德	26	0.101	0.099	1.024	均匀型
福州	84	0.035	0.066	0.530	集聚型
莆田	43	0.032	0.043	0.732	集聚型
泉州	132	0.023	0.041	0.561	集聚型
漳州	94	0.036	0.060	0.605	集聚型
厦门	27	0.027	0.027	0.995	集聚型

4.1.2　各类型资源空间分布特征

从不同类型资源的最邻近指数看（表 4-2），海上交通类、商业贸易类、文化融合类和宗教信仰类资源的最邻近指数均小于 1，说明这 4 类旅游资源在空间上均呈集聚分布，其中海上交通类资源最邻近指数最低，集聚程度最高；而商业贸易类资源最邻近指数最高，集聚程度最低。

表 4-2　福建各类“海丝”文化旅游资源最邻近指数表

项目 / 类型	要素数量	平均观测距离	预期平均距离	最近邻比率	分布类型
海上交通	126	0.061	0.115	0.528	集聚型
商业贸易	58	0.129	0.136	0.950	集聚型
文化融合	89	0.072	0.118	0.606	集聚型
宗教文化	133	0.075	0.105	0.708	集聚型

4.2　福建“海丝”文化旅游资源空间聚集特征

4.2.1　资源整体空间聚集特征

运用 ArcGIS10.2 的 Analyst Tools 进行福建“海丝”文化旅游资源空间核密度分析，结果如图 4-1 所示。从资源整体空间分布看，福建“海丝”文化旅游资源在空间上形成“一带四区”分布格局。其中，“一带”指：从北到南沿宁德—福州—莆田—泉州—厦门—漳州沿海形成带状区域；“四区”指：一个极核区（泉州地区）、两个高密度区（福州地区、厦漳地区）、一个次级密度区（莆田地区）。极核区主要分布在晋江沿岸和泉州湾沿海区域，包括泉州丰泽区、鲤城区、晋江市、石狮市、惠安县。泉州为宋元时期的“东方第一大港”，在诸多海外贸易港中始终占有特殊地位，它见证了古代海上丝绸之路的发展变迁、中外贸易往来、人员流通及文化交融，因而“海丝”文化遗产最为丰富且价值也最高，如洛阳桥、天中万寿塔、草庵摩尼光佛造像、开元寺等。泉州的“海丝”文化旅游资源不仅数量最多，而且聚集度最高，因此在泉州形成极核区。福州高密度区主要分布在闽江沿岸及其沿海地区，主要包括长乐市、仓山区、台江区、马尾区等；厦漳高密度区主要分布在九龙江沿岸及其沿海地区，主要包括漳州市区、龙海市月港地区、厦门的思明区和海沧区等。福州、漳州、厦门各大港口在历史上是继泉州港之后由海上丝绸之路发展带动而兴盛一时的著名港口，遗存有怀安古窑、天妃灵应之记碑、月港码头遗址等为代表的大批“海丝”文化旅游资源，但在资源数量和聚集度方面不及泉州地区，故在福州和厦漳地区形成两个高密度区。莆田次级密度区主要分布在木兰溪沿岸及其沿海地区，主要包括荔城区、秀屿区和城厢区等。莆田兴化湾南日水道是古代航海的“黄金水道”，其宁海港、枫亭港、贤良港等，以及庄边窑、妈祖庙等“海丝”遗产具有重要历史文化价值。与泉州、福州和厦漳地区相比，莆田的“海丝”资源数量相对较少且聚集程度不高，故在此形成一个次级密度区。

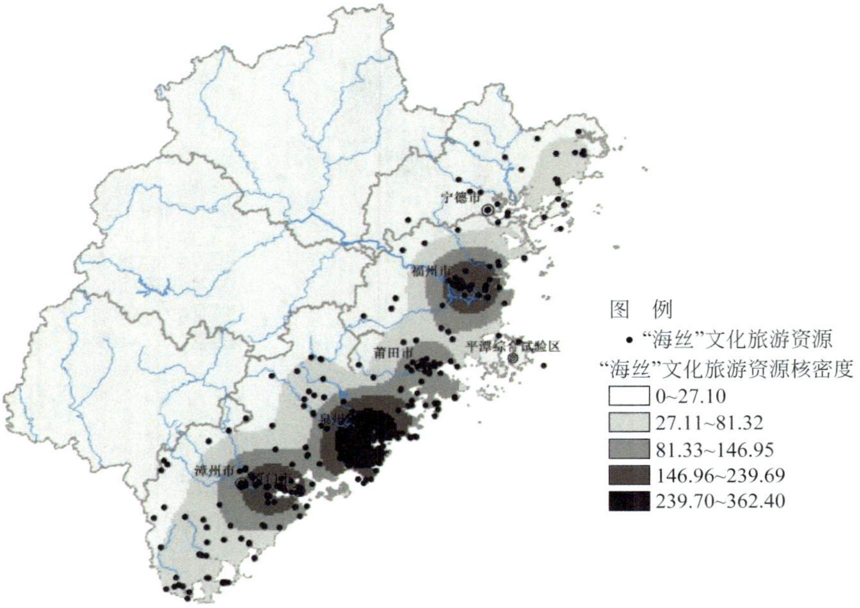

图 4-1　福建省“海丝”文化旅游资源核密度

4.2.2　各类型资源空间聚集特征

4.2.2.1　海上交通类资源空间聚集特征

运用 ArcGIS10.2 的 Analyst Tools 进行海上交通类资源空间核密度分析，发现这类资源在泉州、福州、漳州和厦门沿海港口处聚集，且聚集程度最高，如图 4-2 所示。其中，在泉州的丰泽区、鲤城区、晋江市、石狮市、惠安县和福州的马尾区形成两个极核区；在漳州与厦门的龙海市、湖里区、思明区和莆田的秀屿区形成两个高密度区。福建沿海多以侵蚀海岸为主，沿岸优良港湾众多，福州港、泉州刺桐港、漳州月港、长乐太平港、宁德三都澳、厦门港等，在不同时期都承接着对外经济贸易往来和文化交流的重任。宋元繁荣时期，航线最远可达阿拉伯地区，世界各地上百个国家（地区）的海船相继而来，在此互市，为海上丝绸之路发展做出突出贡献。为更好地进行贸易往来，当时的统治者对城市进行扩建，同时建设众多港口、码头、航标设施以供商船导航、停泊、交易。因此，港口附近遗留了众多海外通商贸易的码头、石桥、航海设施等遗址遗迹，如洛阳桥、安平桥、六胜塔、九日山祈风石刻、月港码头、江口码头和圣寿宝塔等。

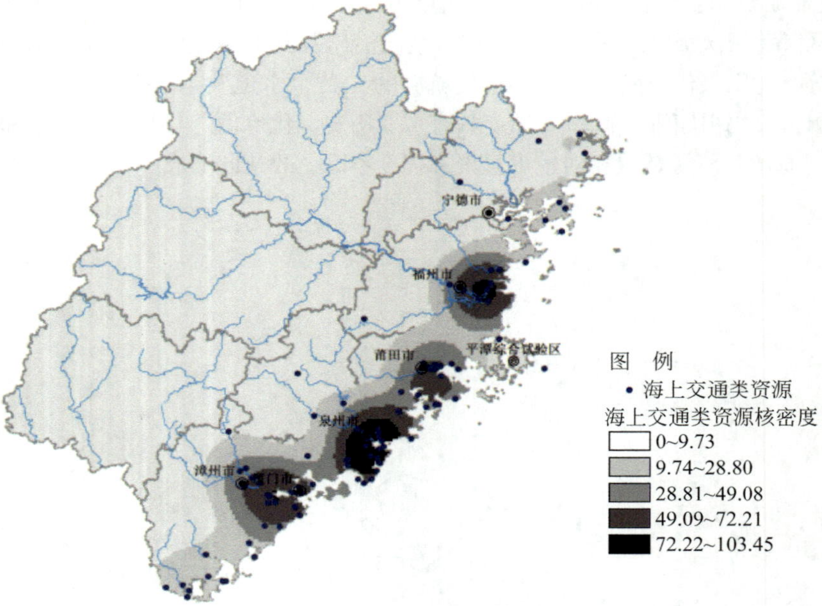

图 4-2　福建海上交通类“海丝”文化旅游资源核密度

4.2.2.2　商业贸易类资源空间聚集特征

运用 ArcGIS10.2 的 Analyst Tools 进行商业贸易类资源空间核密度分析，发现这类资源在福州和泉州的城区及其内陆山区河流两岸聚集，但聚集程度低，如图 4-3 所示。其中，在泉州鲤城区、丰泽区、晋江市和福州的仓山区、鼓楼区、台江区、马尾区形成两个极核区。商业贸易类的商业街市和商贸管理机构遗迹多集中分布在曾经各类船舶起航停泊地或繁华的商埠，如泉州鲤城区西街和市舶司、福州台江的上下杭等商贸街区，因此在城区形成核心区。在泉州的安溪县、永春县，厦门的海沧区、集美区、同安区，漳州的龙海市、平和县、云霄县，形成一个带状次级密度区。外销商品生产遗迹中的窑址和茶叶生产地则多在内陆山区或沿闽江、晋江、九龙江三大水系流域分布，如福州闽清义窑、泉州德化屈斗宫窑址、漳州平和南胜窑、福州茉莉花茶产区等，外销瓷器和茶叶多通过水运顺流而下，经港口远销海内外。

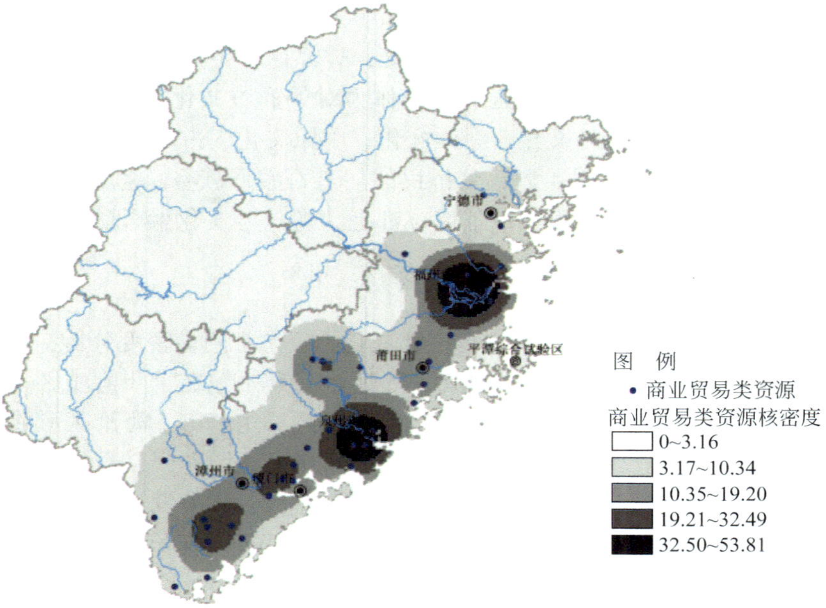

图 4-3 福建商业贸易类“海丝”文化旅游资源核密度

4.2.2.3 文化融合类资源空间聚集特征

运用 ArcGIS10.2 的 Analyst Tools 进行文化融合类资源空间核密度分析，发现这类资源在福州、泉州、漳州和厦门城区高度聚集，如图 4-4 所示。其中，在泉州的鲤城区、丰泽区、惠安县、晋江市聚集分布形成一个极核区；在福州的鼓楼区、仓山区、台江区、马尾

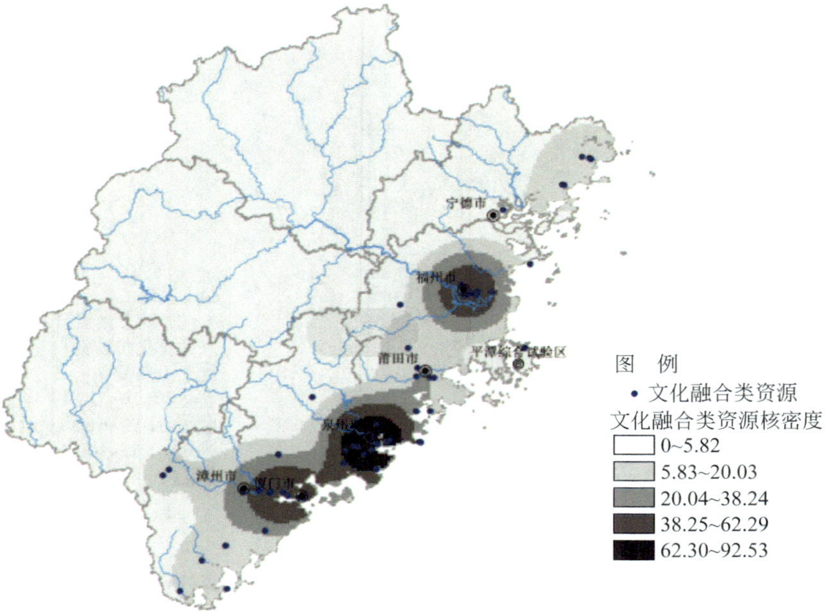

图 4-4 福建文化融合类“海丝”文化旅游资源核密度

区形成一个高级密度区；在厦门和漳州的龙海市、海沧区、思明区形成次级密度区。文化融合类资源多聚集在人口密集、交通便利的地区，曾经许多中外使节、传教士和旅行家汇聚于此。泉州、福州、漳州和厦门地区历史上作为对外商贸文化交流的重要城市或枢纽，通过海上丝绸之路的交流，海外文化、海洋文化、中原文化、古闽越文化、宗教文化等多元文化的精华在此相互融合发展，如锡兰侨民故居、百崎回族乡、恩赐琅琊郡王德政碑、蔡氏古民居建筑群、鼓浪屿建筑群等遗址遗迹都是“海丝”文化融合的有力见证。

4. 2. 2. 4　宗教文化类资源空间聚集特征

运用 ArcGIS10. 2 的 Analyst Tools 进行宗教文化类资源空间核密度分析，发现这类资源以泉州为中心在沿海区域内广泛分布，如图 4-5 所示。其中，在泉州鲤城区、丰泽区、晋江市形成一个极核区，在漳州和厦门的芗城区、龙文区、龙海市、海沧区形成一个高级密度区；在福州的鼓楼区、仓山区、马尾区和莆田的荔城区、涵江区、秀屿区形成两个次级密度区。泉州在与外域诸国宗教文化的交往中，兼容并蓄，和平发展，不但使得传统宗教日益兴盛，而且也为其他外来宗教的扎根提供有利的土壤，素有“世界宗教博物馆”之称，因此在泉州形成一个极核区。福州和漳州等地同样作为对外交流的窗口，在长期的历史发展中形成多元共存、和谐相融的宗教信仰格局，留下大量宗教遗迹遗址，如开元寺、清净寺、草庵等。另一方面，为祈祷海上航行顺利而产生的海神或民间信仰发展兴盛，并通过海上丝绸之路向海内外广泛传播。其中，在福建沿海地区海神信仰分布地域特征明显，如闽北地区的陈靖姑信仰，闽东地区的马仙姑信仰，闽南地区的三平祖师信仰、清水祖师信仰和广泛分布的妈祖信仰等。

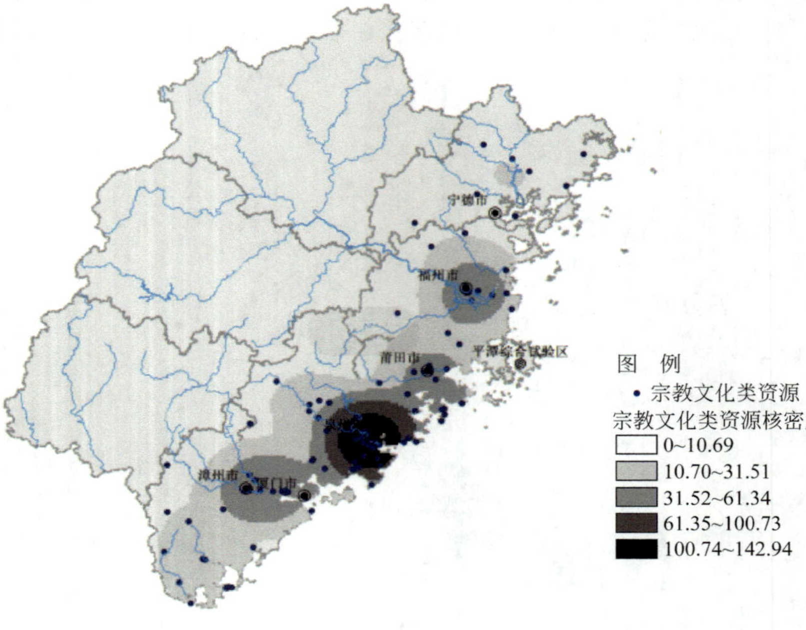

图 4-5　福建宗教文化类“海丝”文化旅游资源核密度

4.3 福建“海丝”文化旅游资源开发潜力分析

4.3.1 福建“海丝”文化旅游资源群开发潜力指数计算

根据旅游资源群开发潜力的概念界定，旅游资源群开发潜力大小是聚集度、规模度和优越度三者共同影响的结果。聚集度指数（R）即为最邻近指数，反映了旅游资源群单体空间分布集聚程度，是资源群个体关联程度大小的重要体现。优越度指数（S）是指在同一区域、同类型资源群中优良级旅游资源的地位指标，与区域内优良级旅游资源单体数量成正比关系，与旅游资源群单体总数成反比关系。规模度指数（D）是指单位面积内旅游资源群单体数量，它与旅游资源群中单体数量成正比关系，与区域面积成反比关系。区域旅游资源群开发潜力可表示为：

$$P_{ij}=(a\cdot S_{ij}+b\cdot D_{ij})/c\cdot R_{ij}$$

式中，P_{ij}、R_{ij}、S_{ij}、D_{ij}分别为第 i 个区域内 j 类旅游资源群的开发潜力指数、聚集度指数、优越度指数、规模度指数；a、b、c 表示权重。根据各指数的定义，分别求出福建沿海 6 个地级市 4 类“海丝”文化旅游资源群的聚集度指数、优越度指数和规模度指数。进而利用资源潜力值公式计算得到各类型“海丝”文化旅游资源群的开发潜力。

4.3.1.1 聚集度指数

从聚集度指数看（表 4-3），福州、泉州和漳州的海上交通类资源群，福州和泉州的文化融合类资源群，莆田、泉州和漳州的宗教文化类资源群聚集度指数均小于 1，说明这些资源群中资源点分布较为集中，且彼此之间关联度高。而各地区商业贸易类资源群聚集度指数均大于 1，表明该资源群中资源点空间分布形态整体上相对均匀，旅游资源点间关联度不高。

表 4-3 福建各类“海丝”文化旅游资源群聚集度指数表

区域＼类型	海上交通类	商业贸易类	文化融合类	宗教文化类	聚集度总值
宁德	1.478 2	3.277 4	1.834 5	1.690 1	1.023 9
福州	0.782 5	1.012 2	0.962 3	1.128 1	0.529 9
莆田	1.126 5	2.558 0	2.053 1	0.949 7	0.731 9
泉州	0.692 8	1.084 8	0.997 7	0.729 8	0.561 1
漳州	0.633 2	1.405 5	1.124 9	0.948 2	0.604 7
厦门	1.639 7	3.051 7	1.219 1	1.869 7	0.994 5

4.3.1.2 优越度指数

优越度指数计算中，优良级旅游资源的数量以上文福建沿海6个地级市“海丝”文化旅游资源的评价结果中三级及以上旅游资源点为准，以各类型资源点总数为基数（表4-4）。根据优越度计算方法，求得福建沿海6个地级市各类型资源群的优越度指数（表4-5）。从整体上看，泉州的优越度指数最高，其次为福州、厦门、莆田、宁德和漳州。优良级资源数量分别占区域资源总数的69.70%、58.33%、40.74%、37.21%、34.62%和32.98%。海上交通类、商业贸易类和文化融合类旅游资源群在泉州的优越度指数都最高，分别为0.6286、0.7647、0.8333，宗教文化类旅游资源群在厦门（0.6667）的优越度指数最高。

表4-4 福建各类优良级“海丝”文化旅游资源数量

区域＼类型	海上交通类	商业贸易类	文化融合类	宗教文化类	优良级总数
宁德	2	0	3	4	9
福州	16	10	13	10	49
莆田	5	0	1	10	16
泉州	22	13	25	32	92
漳州	10	4	8	9	31
厦门	3	0	4	4	11

表4-5 福建各类“海丝”文化旅游资源群优越度指数表

区域＼类型	海上交通类	商业贸易类	文化融合类	宗教文化类	优越度总值
宁德	0.222 2	0.000 0	0.500 0	0.500 0	0.346 2
福州	0.592 6	0.625 0	0.590 9	0.526 3	0.583 3
莆田	0.312 5	0.000 0	0.166 7	0.588 2	0.372 1
泉州	0.628 6	0.764 7	0.833 3	0.640 0	0.697 0
漳州	0.322 6	0.285 7	0.500 0	0.272 7	0.329 8
厦门	0.375 0	0.000 0	0.444 4	0.666 7	0.407 4

4.3.1.3 规模度指数

规模度指数是指福建沿海6个地级市内“海丝”文化旅游资源的数量与区域面积的比值。从规模度指数看（表4-6），厦门的规模度指数（0.0129）最高，这是因为厦门区域面积较小，仅有2089.39平方千米，尽管其“海丝”资源点数量不多，但单位面积资源点密度相对较大，规模度指数反而高，莆田（0.0102）同理。泉州与漳州、福州与宁德区域面积相近，但旅游资源群中资源点数量从多到少依次为泉州、漳州、福州和宁德，因此规模度指数排名依次为泉州（0.0120）、漳州（0.0074）、福州（0.0070）和宁德（0.0019）。

表 4-6 福建各类“海丝”文化旅游资源群规模度指数表

区域＼类型	海上交通类	商业贸易类	文化融合类	宗教文化类	规模度总值
宁德	0.000 7	0.000 2	0.000 4	0.000 6	0.001 9
福州	0.002 3	0.001 3	0.001 8	0.001 6	0.007 0
莆田	0.003 8	0.001 0	0.001 4	0.004 0	0.010 2
泉州	0.003 2	0.001 5	0.002 7	0.004 5	0.012 0
漳州	0.002 5	0.001 1	0.001 3	0.002 6	0.007 5
厦门	0.003 8	0.001 9	0.004 3	0.002 9	0.012 9

4.3.2 福建“海丝”文化旅游资源群开发潜力

4.3.2.1 各类型“海丝”文化旅游资源群开发潜力分析

从福建各类型旅游资源群开发潜力看（表 4-7），开发潜力从大到小依次为宗教文化类（0.0613）、海上交通类（0.0597）、文化融合类（0.0551）和商业贸易类（0.0322）旅游资源。

宗教文化类资源开发潜力最大。由于开元寺、清净寺、草庵、妈祖庙等宗教信仰和民间信俗等遗址遗迹保存较为完整，自身条件和开发条件相对优越，因此优良级资源数量占资源总数的 17.00%。在资源普查中共筛选出宗教文化类旅游资源点 133 个，是 4 类“海丝”资源中数量最多的一类资源，规模度最大。虽然聚集度低于海上交通类和文化融合类资源，但其整体开发潜力最大。

海上交通类和文化融合类旅游资源群的开发潜力略低于宗教文化类。海上交通类资源如石湖码头遗址、月港码头遗址、洛阳桥、迴龙桥、九日山祈风石刻等都是重要的“海丝”申遗点和旅游资源点，拥有深厚的历史文化价值和旅游开发价值。但海上交通类资源中的遗址遗迹随着港口地位的变迁，或废弃不用，或进一步发展为现代化港口，遗存多受到一定程度的破坏，因此优良级资源的数量相对较少，占到资源总数的 14.29%。尽管如此，由于这类资源的聚集度最高且规模度较大，所以资源开发潜力较大。

文化融合类资源中的名人故居、宗祠和墓葬等由于子孙后代的维护而保存较为完整，资源自身条件和蕴含价值较高。同时近现代建筑设施由于生成年代较近，资源的环境条件和发展条件也相对较好，优良级资源的数量占资源总数的 13.30%。但这类资源总体数量较少，仅占各类资源总数的 21.92%，相较于宗教文化类和海上交通类资源，聚集度指数和规模度指数较小，因此开发潜力低于前两类资源。

商业贸易类资源群是开发潜力最低的资源类型。此类资源多为窑址遗迹，但由于目前都已废弃，资源保存条件较差，优良级资源数量仅占资源总数的 6.65%。同时，商业贸易类资源数量也最少，且聚集度指数和规模度指数最低，因此资源开发潜力最小。

4.3.2.2 各地级市“海丝”文化旅游资源群开发潜力分析

从福建沿海各地级市旅游资源群开发潜力分析（表4-7）来看，泉州、福州和漳州开发潜力最大的是海上交通类旅游资源群，莆田和宁德开发潜力最大的是宗教文化类旅游资源群，厦门地区开发潜力最大的是文化融合类旅游资源群。

泉州、福州和漳州拥有悠久的“海丝”发展历史和重要的对外贸易文化交往地位，使得区域内遗存有丰富的港口、码头、桥梁、海防设施等海上交通类资源，且在港口处高度聚集，故其聚集度指数高于其他类型资源。这类资源数量占到区域资源总数的1/3以上，规模度指数较大。虽然优越度指数并非最优，但整体开发潜力最大。莆田是妈祖信仰的发源地，与妈祖相关的庙宇众多且在海内外影响较大，如湄洲岛妈祖庙、贤良港天后祖祠等。相对于其他类型的资源，莆田的宗教文化资源在聚集度、优越度和规模度上都占据优势，开发潜力最大。宁德资源整体数量较少，但宗教文化类资源占到资源总量的1/3左右，规模度较大，且不乏全国重点寺院和省级以上文物保护单位，相对于其他类型资源，宗教文化类资源的优越度指数和聚集度指数都较高，因此开发潜力最大。厦门港作为明清时期海上丝绸之路重要港口和近代五个通商口岸之一，遗留众多富有中西方文化特色的建筑设施，其中鼓浪屿就是中西方文化交融的经典代表。厦门的文化融合类资源是区域内数量最多的资源类型，规模度最大且聚集度最高，开发潜力最大。在旅游资源群的开发工作中，福建沿海各地级市应明确区域内“海丝”文化旅游资源的优势类型，以达到各区域内旅游资源的最优配置。

4.3.2.3 旅游资源群开发潜力总值分析

从旅游资源群开发潜力总值分析（表4-7）来看，泉州最高（0.4207），其他依次为福州（0.3105）、漳州（0.1830）、莆田（0.1240）、厦门（0.1204）和宁德（0.0908）。

泉州作为中国古代海上丝绸之路的重要起点，最早开始进行“海丝”文化旅游资源的调查梳理与申遗工作，区域内“海丝”文化旅游资源，无论是从自身品质、开发条件还是政府支持力度方面都具有较大优越性。与其他地级市相比，泉州的“海丝”文化资源在聚集度、优越度和规模度上都占据优势，开发潜力最大。随着福建“21世纪海上丝绸之路”核心区建设和联合申遗工作的推进，漳州、福州和莆田也相继进入联合申遗城市名单。各地级市对“海丝”文化资源的普查力度和保护程度都进一步加大，对适宜开发的资源进行保护性开发。因此区域内优质的“海丝”文化旅游资源的数量相对较多，资源的开发潜力也较大。厦门和宁德虽然不在联合申遗城市名单且“海丝”文化旅游资源较少，资源开发潜力较小，但区域内不乏优质的“海丝”文化旅游资源，当地应该加大区域内资源的普查和保护开发力度，深入挖掘现有“海丝”文化资源的历史内涵，提升区域资源的开发潜力。

表4-7 福建各类“海丝”文化旅游资源群潜力值表

区域＼类型	海上交通类	商业贸易类	文化融合类	宗教文化类	潜力总值
宁德	0.019 0	0.000 1	0.034 4	0.037 4	0.090 8
福州	0.095 8	0.078 1	0.077 7	0.059 0	0.310 5

续表

区域＼类型	海上交通类	商业贸易类	文化融合类	宗教文化类	潜力总值
莆田	0.035 2	0.000 1	0.010 3	0.078 5	0.124 0
泉州	0.114 8	0.089 1	0.105 6	0.111 1	0.420 7
漳州	0.064 6	0.025 7	0.056 2	0.036 5	0.183 0
厦门	0.029 0	0.000 1	0.046 2	0.045 1	0.120 4
平均值	0.059 7	0.032 2	0.055 1	0.061 3	0.052 1

4.4 小　　结

综上所述，通过对福建“海丝”文化旅游资源进行空间聚集特征和开发潜力分析，得出以下结论：从资源空间聚集特征看，福建“海丝”文化旅游资源整体上呈“一带四区”格局，即沿宁德—福州—莆田—泉州—厦门—漳州海岸线形成的带状聚集区和以泉州为中心的极核区、以漳州和福州为中心的两个高密度区、以莆田为中心的次级密集区。海上交通类资源在泉州、福州、漳州和厦门沿海港口处高度聚集；商业贸易类资源在福州和泉州的城区及内陆山区河流两岸聚集；文化融合类资源在泉州、福州、漳州和厦门城区高度聚集；宗教信仰类资源以泉州为核心在整个沿海区域内广泛分布。从旅游资源群开发潜力总值看，泉州最高，其他依次为福州、漳州、莆田、厦门和宁德。从分类型资源群开发潜力看，潜力从大到小依次为宗教文化类、海上交通类、文化融合类和商业贸易类旅游资源群。从分地区分类型资源群开发潜力看，泉州、福州和漳州开发潜力最大的是海上交通类资源群；莆田和宁德是宗教文化类资源群；厦门则是文化融合类资源群。通过研究福建省“海丝”文化旅游资源点的空间特征，发现其空间分布的规律和存在的问题，从整体区域旅游资源系统出发，判断旅游资源群开发潜力及集群效益，有助于实现科学的“海丝”文化旅游空间规划，突出区域旅游产品竞争优势，协调区域旅游全局与局部、局部与局部之间的关系，从而促进区域旅游整体发展。

5 泉州“海丝”史迹旅游资源分类等级与空间特征

泉州有着悠久灿烂的历史文化，作为国务院首批公布的24个历史文化名城之一，享有中国古代海上丝绸之路起点、全球首个“世界多元文化展示中心”、中国首个“东亚文化之都”、“世界宗教博物馆”等美誉。泉州是我国海上丝绸之路静态和动态文化遗存保留最为完好的城市，其历史遗迹从港口到古船，从庙宇到石刻，各种宗教、贸易设施非常丰富，而且历史跨度大，是鲜明的历史文化演化教科书（王圣华和谭剑，2019）。因此，有必要对泉州“海丝”文化旅游资源类型进行单独梳理，对其空间特征进行深入剖析，为福建省“海丝”文化旅游区建设提供更翔实的科学依据。

5.1 泉州基本概况

5.1.1 泉州地理区位

泉州，又称“鲤城”“刺桐城”“温陵”，地处北纬24°22′～25°56′、东经117°34′～119°05′，位于福建省东南部，北接福州，南临厦门，东隔台湾海峡与台湾相望。泉州市地处闽东山地中段和闽东南沿海丘陵平原中段，属于亚热带海洋性季风气候，境内溪流多达34条，晋江为泉州市第一大河，全长404.8千米。作为福建省三大中心城市之一的泉州市，现辖鲤城区、丰泽区、洛江区、泉港区4区，惠安县、安溪县、永春县、德化县、金门县5县，晋江市、石狮市、南安市3县级市，全市土地面积约11 015平方千米，海域面积约11 360平方千米，至2018年底常住人口约858万（未含金门县），有回、畲、蒙古、苗等48个少数民族聚居此地。泉州自秦代开始开发，于公元260年（三国时期）始置东安县治，安史之乱（760年左右）后，中原地区大批移民南迁，其中一支定居于晋江、洛阳江两岸，泉州自此兴起，后借助港口优势于宋元时期成为东方大港，至今已有1700多年的历史。深厚的历史文化底蕴造就了泉州丰富多彩的文化资源，蕴含了中原文化、古闽越文化、域外文化、华侨文化、宗教文化、海洋文化等多元文化的精华，为泉州市发展旅游业奠定了坚实的基础。

5.1.2 泉州市旅游资源状况

泉州山海兼备，自然风景秀丽，有中国“八大最美海岸线”之一的崇武至秀涂海岸带，有“闽南西双版纳”之称的牛姆林自然保护区、国家级重点风景名胜区文化名山之清源山、深沪湾和石牛山两处国家地质公园等，丰富而独特的自然风光使得泉州素有“海滨邹鲁”之称。作为联合国教科文组织唯一认定的海上丝绸之路起点，这座“东方第一大港”孕育了丰富多彩的多元文化，佛教、伊斯兰教、道教、摩尼教、印度教等多种宗教长期共存，共同发展，造就了泉州“世界宗教博物馆”的美誉，也成为联合国教科文组织确定的全球首个“世界多元文化展示中心”。截至2017年，泉州市有各级文物保护单位802处，其中全国重点文物保护单位31处，国家A级景区40家。

作为海上丝绸之路起点，2017年，古泉州（刺桐）史迹正式申报2018年世界文化遗产，同广州、南京、宁波、漳州、莆田、江门、丽水等8个城市、34个遗产点联合申遗。其中，泉州有16处提名遗产点，占比约47%（表5-1），主要分布于泉州湾地区，遗产区面积总计101.14平方千米。为保护“海丝”史迹，泉州市政府专门出台《泉州市海上丝绸之路史迹保护条例》，将万寿塔、六胜塔、石湖码头等19处史迹列入第一批泉州市“海丝”史迹保护名录。“海丝”起点成为泉州重要名片，基于此，泉州提出“清新福建·海丝泉州”的旅游宣传口号，积极参与中国“海丝”旅游推广联盟，打造全国5条“海丝”精品旅游线路、福建省十大精品线路之“海丝”休闲之旅、泉州“海丝”十大精品旅游线路、“海丝”泉州一日游等众多旅游线路产品，并在海内外积极开展旅游推介活动，新增连接东亚、西亚、中亚、东南亚等“海丝”沿线国家新航线，重点开发“海丝”邮轮旅游度假产品、“海丝”民俗文化旅游产品等，以树立“海丝”文化旅游品牌。

表5-1　全国海上丝绸之路申遗分布表（截至2017年）

城市	遗产点数量	遗产点名称
泉州	16	石湖码头、洛阳桥、天后宫、德济门、梅岭德化窑、清净寺、老君岩造像、九日山、泉港土坑村遗址、开元寺、伊斯兰教圣墓、万寿塔、六胜塔、江口码头、真武庙、草庵
广州	6	南越文王墓、南越国—南汉国宫署遗址、光孝寺、怀圣寺光塔、清真先贤古墓、南海神庙及码头遗址
南京	4	龙江船厂遗址、渤泥国王墓、郑和墓、洪保墓
宁波	3	天童寺和保国寺、永丰库遗址、上林湖越窑遗址
漳州	2	南胜窑址和东溪窑址
莆田	1	湄洲湾妈祖庙
江门	1	大洲湾遗址
丽水	1	泉窑大窑—金村遗址

5.2　泉州港发展历程

泉州港的发展史是中国古代海上丝绸之路的历史缩影，它见证了古代海上丝绸之路上的城市发展变迁、中外贸易往来、人员流通及文化交融，遗留下大批遗址遗迹。本章通过梳理泉州港发展历史，从史料中发现“海丝”史迹，并结合实地考察，准确科学地整合出泉州市“海丝”史迹资源。

5.2.1 泉州港的形成

早在旧石器时代，古越族人是晋江流域和洛阳江流域最早的主人和开拓者。西晋元康元年（公元291年）爆发“八王之乱”，为躲避战乱很多中原人纷纷逃亡他乡，当时相对和平安宁的福建地区成为大批南移者的目的地，其中有部分移民择居晋江沿岸及其南部安海、东石一带。移民带来了大量劳动力和中原地区先进的生产技术和文化，加速了泉州社会经济的发展，使得泉州海外交通得到初步发展，因而晋人南迁成为泉州港发展史上划时代的历史事件（庄为玑，1956）。史书上关于泉州港对外交通的第一次明确记载是在大同元年（公元546年），据《续高僧传》记载，印僧拘那罗陀于陈朝永定二年（公元558年）和天嘉六年（公元565年）两度来泉州，曾住在九日山延福寺翻译《金刚经》，后从泉州乘大船欲返陵加修国，有今南安九日山翻经石为证（庄为玑，1989；戴显群，2000）。由此可见，当时泉州港与南海诸国已经有海上交通往来，可以认为在南北朝时期泉州港海外交通已经兴起。

5.2.2 唐及五代时期泉州港的发展

这一时期整体相对稳定的政治局面和统治者开明兼容的对外政策，使国家社会经济文化得到繁荣发展。开辟于西汉的陆上丝绸之路在“安史之乱”后被阻断，但丝绸之路西端的阿拉伯帝国对东方丝绸、瓷器等奢侈品的需求增大，故而在东南沿海形成了广州、泉州、明州、扬州全国四大港口及交州、福州、登州、温州等港口，中国的丝绸、瓷器等商品经海上丝绸之路远销海外。而沿着海上丝绸之路，有阿拉伯商船和来自波斯、印度、东南亚诸国的使臣、商人、僧侣、传教士远道而来。

为适应并进一步促进海外交通的繁荣发展，泉州于开元六年（公元718年）将州治从内河港口南安丰州迁至今泉州鲤城，标志着泉州以一个港口贸易城市的形象出现（庄为玑等，1989）。福建地区地方官员如王审知、“招宝侍郎”王延彬、广植刺桐树的留从效等重视发展海外贸易，海上交通贸易从而得到更大发展，后人建开闽三王祠、留从效庙等来纪念他们治理闽地所做的贡献。

唐朝来泉州的海外商人以阿拉伯商人为代表，在泉州港进行商贸和传教活动，使臣以马来半岛三佛齐国的使节蒲阿栗为代表，其到福建进奉并从事商业活动。大批海外商人的到来使繁华的泉州出现了“市井十洲人”的盛景，在南部安海、东石港通往州城沿线设置了驿馆招待旅客，今新店是唐开元时设立的售货场所，池店为蕃商驿馆，五店市（后改名青阳）和畲店分布为蕃商集行陆路中转站和集市之所。由于海外贸易带来的巨大经济利益，泉州地区尤其是晋江出现了“晋海舟人竞相率航海”的经商风气，比较著名的是晋江东石港一位名叫林銮的海商，他航海至渤泥国（今文莱）并引来“蕃舟蛮人”，今石狮市的石湖码头（又称林銮渡），即是因他而命名。

紧随商人其后而来的是各种宗教的传教活动。景教、回教、明教均于唐朝始传中国，今灵山上的伊斯兰教圣墓，据明代史学家何乔远在《闽书》卷37方域志记载：门徒有大贤四人，唐武德中（618—626 年）来朝，遂传教中国，一贤传教广州，二贤传教扬州，三贤四贤传教泉州，卒葬灵山（戴显群，2000）。因此，圣墓为伊斯兰教通过海上通道传入泉州的最直接的有力证物。

5.2.3 宋元时期泉州港的繁荣

宋元时期，泉州港成为国际性贸易大港，至元代时超越广州成为全国第一大港。据意大利旅行家马可波罗的记载，当时泉州港已同世界最大港口亚历山大港并驾齐驱。随着宋朝泉州城几经大规模的修葺和扩展，城池依地势向临晋江的南面扩展，出现“梯航万国，此其都会。四海舶商，诸蕃琛贡，皆于是乎集”（杜瑜，2002）的盛况。这一时期泉州港的繁荣主要表现在海外贸易、海上交通、宗教信仰等方面。

首先，这一时期泉州港海外贸易得到繁荣发展。宋哲宗元祐二年（公元 1087 年），在泉州正式设立管理海外贸易的专门机构——市舶司，这标志着泉州已进入我国重要的对外贸易港行列，摆脱了长久以来对广州港的附庸独立开港，至元代，泉州港的地位最终超过广州，成为全国第一大港。市舶司官员除管理贸易事务外，还同泉州地方长官在九日山延福寺的通远王祠举行两次祈风仪式，祈求海上往返的中外船队顺利平安，祭典庄严肃穆，“车马之迹盈其庭，水陆之物充其俎”（梁宪民，2015），足见其宏伟壮观的场面。九日山现存的 10 方祈风石刻直接记载了祈风时间、地点、参加人员，另有 3 方为与祈风相关石刻，是我国古代中外海上交通重要史迹，也是同亚非地区人民友好交往的见证。

其次，泉州地区海外贸易需求极大地促进了当地造船技术和海陆交通的发展，反之也为海外贸易提供了保障。宋代，泉州作为中国南方主要造船基地之一，“州南有海浩无穷，每岁造舟通异域”（庄为玑和庄景辉，1977）。且中外商人都乐于使用泉州建造的航海大舶，朝廷在对外派遣使者时也会到泉州雇募客舟，大批量建造船舶。根据泉州出土的后渚港古船、法石古船可看出：泉州古船具有尖底造型、方头方艄、船体肥短、三重木板、多水密舱、多根桅杆等特点。这些先进技术在海上丝绸之路兴盛时期起到决定性作用，而且对西方航海业和造船业产生重大影响（陈延杭，2007）。为方便外来商舶来泉贸易，泉州太守及掌管市舶司的地方官员开展了一系列工程建设，如兴建港口、导航灯塔，修筑桥梁等，使得泉州海陆联运能力得到极大提升。港口建设围绕泉州湾、深沪湾、围头湾分布，以“三湾十二港”较为著名。此外，为导引过路船舶建造了许多石塔，如万寿塔、六胜塔、五塔岩石塔等。为密切码头、港口与泉州城区的联系，从公元 11 世纪到 13 世纪，泉州出现了修造石桥的热潮。从东南沿海的海湾岛屿到内陆山区的江河溪流，都先后兴建石桥，如横跨洛阳江的洛阳桥，连通重要海外贸易口岸安海与水头的安平桥等。

随着泉州港海外贸易地位的上升，繁荣的泉州港吸引了大批海外商人、使节、传教士集聚于此，他们带来的伊斯兰教、印度教、摩尼教等外来宗教与本土宗教信仰呈现出多教并存、和谐相处的局面，泉州因此被冠以“世界宗教博物馆”之称。伊斯兰教于宋元两朝在泉州的传播达到高潮，这主要以清净寺和灵山圣墓的存在为标志（陈水德，2014）。来泉州经商的阿拉伯人累世定居，这些定居者死后也葬于泉州，20 世纪 20 年代以来，随着古城拆迁和大规模城市建设，大批宋元时期的蕃客墓碑及石刻构件不断发现，其中以伊斯兰教墓葬石刻居多，现藏于泉州海外交通史博物馆（简称“海交馆”）伊斯兰教文化陈列馆，是古代泉州地区中外人民友好相处的历史见证。在泉州穆斯林后裔家族中，今晋江陈埭丁氏、惠安百崎郭氏及永春蒲氏，都是曾侨居泉州的阿拉伯人或波斯人后裔。此外，泉州是我国唯一发现印度教遗存的地方，除海交馆收藏的200多方印度教石刻外，至今依然能在泉州各地看到印度教遗存，如开元寺“御赐佛像”印度石雕门楣和紫云大殿后面两根古印度式石柱及72幅人狮石雕；天后宫后殿的两根婆罗门教式石柱上雕刻着的婆罗门教神话故事；临漳门外有一根经人工雕琢的形酷似男性生殖器的圆柱状“石笋”、晋江池店镇池店村兴济亭的壁龛上有一方元代印度教石刻——湿婆“舞王”雕像，这些都为研究元代中印宗教文化交流提供了实物证据。晋江市草庵是目前世界上仅存的摩尼教遗址，摩尼教是公元3世纪中叶波斯人摩尼所创建，7世纪末传入中国，又称为明教。在元末排外运动和明初政府严厉打压明教的不利环境下，元代草庵摩尼佛像依然能完整保存至今，与附近乡间百姓将其混同于佛教释迦摩尼像有很大关系，正是这美丽的错误才使我们看到世界上仅有的摩尼教遗存原貌。

泉州同时兴盛的还有福建地区的民间信仰。海上贸易的繁荣使得船舶出海频繁，人们在祈求出海船舶平安顺利的迫切需求下，各种海神信仰应运而生，海神信仰成为古代海上丝绸之路海洋贸易和海洋文化发展的见证。五代至两宋时期，泉州地区有显应侯、感应将军、灵应将军、威应将军、显惠侯、柳冕、光济王、江大圣、水神、协灵显惠侯、忠佑侯、叶忠、白马庙、十八元帅、助顺将军、通远王、妈祖等至少15位海神（林国平，2011）。此后，妈祖信仰蓬勃发展，逐渐跃居各海神信仰之首，这种局面一直持续到明清时期。虽然明清时期在泉州地区王爷信仰得到发展，并以泉州富美宫为祖庙，但妈祖信仰的地位始终不容动摇。莆田湄洲岛妈祖庙是全球妈祖信仰的祖庙，而泉州地区则以兴建于南宋庆元二年的泉郡天后宫具有较高声誉，为泉州商人民众妈祖信仰的核心。

5.2.4 明清时期泉州港的没落

元末，泉州地区的的亦思巴奚战乱，严重破坏了泉州同亚非拉国家地区间的贸易关系，泉州港逐渐丧失“东方第一大港”地位，明朝初年仅与琉球发展朝贡贸易，但私商贸易繁荣发展起来。这一时期泉州港发展主要表现在郑和下西洋多次途经泉州、私商贸易兴起而引发的移民浪潮和中外文化交流、为防止倭患和海上反对势力而开展的海防建设三方面。

永乐三年至宣德八年（公元1405—1433年），三保太监郑和奉命率领船队先后7次下西洋，加强了同海外各国的关系，官方朝贡贸易进入一个新阶段。今泉州圣墓柱廊西侧有一块“郑和行香碑”，是现存有关郑和航海史的七方珍贵刻碑之一（庄景辉，2006）。明朝政府为朝贡贸易的顺利开展，专门为海外贡使修建驿馆，如泉州来远驿；也有来华的外国商人使节在此定居，20世纪末在泉州涂门街和清源山分别发现了锡兰侨民旧居和世家坑锡兰侨民墓区，成为明清时期中国同斯里兰卡友好交往的见证。

郑和下西洋结束后，官方贸易接近尾声，而私商贸易随之兴起。由于明清政府采取海禁政策，远离泉州城的偏僻港口因走私贸易发展起来。今晋江东石玉记商行建筑群和泉港土坑村港市遗址即为泉州地区家族贸易遗存之力证。随着明朝私商贸易兴盛，泉州地区下南洋谋生定居的人日益增多，极大地促进了当地社会经济的发展。海洋贸易和海洋移民将宗教信仰传播至航线所到之处。以台湾地区为例，根据泉州闽台缘博物馆对闽台宗教信仰关系的展现，台湾地区以泉州各神灵信仰场所为祖庙的信仰包括：王爷信仰（富美宫）、清水祖师信仰（清水岩）、青山王信仰（青山宫）、广泽尊王信仰（凤山寺）、关帝信仰（通淮关岳庙）等。除民间信仰外，南音①、南少林武术也随着人口迁移传播至海外。

在倭患和海上反对势力双重威胁下，明太祖采取“闭关自守”策略，一方面推行严厉的海禁政策，另一方面在北起辽东南至广东的漫长海岸线构筑了大规模海防设施。尽管明初的海防建设存在一定的负面作用，但它在保障社会环境稳定、正常商贸秩序和航海安全方面发挥作用，广义上也应纳入海上丝绸之路史迹范畴。明朝初年江夏侯周德兴在福建沿海要害处设置的海防设施中，泉州地区有永宁卫、崇武千户所和福全千户所及峰尾、小岞、黄崎、獭窟等十三个巡检司，这些海防设施在倭寇猖獗的明末清初充分发挥了抗倭的军事职能（于逢春，2016）。其中，崇武古城是至今完整地保留下来的唯一遗迹。晋江金井镇福全村为福全千户所所在地，在抗战期间因拆运古城墙石块修建碉堡、炮台被毁，现在的古城墙为2004年在原基础上复建而成。

5.3 泉州“海丝”史迹旅游资源调查分类与评价

5.3.1 泉州“海丝”史迹旅游资源调查

梳理泉州港发展历程可知，南北朝时期泉州港海外交通兴起，唐五代为泉州港的发展时期，宋元时期泉州港达到繁荣，明清时期泉州港逐渐衰落。在不同历史时期，泉州港始终是古代海上丝绸之路海上交通、商业贸易、宗教信仰发展的见证。本章在整理泉州市“海丝”史迹资源时，侧重史迹资源的保护开发，与上文福建“海丝”文化旅游资源调查研究有所不同，主要体现在以下方面。

（1）范围界定

上文以整个福建“海丝”文化旅游区作为研究对象，探究省级空间尺度的“海丝”文化旅游空间特征。与之不同的是，本章从市级尺度入手，以“海丝”遗存最为丰富的泉州市作为研究区域，具体包括鲤城区、丰泽区、泉港区、洛江区4区，晋江市、南安市、石狮市3市，惠安县、安溪县、永春县、德化县4县，深入分析研究泉州“海丝”史迹资源的特征。此外，因资料获取困难，金门县未纳入研究范围。

（2）时间界定

上文在研究福建“海丝”文化旅游时，除了考虑古代海上丝绸之路史迹资源外，还认为鸦片战争之后福州、厦门作为通商口岸，形成并遗留下众多“海丝”文化资源，

① 南音也称“弦管”“泉州南音”，福建闽南地区的传统音乐，世界级非物质文化遗产。

以及现代为展现“海丝”历史文化而建设的艺术公园、博物馆等建筑设施也可作为旅游资源加以开发利用，故研究时间段跨度更大。本章主要侧重于古代海上丝绸之路史迹资源保护与开发。由于1840年鸦片战争爆发，中国开始沦为半殖民地半封建社会，沿海主要港口成为西方列强掠夺原料、倾销商品的场所，我国失去关税自主权，中外双方贸易完全失去和平、平等、公平性质，大多数学者认为海上丝绸之路始于秦汉，止于1840年鸦片战争（司徒尚纪和许桂灵，2015）。因此，泉州海上丝绸之路上限为魏晋南北朝，历经唐五代的发展，宋元时期繁荣并达到极盛，明清衰落，止于1840年鸦片战争的爆发。

（3）筛选依据

上文研究福建省“海丝”文化旅游区时，侧重于“海丝”文化资源的旅游价值，以国家《旅游资源分类、调查与评价》为参照。考虑“海丝”文化旅游开发潜力，从省级空间视角分析“海丝”文化旅游开发与发展，因此，资源点主要来源于福建省及各市文保名录、“海丝”申遗点名录、福建省A级景区名录等。本章则是侧重“海丝”史迹资源开发与保护，筛选标准更为严格，筛选时参照《保护世界文化和自然遗产公约》《中华人民共和国文物保护法》等，仅以泉州市级文物保护名录和泉州“海丝”申遗点为主。

（4）统计规则

上文研究福建省“海丝”文化旅游区时，以旅游开发为主，保护为辅，既考虑资源单体作用，又考虑资源集聚效益。“海丝”旅游资源单体既可独立起作用，又可相互联结带动旅游集合内其他单体的发展，因此将符合条件的旅游资源单体和旅游单体的集合体都统计在内。例如，老君岩、九日山石刻、灵山圣墓等资源单体被统计在内之外，其所处的清源山景区亦被统计在内。而本章侧重“海丝”史迹资源的分类保护，更注重“海丝”旅游资源单体，因此只统计清源山景区内老君岩、九日山石刻、灵山圣墓等资源单体，并未将整个清源山景区纳入统计。

本章梳理泉州发展历史后共整理出其海上丝绸之路史迹187处，并于2016年12月，2017年4月、5月、7月先后4次到泉州各县（市、区）进行实地考察。但因一些史迹如窑址、冶炼遗址等历史久远损毁严重，或有一些因史料记载偏差及行政区划的变化等原因无法确定其具体位置。为保证史迹资源点既能充分展现“海丝”文化，又具有一定品质的吸引力，故本章以文物保护单位为筛选依据，从与“海丝”文化相关的史迹文保单位中筛选出市级及以上文物保护单位资源点作为资源点数据，并与泉州市的相关学者进行论证，最终共筛选出63处资源点（表5-2）。

表5-2 泉州市“海丝”史迹资源分布

地区	史迹资源点	数量
鲤城区	聚宝街、铁炉庙冶炼遗址、泉州市舶司遗址、来远驿遗址、德济门遗址、锡兰侨民旧居、开闽三王祠、清净寺、开元寺、后渚港古船、崇福寺、宝海庵、石笋、泉郡天后宫、府文庙、通淮关岳庙、富美宫、霞洲妈祖宫	18

续表

地区	史迹资源点	数量
丰泽区	文兴码头、美山码头、郑和行香碑、伊斯兰教圣墓、东门碗窑遗址、蟳埔民俗文化村、福清寺、老君岩、清源洞、世家坑锡兰侨民墓区、真武庙、美山天妃宫、蟳埔顺济宫、南少林寺、法石港古船	15
洛江区	洛阳桥、梧宅冶铁遗址	2
泉港区	泉港土坑村港市遗址	1
晋江市	安平桥、磁灶窑系金交椅山窑址、福全城墙遗址、陈埭回族村、西资岩石刻造像、南天寺石刻造像、草庵摩尼光佛造像、东石玉记商行建筑群、五店市传统街区	9
石狮市	石湖码头、姑嫂塔、六胜塔	3
南安市	九日山祈风石刻、通远王祠、凤山寺、五塔岩石塔	4
惠安县	崇武古城、百崎回族乡、大岞惠女民俗村、青山宫、乌屿码头遗址	5
安溪县	清水岩、安溪瓷窑址、西坪铁观音发源地	3
德化县	德化屈斗宫窑遗址、梅岭德化窑遗址	2
永春县	永春县五里街“蒲庆兰”香室	1
合计		63

5.3.2　泉州“海丝”史迹旅游资源分类

2018年泉州海上丝绸之路史迹申报规划文本《古泉州（刺桐）史迹》中，将泉州市海上丝绸之路史迹分为：航海与通商史迹、多元文化史迹、城市建设与陆上交通史迹三类。该分类体系完整反映了古泉州（刺桐）作为世界重要的海上航运和贸易线路体系上重要港口城市的航海、贸易运行系统。但该分类系统仅依据16处申遗点划分，存在样本数量不足的缺陷，有忽略个别史迹类型的可能性，如文化交流仅展现了宗教文化，而根据实地调查发现，还有其他如锡兰侨民故居、世家坑锡兰侨民墓区、陈埭回族村、百崎回族乡、蟳埔民俗文化村等中外文化交流史迹遗存。此外，在该分类体系中将海上交通史迹与商贸史迹合并为一类，两者存在必然联系，但合并为一类过于牵强，城市建设与陆上交通史迹大类也存在同样的问题。

基于客观、科学、全面的原则，参照《保护世界文化和自然遗产公约》《中华人民共和国文物保护法》等标准，以通过对泉州海上丝绸之路史料梳理和实地调查所得的63处“海丝”史迹为数据库，重新构建泉州“海丝”史迹分类体系。该分类体系以古代海上丝绸之路的海上交通、商业贸易、宗教文化三大体系为基础，并将闽南文化与外来文化相融合的史迹（包括见证中外文化交流的聚落史迹和为古代泉州社会安定和海外贸易发展做出贡献的名人史迹）纳入分类体系，共分为海上交通史迹、商业贸易史迹、宗教文化史迹、文化融合史迹 4 个大类，海港设施、海防设施、航线遗存等 11 个亚类，具体分类见表 5-3。

表 5-3　泉州市“海丝”史迹资源分类

大类	亚类	“海丝”史迹资源点	数量
海上交通史迹	海港设施	石湖港、文兴码头、美山码头、乌屿码头遗址	4
	海防设施	崇武古城、福全城墙遗址	2
	航线遗存	后渚港古船、法石古船、万寿塔、六胜塔、五塔岩石塔、洛阳桥、安平桥	7
	祈风遗迹	九日山祈风石刻、郑和行香碑	2
商业贸易史迹	商贸街市史迹	泉港土坑村港市遗址、东石玉记商行建筑群、聚宝街、五店市历史街区	4
	商贸管理史迹	泉州市舶司遗址、明来远驿遗址	2
	外销商品生产地史迹	铁炉庙冶炼遗址、梧宅冶铁遗址、磁灶窑系金交椅山窑址、屈斗宫德化窑遗址、梅岭德化窑遗址、永春蒲庆兰香室、西坪铁观音发源地、安溪瓷窑址、东门碗窑遗址	9
宗教文化史迹	宗教信仰史迹	府文庙、伊斯兰教圣墓、清净寺、开元寺、崇福寺、福清寺、宝海庵、南少林寺、石笋、老君岩、清源洞、西资岩石刻造像、南天寺石刻造像、草庵摩尼光佛造像	14
	民间信俗史迹	通远王祠、富美宫、真武庙、泉郡天后宫、美山天妃宫、蟳埔顺济宫、霞洲妈祖宫、安溪清水岩、南安凤山寺、通淮关岳庙、惠安青山宫	11
文化融合史迹	聚落史迹	陈埭回族村、百崎回族乡、蟳埔民俗文化村、大岞惠女民俗村、锡兰侨民故居、德济门遗址	6
	名人史迹	锡兰侨民墓区、开闽三王祠	2

5.3.2.1　海上交通类

第一类海港设施，指供船舶停靠、装卸货物和上下客的港口、码头等建筑设施。泉州港作为宋元时期的“东方第一大港”，拥有“三湾十二港”，还有众多小型码头，但随着历史变迁，很多港口位置已无法确定。现存市级文物保护单位及以上的港口码头有 4 个，主要分布在晋江入海口处，成为泉州仅有的几处海港设施史迹。

第二类海防设施，指为维护社会安定、保障正常海上贸易和航行的海防军事设施。由于明清时期东南沿海常有私商和倭寇勾结，政府为维护同周边各国的朝贡贸易而修建了一系列海防设施，泉州地区有一个卫、两个千户所、十三个巡检司，两个千户所中的崇武古城是福建地区千户所至今完整地保留下来的唯一遗迹，另一个福全千户所保存的古城为复建。

第三类航线遗存，指在古代海上丝绸之路航线上为保障船舶判断航向和界限的标志及海底沉船。由于水、陆交通沟通了海港与内地腹地，实现货物输送，航线遗存广义上应包括陆上交通遗存。泉州拥有漫长的海岸线和众多优良港湾，在海岸线上有很多为过往船舶导航的灯塔，如万寿塔、六胜塔、五塔岩石塔；沉船有后渚港古船、法石古船；陆上交通遗存以洛阳桥、安平桥为代表。

第四类祈风遗迹，指地方官员为海外交通商船祈求航行顺利、平安而开展活动的遗迹。古代泉州官方祈风地点位于南安市九日山，山上尚留有反映海外交通的 13 方祈风石刻；在灵山圣墓有一方郑和行香碑，记载了郑和下西洋途经泉州时，参拜圣墓为航行祈求平安。

5.3.2.2 商业贸易类

第一类商贸街市史迹，指港市或港口腹地进行海外贸易活动的交易场所。例如，泉州的聚宝街，宋元时期有上百个国家和地区的商人集聚在此，开展经营金银珠宝、绸缎布匹、茶叶瓷器、香料药材等商业贸易，聚宝街也因集聚各类番货远物、珍奇异宝而得名。泉港土坑村港市遗址、东石玉记商行建筑群、五店市传统街区是明清时期因海上丝绸之路民间贸易兴起的海商聚落。

第二类商贸管理史迹，指官方政府为管理海外贸易活动而设立的政府职能机构。例如，泉州市舶司是古代管理海外贸易的专职机构，负责检查海舶、缉私、办理海舶出海和返航手续，抽取货税和出售进出口货物，及接待和管理外国来华使节、商人等事务；青龙巷的来远驿站则是政府专门建造供外国官员和贡使居住的驿馆。

第三类外销商品生产地史迹，指古代经海上丝绸之路外销商品的生产基地。泉州地区海上贸易自唐代兴起到宋元时期繁荣，直至明清衰落，泉州港输出的商品多为陶瓷、金属、衣料、食用品等，今泉州市境内有发现窑址、冶铁、冶银遗址，其中窑址数量众多，主要分布在沿海的晋江、惠安和内陆的德化、永春、安溪、南安等地，以晋江磁灶窑和德化窑最为著名。但实地调研时发现，很多遗址因无保护等级或等级较低而遭严重破坏，或很多遗址找不到确切位置，因此，本章从市级及以上文物保护单位中选取兼有科学研究价值和旅游观赏价值的 8 处商品生产地史迹。

5.3.2.3 宗教文化类

第一类宗教信仰史迹，指传入中国的外来宗教史迹或能体现与外来宗教和谐相处的本土宗教史迹，及经古代海上丝绸之路传到海外的宗教史迹。泉州作为“世界宗教博物馆”，兼有从中原传入的本土宗教文化和古代海上丝绸之路传入的西方宗教文化，儒教、道教、佛教、基督教、伊斯兰教、印度教、景教、摩尼教等中外多种宗教聚集泉州，遗留下大量珍贵宗教史迹，如府文庙、老君岩、伊斯兰教圣墓、清净寺、开元寺等。经海上丝绸之路外传的宗教信仰以泉州南少林寺为代表，南少林武术在明清时期随着大量海外移民传播到世界各地。此外，据史料记载历史上曾由外国僧人建设或居住过的宗教建筑，如宝海庵是由经海路来泉州的天竺僧人罗护那建造，是外国僧人在泉州唯一修建的佛教寺院；福清寺在五代时有高丽僧人玄纳禅师来此拜求佛法，至今寺内还保存着来自高丽国的三尊佛像；崇福寺因供奉的宋代达摩像为印度僧人也可纳入海上丝绸之路的宗教信仰史迹。

第二类民间信俗史迹，指民间为祈求船舶出海平安而建造的海神信仰神祇，或经古代海上丝绸之路传播海外的民间信仰神祇。自古东南沿海地区因近海之便发展了众多的海神信仰，福建地区以王爷、妈祖、通远王等海神信仰为主，由于闽南地区民间信仰场所众多，所以本章只选取在海内外影响比较深远的海神信仰神祇的祖庙为研究对象，如王爷信仰祖庙之一富美宫、泉州地区妈祖信仰规模最大的泉郡天后宫、通远王信仰祖庙通远王祠。此外，有很多海神信仰随着海外移民传播到日本、东南亚及欧美地区，并以泉州的庙宇为其祖庙，一些信众每年会定期来泉参拜，如清水祖师信俗祖庙安溪清水岩、广泽尊王信俗祖庙南安凤山寺、关岳信俗祖庙通淮关岳庙、青山王信俗祖庙惠安青山宫等。

5.3.2.4 文化融合类

第一类聚落史迹，指经古代海上丝绸之路来中国的海外移民后裔形成的聚落，或深受海上丝绸之路文化影响的聚落。泉州地区经古代海上丝绸之路来泉的移民后裔形成的聚落主要为阿拉伯后裔聚落，人口较为集聚的有晋江陈埭回族村、惠安百崎回族乡和蟳埔民俗文化村，也包括其他国家移民后裔的聚落，如涂门街的锡兰侨民故居即为明朝来泉州的锡兰国王子及其后裔的侨居之所；大岞惠女民俗村则是深受海洋文化影响的聚落。德济门遗址作为见证泉州港海上丝绸之路繁荣发展的城市聚落遗存也划入聚落史迹分类。

第二类名人史迹，指经古代海上丝绸之路来中国的海外移民遗留史迹和对古代泉州社会安定和海外贸易做出贡献的名人史迹。该分类仅收录了2处史迹，一处为位于清源山的锡兰国王子墓（世家坑）；另一处为开闽三王祠，祭拜五代时期治理闽地、拓展海上交通贸易的王潮、王审邽、王审知三兄弟。

5.3.3 泉州“海丝”史迹旅游资源评价

根据前文福建“海丝”文化旅游资源评价方法，并结合泉州地方特点，以本章筛选的史迹资源点为评价对象，确定资源等级。在评价过程中，综合考虑资源的客观性指标和主观性指标进行综合评价。对于保护等级、历史悠久性、安全性、适游期、政府财政收入、区域旅游收入、旅游线路等7项客观性指标，主要依据泉州市文物志、2016年泉州市各县（市、区）统计年鉴和统计公报、原泉州市国土资源局网站、各县（市、区）旅游局网站等获取的相关资料，结合评分标准确定。除上述可定量的泉州市“海丝”史迹旅游资源指标，其余各项指标分别邀请相关专家学者、旅游从业人员、游客及当地居民等（表5-4），在对“海丝”史迹旅游资源点调研和游览基础上对泉州市63处史迹进行打分。最后，采用模糊综合评价方法计算资源点具体得分。

表 5-4　泉州市“海丝”史迹旅游资源评价指标数据来源

指标层	数据来源	指标层	数据来源
D1 规模	专家问卷	D15 安全性	原泉州市国土资源局网站
D2 保护等级	泉州市文物志	D16 优美度	游客问卷
D3 完整性	专家问卷	D17 适游期	原泉州市国土资源局网站
D4 知名度	游客问卷	D18 环境容量	专家问卷
D5 美誉度	游客问卷	D19 政府财政收入	各县（市、区）2016 年统计年鉴、统计公报
D6 集聚性	专家问卷	D20 政府对旅游业的支持力度	政府部门、当地旅游从业人员问卷
D7 组合性	专家问卷	D21 社区居民态度	实地调查，当地居民问卷
D8 使用价值	专家问卷	D22 旅游管理	游客问卷
D9 历史悠久性	泉州市文物志	D23 旅游服务设施	游客问卷
D10 与“海丝”文化相关性	专家问卷	D24 旅游区位条件	专家问卷
D11 科学研究价值	专家问卷	D25 区域旅游收入	各县（市、区）旅游局官网
D12 科普教育价值	游客问卷	D26 客源地广阔程度	游客问卷
D13 艺术观赏价值	专家问卷	D27 旅游线路	福建省旅游局官网
D14 和谐价值	专家问卷		

经计算、统计、排序，得到泉州市海上丝绸之路史迹旅游资源综合评分，并将资源分为五级，其中五级属特品级，四、三级属优良级，二、一级属普通级，如表 5-5 所示。根据评价结果可知，泉州市 63 处“海丝”史迹旅游资源特品级少，优良级和普通级占比较大，主要以二、三级资源为主。其中，特品级的五级资源点仅 2 处，为开元寺和天后宫，这两处旅游资源点已是成熟的旅游景点，是“海丝”史迹旅游最具优势和吸引力的资源；优良级的三、四级资源点分别有 20 处、12 处，这些史迹多为泉州“海丝”申遗点，与古代“海丝”历史文化关系密切，但因资源地环境条件和旅游基础条件较弱而影响其评价等级，是“海丝”史迹旅游具有极大开发潜力的旅游资源；普通级中二级资源点 18 处，可作为“海丝”史迹旅游待挖掘的资源点，而普通级一级资源点 11 处，这些资源点因其属性和价值得分低，旅游开发潜力小，不适宜旅游开发，应以保护为主。

五级旅游资源点为开元寺和天后宫，是泉州“海丝”文化旅游的优势资源。开元寺得分最高，为 94.52，天后宫为 90.02。作为泉州“海丝”宗教文化史迹资源的代表，开元寺和天后宫在旅游资源条件、资源地环境条件、资源地旅游基础条件三方面的评价中都处于最优。根据福建省出台的《闽南文化生态保护区总体规划》，开元寺所在的西街片区和天后宫所在的城南片区均为重点保护区域，也是泉州“海丝”旅游资源主要集聚区。

四级旅游资源点以泉州“海丝”申遗点为主，共 12 处，为泉州“海丝”旅游的重要旅游资源。清净寺、府文庙、草庵等宗教史迹位居前列。以老君岩、九日山祈风石刻、灵山圣墓为核心资源组成的清源山景区为国家 5A 级景区，兼有儒教、佛教、道教、伊斯兰教、摩尼教等多种宗教史迹和海上交通重要史迹祈风石刻，是泉州“海丝”史迹主要集聚区之一；安溪清水岩为国家4A级景区，资源地环境条件和旅游基础条件优越，作为海内外清水祖师信仰祖庙，每年来此参拜的港澳台、东南亚地区信徒众多；泉港区土坑村港市遗址作为泉州“海丝”申遗点中唯一的港市代表，整体旅游基础条件较差，旅游服务管理与设施严重欠缺，旅游交通有待完善；石狮市的海上交通遗迹六胜塔和姑嫂塔、丰泽区宗教信仰遗迹真武庙，资源属性和资源价值评分较高，资源地环境条件也优越，但知名度小，游客以附近居民为主。四级旅游资源点除部分属于成熟景区（点），其资源点自身条件、资源地环境条件、资源地旅游基础条件均名列前茅，其余资源点旅游基础条件较弱。

三级旅游资源点数量最多，共20处，是泉州“海丝”史迹旅游最具潜力的资源点。这些资源点资源条件整体较好，位于鲤城区和丰泽区的资源点有9处，包括海上交通史迹3处、商业贸易史迹2处及宗教文化史迹4处，资源集聚性和组合性较好；晋江市有4处、南安市及惠安县分别有3处三级资源，石狮市仅有1处。资源分类中，三级海上交通史迹有后渚港古船、法石古船、安平桥、崇武古城、五塔岩、石湖港等6处，除石湖港评分较低外，其余资源点都在75分以上，资源条件优越，均位于景区（点），资源旅游基础较好，通过提升改造，旅游开发潜力巨大；商贸街市遗址中，三级资源点有五店市传统街区、市舶司、聚宝街和东石玉记商行，三处资源点旅游开发潜力大，但杂乱的周边环境及旅游基础设施不足是其发展旅游的主要制约因素；三级宗教文化史迹包括通远王祠、南少林寺、开闽三王祠、通淮关岳庙、凤山寺、清源洞等6处，多为已开发旅游景区（点），且海内外信徒众多，资源和谐价值较高，旅游基础条件较好；晋江市陈埭、惠安县百崎回族村、大岞惠女民俗村及丰泽蟳埔村4处聚落遗迹均为三级，这些资源点的和谐价值、与“海丝”历史文化相关价值均较高，但因缺少对民族特色文化的展现，游客对其知名度和美誉度并不高。

二级旅游资源点共18处，是“海丝”史迹旅游待挖掘其文化内涵的资源点。其中海上交通史迹4处，商业贸易史迹5处，宗教文化史迹6处，文化融合史迹3处。商业贸易史迹和文化融合史迹整体等级偏低。商业贸易史迹中包括永春蒲庆兰香室、德化的屈斗宫窑址和梅岭窑址、晋江磁灶古窑址、安溪西坪铁观音发源地，资源所蕴含的历史文化底蕴深厚，如永春香文化、德化陶瓷文化、安溪茶文化为世人所知，但是各资源点等级较低，应以保护为主。宗教文化史迹中包括宗教信仰史迹石笋、南天寺、西资岩石刻造像；民间信俗史迹美山天妃宫、富美宫、青山宫。该类资源点历史文化价值、和谐价值、资源保护等级较高，但是资源知名度、组合性、聚集性不佳，旅游服务与管理设施不足，故而等级评分较低。4处二级海上交通遗迹中包括2处“海丝”申遗点，文兴码头和美山码头因保护等级不高，原真性与完整性不足，缺乏旅游吸引力等，所以评价等级较低，不适宜单独作为旅游资源开发，而应与附近的美山天妃宫、真武庙、姑嫂塔、六胜塔、石湖码头等联合，共同作为泉州港口建筑以发展史迹旅游。文化融合史迹中德济门遗址、锡兰侨民故居和世家坑锡兰侨民墓3处，虽与海上丝绸之路历史文化关系密切，但资源等级较低。

一级旅游资源点以宗教文化史迹和商业贸易史迹为主，是“海丝”史迹中不适宜开发、应以保护为主的资源点。由于闽南地区宗教信仰场所众多，一级宗教文化史迹普遍存在规模较小、影响力和知名度低、艺术欣赏价值不足等现象，故不宜开发为旅游资源。一级商业贸易史迹由于年代久远、人为破坏原因导致其资源品质低，甚至一些遗址无法明确其具体位置，所以该类资源作为文保单位应以保护为主。

表 5-5 泉州市“海丝”史迹旅游资源综合得分表

等级	资源点	得分	等级	资源点	得分
五级（2）	开元寺	92.52	三级（20）	清源洞	72.6291
	天后宫	90.0178		石湖码头	70.206
四级（12）	清净寺	89.78	二级（18）	永春蒲庆兰香室	68.6705
	府文庙	89.5367		屈斗宫	67.4403
	草庵	89.0415		德济门	66.1329
	伊斯兰教圣墓	88.1806		美山天妃宫	66.0241
	九日山石刻	87.8971		郑和行香碑	65.7115
	老君岩	87.4971		石笋	65.5765
	洛阳桥	86.5109		磁灶古窑址	65.5365
	清水岩	86.1443		梅岭德化窑遗址	65.0235
	土坑村	86.1371		文兴码头	64.8186
	六胜塔	83.3906		美山码头	63.9705
	姑嫂塔	82.7097		南天寺	63.624
	真武庙	82.5217		锡兰侨民故居	63.5292
三级（20）	后渚港古船	78.7059		富美宫	62.3708
	法石古船	78.6778		青山宫	61.8707
	安平桥	78.3556		世家坑锡兰侨民墓	61.1897
	通远王祠	78.3062		福全城遗址	61.0166
	五店市传统街区	78.2357		西坪铁观音发源地	60.8123
	市舶司	77.9659		西资岩石刻造像	60.5691
	陈埭回族村	77.2403	一级（11）	铁炉庙	59.9032
	百崎回族村	77.2155		福清寺	59.7541
	南少林寺	76.646		崇福寺	58.6623
	崇武古城	76.4356		蟳埔顺济宫	57.1239
	五塔岩	75.7797		霞洲妈祖宫	56.5319
	蟳埔村	75.5773		宝海庵	56.1
	大岞惠女民俗村	74.8996		安溪瓷窑址	55.4417
	开闽三王祠	74.1702		东门碗窑	55.0453
	通淮关岳庙	73.6774		乌屿码头	54.6657
	聚宝街	73.2032		来远驿站	54.6162
	东石玉记商行建筑群	73.0815		梧宅冶铁遗址	54.0232
	凤山寺	72.8093			

5.4 泉州“海丝”史迹旅游资源空间分布特征

5.4.1 泉州“海丝”史迹旅游资源空间分布差异度

5.4.1.1 资源规模区域空间分布差异

泉州作为目前由联合国教科文组织认定的唯一海上丝绸之路起点城市，文化遗存数量丰富，保存较完好，且具有杰出代表性和典型性。由表5-6可知，二级及以上“海丝”史迹旅游资源点总量在空间分布上呈现出三个层面。第一层面资源点数量在10个以上，主要有鲤城区和丰泽区，其作为古代泉州的政治经济文化中心，是中外文化交流的核心区域，故“海丝”史迹旅游资源最为丰富；第二层面资源点数量在3～10个，主要有晋江市、惠安县、南安市和石狮市，受鲤城区的辐射影响，在临近鲤城区的各县区市“海丝”史迹资源数量较多；第三层面资源点数量在3个以下，主要有安溪县、德化县、洛江区、泉港区和永春县，这些县区整体距离核心区域较远，“海丝”史迹数量普遍较少。整体而言，泉州“海丝”史迹旅游资源点分布并不均匀，且区域差异较大。

表5-6 泉州市“海丝”史迹旅游资源规模空间分布统计表

地市名称	资源点数（个）	资源点所占资源总量比例（%）	累计比重（%）	位次	所属层次
鲤城区	13	25	25	1	第一层（10个以上）
丰泽区	12	23.08	48.08	2	
晋江市	9	17.31	65.39	3	第二层（3～10个）
惠安县	4	7.69	73.08	4	
南安市	4	7.69	80.77	5	
石狮市	3	5.77	86.54	6	
安溪县	2	3.85	90.39	7	第三层（3个以下）
德化县	2	3.85	94.24	8	
洛江区	1	1.92	96.16	9	
泉港区	1	1.92	98.08	10	
永春县	1	1.92	100	11	

5.4.1.2 资源等级区域空间分布差异

泉州作为古代海上丝绸之路的重要港口，所辖各县市的“海丝”史迹旅游资源不仅在数量规模上呈现出一定空间分布特征，其资源等级也具有一定空间特征。由表5-7可知，泉州二级及以上的“海丝”史迹旅游资源点共52处，以二、三级资源点为主。其中五级资源点2处，均位于鲤城区；四级资源点12处，主要集中在丰泽区、鲤城区和石狮市，其余地区分布较为均匀；三级资源点20处，多分布在鲤城区和丰泽区，晋江市、南安市和惠安县各有3处，石狮市1处；二级资源点18处，主要分布于丰泽区、鲤城区和晋江市；安溪县、惠安县、德化县和永春县资源点等级空间分布差异不大，其中德化县和永春县无二级以上资源点，惠安县无三级以上资源点。

表5-7 泉州市“海丝”史迹旅游资源等级区域空间分布统计表

市（区、县）	五级资源点（个）	四级资源点（个）	三级资源点（个）	二级资源点（个）	所属层次
鲤城区	2	2	5	4	第一层
丰泽区	0	3	4	5	第二层
石狮市	0	2	1	0	
晋江市	0	1	4	4	
南安市	0	1	3	0	
安溪县	0	1	0	1	
洛江区	0	1	0	0	
泉港区	0	1	0	0	
惠安县	0	0	3	1	
德化县	0	0	0	2	第三层
永春县	0	0	0	1	

整体而言，二级及以上“海丝”史迹旅游资源评价等级在空间分布上呈现出三个层次：鲤城区属于资源等级空间差异层次的第一层，自泉州州治于唐开元八年（公元720年）迁至今鲤城老城区，这里就成为泉州地区政治、经济、文化中心，丰厚的历史文化底蕴是其他县区市无法企及的，其“海丝”史迹资源等级和数量也位居各县市之首。第二层次包含了东部沿海所有县区市，并形成了以鲤城区为中心，环绕鲤城区的圈层结构，包括丰泽区、晋江市、石狮市、南安市、安溪县、洛江区、泉港区和惠安县，除惠安县外其他县区市均拥有四级资源点，虽然惠安县无四级资源点，但百崎回族村、崇武古城、大岞惠女民俗村3处三级资源点质量较高，且与古代海上丝绸之路关系密切，故划分至第二层次。第三层次包括德化县和永春县。虽然德化县的屈斗宫和梅岭两处窑址均为国家级文物保护单位，但窑址作为旅游资源进行开发其艺术观赏价值有待进一步提升；永春县蒲庆兰香室作为篾香制作工艺传承展示场所，其所蕴含的“香料之路”历史文化内涵有待进一步挖掘。

5.4.2 泉州“海丝”史迹旅游资源空间分布类型

采用Ebdon和Pinder研究改进的最邻近分析法模型研究泉州市“海丝”史迹旅游资源空间分布类型。泉州市二级及以上“海丝”史迹旅游资源的空间分布呈集聚状态。根据表5-8，最邻近比率$R=0.875429$，表明泉州市“海丝”史迹旅游资源空间分布呈集聚形态，分布不均匀，邻近表现较不明显。基于 GIS 对旅游资源最邻近指数的分析发现，R 值较接近于 1，表明泉州“海丝”史迹旅游资源集聚程度并不高，“海丝”史迹主要集中在丰泽区和鲤城区及东部沿海县市，而靠近内陆的安溪县、永春县和德化县史迹资源稀少且在空间上无明显聚集趋势，极大地影响了 R 值。晋江中下游地区自古就为泉州地区的政治、文化、经济中心，以鲤城区、丰泽区和南安市为代表；泉州沿海地区也因位于古代海上丝绸之路中外文化贸易与交流的前沿阵地，受其影响最深远，以晋江市和惠安县最具代表性；而靠近内陆地区的安溪县、永春县和德化县物产富饶，一度作为古代泉州海上丝绸之路的经济腹地，为海外贸易提供商品，但由于离东部沿海经贸文化活跃地区距离较远且受到地形阻碍，区域联系受到一定限制，因此各“海丝”资源点较为分散。

表 5-8　泉州市“海丝”史迹旅游资源平均最近的相邻要素汇总表

平均观测距离	预测平均距离	最邻近比率	Z 得分	P 值
5266.970 5	6016.444 0	0.875 429	−1.701 893	0.088 775

5.4.3　泉州“海丝”史迹旅游资源集中程度

采用地理集中指数测算泉州市“海丝”史迹旅游资源在各县市分布的集中程度，并通过 ArcGIS 软件 Spatial Analyst 工具的欧氏距离从空间上具体表现出资源点的集中状况。

地理集中指数计算公式为：

$$G = 100 \times \sqrt{\sum_{i=1}^{N} (x_i/T)^2}$$

式中，G 为旅游资源的地理集中指数，x_i 为泉州市第 i 个市（县、区）二级及以上的“海丝”史迹旅游资源数量，T 为泉州市二级及以上的“海丝”史迹旅游资源点总数，N 为泉州各市、县、区总数。G 取值范围为 0～100，G 值越接近 100（$x_i = T$ 时），旅游资源分布越集中，G 值越小，则旅游资源分布越分散。

泉州市二级及以上的“海丝”史迹旅游资源总数 $T=52$，分区数 $N=11$。若 52 个二级及以上的“海丝”史迹旅游资源点平均分布于各市县区，即每个市县区拥有的资源单体数 52/11≈5 个，则 G 值为 31.89。

结合表 5-6 中统计的泉州市 11 个市县区二级及以上的“海丝”史迹旅游资源点数量，计算得泉州市 11 个市县区二级及以上的“海丝”史迹旅游资源点的地理集中指数 G 值为 33.53，大于 31.89。据此数据分析表明，市（县、区）尺度上，泉州市“海丝”史迹旅游资源在空间上分布较为集中，但集中程度不高（图 5-1）。

泉州“海丝”史迹旅游资源在空间上东部沿海地区呈集聚型，靠近内陆地区呈分散状态。首先，晋江中下游沿线的晋江市、石狮市、南安市、鲤城区、丰泽区、洛江区及惠安县，资源点最为密集，在以资源点为中心的 8 千米范围内集聚为近似圆形的空间形态。这与历史上泉州古城沿江而建，最初建在晋江中游今南安市丰州，开元年间迁至晋江下游今

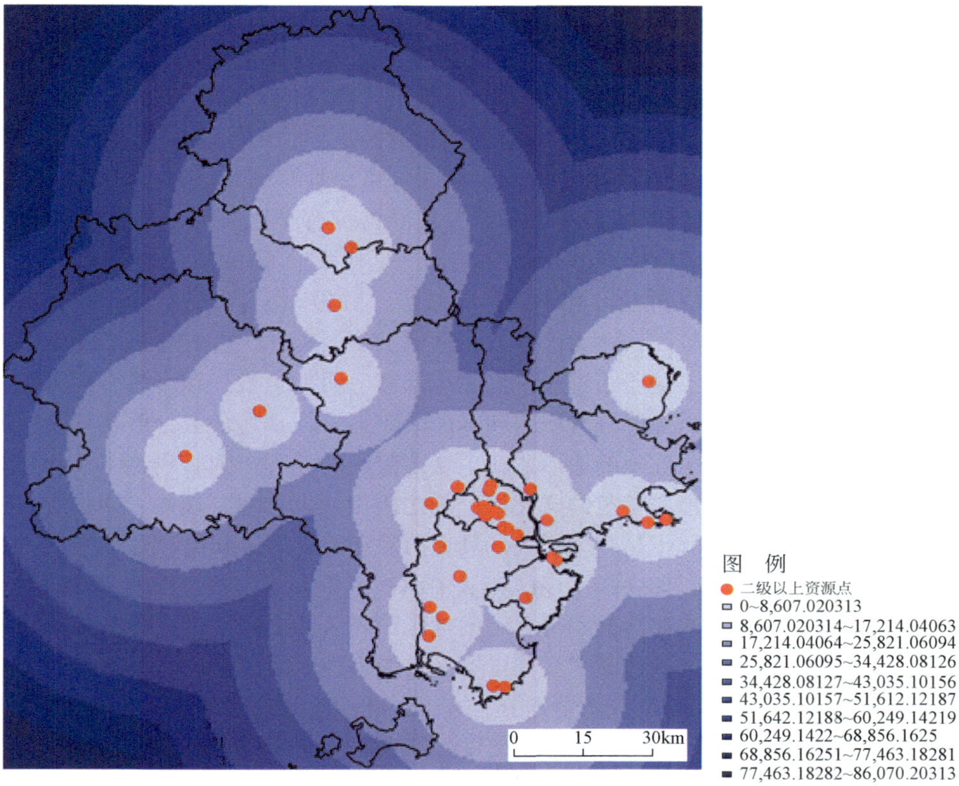

图 5-1 泉州市“海丝”史迹旅游资源欧氏距离图

鲤城老城区的发展变迁基本一致，鲤城区作为泉州政治、经济、文化中心，是海上丝绸之路中外交流核心地区，故“海丝”文化影响最为深刻，并对周边地区产生不同程度影响。其次，泉州湾、深沪湾和围头湾沿岸资源点呈带状分布，在围绕泉州湾、深沪湾、围头湾有众多海港、海防、航线遗存，同时泉州沿海沿江的港口附近建造了众多海神信仰场所，这些海神信仰还随着海外移民远播海外。此外，以安溪县、永春县、德化县为代表的地区则作为泉州海上丝绸之路的经济腹地，资源点数量较少。这一区域是古代茶叶、瓷器、香制品的重要生产地，但很多“海丝”史迹因年代久远、人为破坏及行政区划变迁或地名变更导致与文献资料记载出现偏差，一些商品生产遗址损毁严重或无法考证，因此资源点较少且分散。

根据泉州市“海丝”史迹旅游资源分类和评价等级属性值生成属性图，具体从分类和等级属性研究资源点空间集中程度。泉州市海上交通史迹旅游资源较为集中，主要分布在晋江、洛阳江中下游和泉州湾沿岸地区，涵盖了海港设施、海防设施、航线遗存及祈风遗迹等亚类。其中四级资源点 4 处，三级资源点 6 处，二级资源点 4 处。历史上泉州港是我国古代海外交通的重要港口，主要包括泉州湾、深沪湾、围头湾三湾的十二支港，泉州湾为最重要的一个海湾，又以后渚港最负盛名，是宋元时期泉州最主要的对外港口。而洛阳江和晋江则是泉州港商品集散重要的水上通道，密切了腹地与泉州港的联系，故海上交通史迹主要集中在泉州湾沿岸的两江中下游地区。

商业贸易史迹旅游资源存在明显区域分异。沿海地区为商贸街市和商贸管理机构，资源点等级普遍较高。内陆腹地为商品生产遗址，这里腹地一般指安溪、永春和德化三县，盛产陶瓷、茶叶、甘蔗、油料作物和水果等，既是出口商品的资源所在地，也是进口商品的销售地，资源点等级偏低。以晋江便利的水上交通为支撑，将海港和腹地紧密联系在一起。但在沿海地区也存在一些商品生产遗址，如晋江市磁灶窑遗址，早在南朝时即建窑制陶，宋元时繁盛，但明清时期受海禁政策影响，被同样拥有丰富高岭土资源的德化、安溪逐渐替代。

宗教文化史迹资源分布以鲤城区和丰泽区为核心，并散布于晋江市、南安市、惠安县、安溪县等县市，资源点品质较高，多为已开发景区（点）。其中，鲤城区和丰泽区的宗教文化史迹以宗教信俗史迹为主，涵盖了道教、儒教、佛教、伊斯兰教、印度教，且等级较高的资源点数量较多。而民间信俗史迹除鲤城区和丰泽区较集中外，其余点分散在安溪、南安和惠安。由于福建闽南地区低山丘陵的地形造就了众多封闭的地理空间，隔绝了黄河流域多民族文化的影响，而形成独具地方特色的文化区，加之闽南频发台风、地震、瘟疫等灾害，不同阶层的民众迫于生存需求，于是产生了大量具有消除水灾、旱灾和瘟疫等职能的神祇，如天后宫、清水岩、富美宫等；加之闽南地区有从中原移民带来了道教、佛教等，同时汉族对行业祖师、忠义圣贤、杰出人物等的崇拜对闽南地区民间信仰也产生极大影响，如通淮关岳庙、通远王祠、青山宫等，共同造就了泉州丰富多样的宗教信仰文化。

文化融合史迹资源数量较少，均分布在东部沿海地区，评价等级偏低。唐宋元时期，在政府开明兼容的对外政策吸引下，众多来泉经商并定居的阿拉伯人吸收融合多民族文化，元末在闽南逐渐形成了回族共同体，主要分布在惠安县百崎郭氏、晋江市陈埭丁氏及明清时期迁移至永春县达铺镇的蒲氏等，并随着不断持续的移民活动，其家族网络遍布海内外。整体而言，虽然这些资源点评价等级不高，但却是“海丝”文化与闽南文化融合的典范，泉州吸收外来文化、参与世界文化交流，体现了和平共处、开放包容的“海丝”精神，对其文化的保护与传承显得更加重要。

综上，泉州市“海丝”史迹旅游资源在空间呈集中分布特征，但集中程度不高，从规模和等级的空间差异分析结果可看出，鲤城区、丰泽区和晋江市“海丝”史迹资源数量丰富、类型多样、等级较高；惠安县、石狮市、南安市和安溪县居中，而洛江区、泉港区、德化县和永春县资源数量类型较贫乏，等级偏低。

5.5 小　　结

本章将泉州“海丝”史迹资源划分为海上交通史迹、商业贸易史迹、宗教文化史迹和文化融合史迹 4 大类。其中，海上交通史迹包括海港设施、海防设施、航线遗存、祈风遗迹 4 个亚类；商业贸易史迹包括商贸街市史迹、商贸管理史迹、外销商品生产地史迹 3 个亚类，宗教文化史迹包括宗教信仰史迹和民间信俗史迹 2 个亚类；文化融合史迹包括聚落史迹和名人史迹 2 个亚类。

泉州市 63 处“海丝”史迹旅游资源中，特品级少，优良级和普通级比重大，主要以

二、三级资源为主。其中，特品级的五级资源点仅2处，是泉州市“海丝”史迹旅游最具优势和吸引力的资源；优良级的三、四级资源点分别有20处、12处，是泉州市“海丝”史迹旅游重要的旅游资源；普通级中二级旅游资源点18处，是泉州市“海丝”史迹旅游待挖掘的资源点，而普通级一级旅游资源点11处，是泉州市“海丝”史迹资源中不适宜旅游开发的资源点。

综合考虑泉州市“海丝”史迹旅游资源评价结果，本章筛选出泉州市52处等级在二级及以上的“海丝”史迹旅游资源点进行资源规模、资源等级的区域差异分析。整体而言，鲤城区、丰泽区和晋江市“海丝”史迹旅游资源数量丰富、等级较高；惠安县、石狮市、南安市和安溪县居中；而洛江区、泉港区、德化县和永春县资源较贫乏，等级偏低。

泉州“海丝”史迹旅游资源空间分布呈集聚形态，但集聚程度较低。以晋江中下游沿线资源点最为密集，在以资源点为中心的8千米范围内集聚为近似圆形的空间形态，包括晋江市、石狮市、南安市、鲤城区、丰泽区、洛江区及惠安县，而以安溪县、永春县和德化县为代表的地区则作为泉州海上丝绸之路的经济腹地，资源点较少，且较为分散。

泉州海上交通史迹旅游资源主要分布在泉州两大入海河流晋江、洛阳江中下游和泉州湾沿岸地区，涵盖了海港设施、海防设施、航线遗存及祈风遗迹等亚类，资源等级较高；商贸史迹旅游资源存在明显区域分异，沿海地区为商贸街市和商贸管理机构，腹地为商品生产遗址，资源等级普遍较低；宗教文化史迹资源分布以鲤城区和丰泽区为核心，并散布于晋江市、南安市、惠安县及安溪县等县市，资源点品质较高，多为已开发景区（点）；文化融合史迹资源数量较少，全部分布在东部沿海地区，评价等级偏低。

6 泉州“海丝”文化旅游形象

旅游形象是旅游者对区域内各种自然、社会、经济等方面旅游要素的综合感知和印象。良好的旅游地形象是旅游竞争的重要优势，有利于提高目的地知名度和美誉度，增强市场竞争力和综合效益，从而促进旅游目的地可持续发展。“海丝”文化旅游形象研究对于“海丝”文化旅游的宣传营销具有一定推动作用。泉州作为福建“海丝”起点文化旅游区的核心，其“海丝”旅游形象在福建省最具代表性和典型性。

旅游目的地形象研究始于20世纪70年代，国外相关研究主要涉及旅游目的地的概念和维度、旅游目的地形象的测量、旅游目的地形象的构成、旅游目的地形象影响因素等方面（Choi et al.，1999；Samuel and Morrsion，2005；Baloglu，2001；Stepchenkova and Li，2012；Kock et al.，2016；Hunt，1971；Embacher and Buttlef，1989；Lai and Xiang，2015；Gunn，1972；Fakeye and Crompton，1991；Garther，1986；Bing and Xiang，2011；Beerli and Martin，2004；Baloglu，2001；Vogt and Andereck，2003；Mcintosh et al.，1995；Baloglu，1997）。国外学者对旅游目的地形象测量时，主要采取两种方法：结构法和非结构法。前期主要用结构法（Pike，2002），后来逐渐将结构法和非结构法结合使用（臧德霞和黄洁，2007）。

国内关于旅游目的地形象的研究较晚，起始于20世纪90年代，以地理学视角研究为主，引入传播学、社会学、心理学等多学科（李蕾蕾，1999a；1999b）。主要侧重于区域旅游形象的影响因素、形象设计、推广口号等方面。Grosspietsch（2006）与吴必虎和宋治清（2001）等学者认为，旅游地形象包括游客对旅游地进行体验评价的感知形象和官方设计并宣传的投射形象两种。其中，感知形象侧重于需求视角，是旅游者通过传播媒介或实地经历对旅游地各种要素的体验感知后所形成的印象或意念的集合（刘欢，2015）；投射形象侧重于供给视角，是由政府或旅游经营者对旅游资源整合后通过各种媒介传播给潜在旅游者的形象（程圩和郭映岗，2016）。对比分析旅游地的感知形象与投射形象差异，对于官方了解投射形象是否被游客感知，借此改善旅游地形象推广，促进当地旅游发展具有十分重要的作用。

近年来，互联网的广泛应用为旅游研究提供了充足的数据支持，网络文本分析成为旅游地形象研究的重要方式之一。目前利用网络文本数据进行旅游形象研究多是对感知形象或投射形象的单方面研究，如Tapachai和Waryszak（2000）利用网络文本的高频词汇，分析游客感知形象特征，并探究旅游形象感知的影响因素；高静等（2009）对比探究大连、青岛、威海和厦门四个海滨旅游城市的感知形象差异；Stepchenkova和Morrison（2006）对俄罗斯和美国的旅行社网站内容分析，探究不同国家网站传播的俄罗斯旅游形象差异；肖亮和赵黎明（2009）基于大陆和台湾旅游网站文本，运用内容分析法归纳出台湾地区旅游地形象。由此可见，已有研究对于旅游地感知形象和投射形象的对比分析相对不足。因此，本章以泉州作为研究区域，利用内容分析法，从游客感知与官方投射视角，探讨泉州“海丝”文化旅游目的地形象，对比分析不同视角下目的地形象的差异，找出“海丝”旅游形象的不足，不仅能够丰富旅游目的地形象研究的理论内涵，而且对于泉州“海丝”文化旅游目的地形象塑造及宣传营销具有一定的指导意义。

6.1 “海丝”文化旅游形象研究

6.1.1 泉州“海丝”文化旅游发展现状

泉州作为联合国教科文组织唯一认定的海上丝绸之路起点，在“海丝”旅游发展中具有举足轻重的地位。泉州是中国历史上对外通商的重要港口，有着上千年的海外交通史，是一座历史悠久、风光秀丽的开放港口城市。历史上伴随着泉州港的兴衰发展，泉州聚集了大批海外商人、传教士、使节，使得伊斯兰教、印度教、基督教、摩尼教、犹太教等世界多种宗教在泉州广泛传播，并与本土宗教信仰和谐相处。因此，泉州也被誉为“世界宗教博物馆”“世界多元文化展示中心”。2018 年“古泉州（刺桐）史迹”成为世界文化遗产申报项目，以石湖码头、洛阳桥、天后宫、德济门、磁灶窑系金交椅山窑址、清净寺、老君岩造像、九日山祈风石刻、开元寺、伊斯兰教圣墓、万寿塔、六胜塔、江口码头、真武庙、草庵摩尼光佛造像和府文庙 16 处“海丝”申遗点为代表的“海丝”遗迹，是泉州“海丝”历史的最佳见证，也是泉州“海丝”旅游的核心吸引物。

作为“海丝”起点城市，泉州一直以来高度重视挖掘“海丝”文化旅游资源，推广“海丝”旅游文化品牌，以打造世界“海丝”文化休闲旅游目的地为目标，提出“清新福建，海丝泉州”的旅游口号，并在央视“CCTV—1/新闻”等频道、纽约时代广场等平台投放“海丝泉州”城市形象广告，提升泉州作为“海丝”重要起点城市的知名度和影响力，推广“海丝泉州”品牌。此外，泉州积极参与中国“海丝”旅游推广联盟，在斯里兰卡、新加坡、宁夏、珠海等海内外多个地区举办旅游推介会，开展“美丽中国——海上丝绸之路旅游带”、文化节、活动年等系列“海丝”主题推介活动，多举措开展对外宣传，全方位推介“海丝”泉州。2014 年，泉州“海上丝路史迹游”入围全国十佳主题旅游线路候选名单；2015 年海上丝绸之路国际艺术节永久落户泉州，福建省十大精品线路之“海丝”休闲之旅、泉州“海丝”十大精品旅游线路、“海丝之源遗产遗迹”、“海丝宗教人文”、“海丝商贸会展”等“海丝”文化旅游线路和旅游产品，受到海内外游客的青睐。

6.1.2 数据来源与处理

本章数据分为两类，一类是官方媒体传播的“海丝”旅游宣传文本，用来研究官方投射形象；另一类是游客在旅游网站分享的网络游记，用来分析游客感知形象。

6.1.2.1 官方投射形象数据来源

官方投射形象文本来源于视频资料、规划文本、泉州市官方旅游网页、微信公众号以及新浪微博官方公众号的推文等（表6-1）。随着互联网和新媒体在旅游业的涉入，旅游目的地不再只是关注传统媒体形象建设，对于微信、微博等新媒体营销模式也十分重视。截至2018年11月4日，泉州市旅游发展委员会新浪微博粉丝数为456 417人，已发微博数为4413篇，是泉州旅游对外展示的重要窗口。官方旅游规划文本是对泉州市旅游形象的宏观把控，视频资料是旅游形象的动态展示，泉州旅游营销紧跟市场潮流，积极借助新媒体，充分利用“两微一端”（官方微博、微信公众号、移动客户端）等新媒体平台全面打造泉州“海丝”旅游形象。

利用八爪鱼数据采集器设定采集规则抓取所需网页文本，采集时间范围为2013年10月31日至2018年10月31日，删除与“海丝”无关的景点文本，如虹山瀑布、安南永德苏维埃政府旧址等，甄选出介绍泉州“海丝”旅游的文本内容，其中微信公众号仅保留原创文章，不包括转载推文；删除重复信息、其他省（自治区、直辖市）信息及通知类、政策类等无关文本。共搜集到404 309字的文本内容，将文档转化为软件能够识别的txt文件，命名为“官方投射文本 . txt”。

表6-1 官方数据来源

文件类型	文件名称	材料来源
视频资料	“海丝”泉州宣传片	中共泉州市委宣传部
	泉州城市宣传片	中共泉州市委宣传部
	古泉州（刺桐）史迹宣传片	中共泉州市委宣传部
官方发布	泉州市“十三五”旅游业发展专项规划	泉州市旅游发展委员会
	泉州市“十三五”文化产业发展专项规划	泉州市旅游发展委员会
网站资料	http://www.qztour.gov.cn/	泉州市旅游发展委员会
	http://www.qztour.net/index.aspx	泉州市旅游资讯网站
	http://www.quanzhou.gov.cn/	泉州市人民政府网
微信公众号	泉州市旅游发展委员会（qztour）	泉州市旅游发展委员会
	古泉州（刺桐）史迹申遗（gh_f66aebd8c817）	泉州市互联网新闻中心
官方微博	https://weibo.com/qzslyj?refer_flag=1005055013	泉州市旅游发展委员会

6.1.2.2 游客感知形象数据来源

以国内在线旅游市场影响力较大的网站作为数据来源。据艾瑞咨询发布的2018年中国在线旅游度假市场研究报告显示：2017年中国在线旅游度假市场规模达978.9亿元，较2016年增长31.8%，途牛（27.0%）、携程（25.7%）、驴妈妈（15.3%）和同程（12.5%）等主要企业的市场份额保持稳定。百度搜索风云榜基于互联网网民的每日行为数据，直接而客观地反映互联网用户乃至社会大众的兴趣和需求，是当今社会最具代表性的“网络风向标”之一，百度旅游网站风云榜如表 6-2 所示。

表 6-2 百度风云榜中各旅游网站排名

排名	网站	搜索指数
1	去哪儿网	9 005
2	携程旅行网	3 797
3	马蜂窝网	2 505
4	穷游网	1 747
5	途牛旅游网	1 247
6	百度旅游	921
7	驴妈妈旅游网	905
8	同程网	749
9	十六番	358
10	芒果网	271
11	艺龙旅行网	194

综合各在线旅游网站的市场占有率、影响力以及数据量，选取携程网、去哪儿网、百度旅游、马蜂窝网、同程网五个网站的游记板块作为数据来源。在上述网站分别以“泉州海上丝绸之路”“泉州‘海丝’”进行检索，利用八爪鱼数据采集器设定采集规则抓取游记文本，采集时间范围为 2013 年 10 月 31 日至 2018 年 10 月 31 日。采集到的游记文本较为复杂，包含无关信息，因此逐一进行查看并删选，删选原则如下：①内容提到泉州“海丝”，但不包含游踪、感受等游记；②删除各网站间相重复的游记；③删除将泉州作为中转地一带而过的游记；④删除与案例地无关的游记。最终，收集网络游记样本 454 篇，各网站篇数如表 6-3 所示，共获得文本 1 475 680 字，将文档转化为软件能够识别的 txt 文件命名为“游客感知文本 . txt”。

表 6-3 游记来源分布

网站	去哪儿网	携程旅行网	马蜂窝网	同程网	百度旅游	总计
游记（篇）	122	47	189	59	37	454

在获取初始数据文本之后，为确保软件能够准确分析文本内容，保证研究结果的科学性与严谨性，对文档进行如下预处理：①将文档中的繁体汉字转化为简体中文，确保文字能够被正确识别；②对文本的错别字进行修正，避免词频统计遗漏，如“浔埔”“蟳浦”改为“蟳埔”，“小作”改为“小岞”，“百奇”改为“百崎”等；③建立自定义词表，由于软件自带词表不包含泉州地名、美食等专有名词，将泉州景区（开元寺、清净寺等）、地名（永春、德化、安溪等）、相关名人（郑成功、李贽等）、美食（面线糊、炸紫菜）等专有词汇存入自定义词表（user. txt）和保留词表（Reserved. txt）中；④将“官方投射文本 . txt”和“游客感知文本 . txt”分别导入 ROST CM 进行分词处理，查看分词结果，根据结果建立归并词群表，统一名称，如“少林禅寺”“南少林”归并为少林寺等，并修正自定义词表；⑤进行词频统计分析，查看词频结果，将代词、介词及与研究无关的词汇如

“的”“是”“你们”“位于”“以上”等放进过滤词表（Highfreinvalid. txt）中，重复进行以上操作，获得最后词频统计、社会网络分析和情感分析结果。

6.1.2.3 泉州“海丝”文化旅游形象分析体系构建

基于扎根理论研究法，以 Balogu 和 McCleary 在 1999 年提出的旅游目的地形象“认知—情感”模型为基础，结合国内外关于旅游目的地形象的研究成果与泉州“海丝”旅游资源特征，构建泉州“海丝”旅游形象分析体系。

泉州“海丝”旅游形象分析体系由综合形象、认知形象和情感形象三部分构成。综合形象分为文本高频词特征分析和语义网络图分析两个部分；认知形象方面，Beerli 和 Martin（2004）将旅游目的地认知形象分为自然资源、旅游基础设施、文化与艺术、公共基础设施、社会环境、地方气氛、旅游休闲与娱乐、政治与经济、自然环境 9 个维度，该划分方法得到学界的普遍认可与使用。基于 Beerli 和 Martin 的认知形象研究，结合采集到的文本数据，构建泉州“海丝”旅游认知形象类目。情感形象由总体情感评价和情感高频词特征分析两部分组成。

认知形象分析类目的构建主要基于扎根理论研究法，包括三个部分：首先，进行开放性编码。通过阅读采集到的所有官方文本与网络游记，将段落文本拆分为短句，对句子内容进行概念提取，通过比较和理解数据发现多个概念具有相同指向，将同一类型的概念进行组合提炼归纳，并不断循环往复检查，确保概念到初级范畴的组合归并操作之科学性与全面性，得到航海交通、滨海景观、名人故居、物价水平、环境卫生、节庆活动等 30 个初级范畴；其次是主轴编码。参考国内外旅游目的地形象模型指标，以及泉州“海丝”文化旅游资源属性，对初级范畴进行归并，整理出认知形象的 24 个次级范畴，分别为“航海交通”“商业贸易”“宗教信仰”“展览文化”“名人聚落”“滨海休闲”“民俗节庆”“传统技艺”“赛会活动”“餐饮美食”“住宿条件”“旅游交通”“旅游商品”“市容市貌”“气候条件”“基础设施”“区位环境”“当地居民”“行业管理”“服务水平”“旅游新动向”“整体印象”“对比形象”“口号形象”。最后，进行选择性编码。以 Beerli 和 Martin 在 2004 年提出的认知形象类目为基础，结合《旅游经济学（第二版）》中对旅游产品的划分（田里，2012），参考相关学者的旅游形象认知类目（毛卫东等，2008；吴晋峰，2014；刘梦圆，2017），将 24 个次级范畴归并为“旅游资源”“活动与演出”“旅游设施”“城市环境与氛围”“管理服务”和“整体形象”6 个主范畴，具体解释如表 6-4 所示。

表 6-4 泉州“海丝”文化旅游认知形象分析类目

次级范畴	主范畴	概念解释
航海交通	旅游资源	目的地具有旅游吸引力的“海丝”旅游吸引物
商业贸易		
宗教信仰		
展览文化		
名人聚落		
滨海休闲		

续表

次级范畴	主范畴	概念解释
民俗节庆	活动与演出	目的地具有吸引力的民俗活动、特色节庆、赛会活动、传统技艺演艺与体验项目等
传统技艺		
赛会活动		
餐饮美食	旅游设施	目的地为旅游者提供的旅游服务与设施条件
住宿条件		
旅游交通		
旅游商品		
市容市貌	旅游环境与氛围	目的地呈现的环境状况，包括自然、经济、社会、人文等各种因素体现的环境氛围特征
气候条件		
基础设施		
区位环境		
当地居民		
行业管理	管理服务	目的地对旅游行业的管理监督、服务水平高低以及旅游发展信息与新趋势
服务水平		
旅游新动向		
整体印象	整体形象	目的地具有代表性的形象特征
对比形象		
口号形象		

6.2 泉州“海丝”文化旅游官方投射形象

6.2.1 整体形象

6.2.1.1 高频词特征分析

官方投射文本中词频较高的词汇是投射形象的重要特征表征。将预处理后的“官方投射文本.txt”导入 ROST CM 软件进行分词、词频统计处理，获取文本中词频排名前100的特征词（表6-5），分析泉州“海丝”旅游投射形象的综合特征。

表6-5 官方投射文本词频排名前100的特征词表

序号	词汇	频数	序号	词汇	频数	序号	词汇	频数
1	泉州	6011	4	中国	804	7	景区	662
2	文化	1901	5	泉州古城	729	8	福建	622
3	海丝	1080	6	闽南	669	9	游客	491

续表

序号	词汇	频数	序号	词汇	频数	序号	词汇	频数
10	历史	486	41	南安	200	72	免费	153
11	特色	483	42	安溪	199	73	味道	152
12	美食	424	43	民俗	199	74	蟳埔村	151
13	建筑	414	44	艺术	196	75	元宵圆	151
14	服务	400	45	公园	195	76	石雕	144
15	晋江	390	46	推介	190	77	微博	143
16	西街	388	47	整改	189	78	媒体	142
17	传统	376	48	崇武古城	187	79	小岞	142
18	永春	333	49	刺桐	185	80	红砖	142
19	体验	328	50	文明	185	81	厦门	141
20	惠安	321	51	古厝	184	82	文物	138
21	惠安女	305	52	故事	183	83	遗产	138
22	开元寺	297	53	线路	183	84	环境	136
23	海丝泉州	297	54	市民	182	85	自驾	136
24	旅行社	296	55	生态	182	86	公交	136
25	交通	291	56	创新	181	87	检查	135
26	休闲	266	57	木偶戏	181	88	门票	134
27	安全	264	58	泉港	180	89	清新	130
28	海丝起点	261	59	古代	180	90	宋元	130
29	美好	259	60	独特	180	91	人文	130
30	东亚文化之都	255	61	宗教	177	92	推广	129
31	博物馆	247	62	投诉	167	93	中山路	128
32	景点	246	63	管理	165	94	大海	128
33	重点	243	64	石狮	163	95	最美	127
34	德化	243	65	丰富	162	96	海峡	125
35	创意	240	66	营销	162	97	酒店	125
36	清源山	230	67	魅力	158	98	武术	123
37	小吃	206	68	泉州人	158	99	府文庙	122
38	千年	203	69	美丽	157	100	设施	122
39	风情	203	70	洛阳桥	156			
40	台湾	202	71	经济	154			

从词汇属性来看，表6-5中的特征词可分为名词、形容词、动词三类，其中名词共73个，主要包括景区景点（“泉州古城”“开元寺”等）、餐饮（“小吃”“美食”等）、住宿（“酒店”“客栈”等）、交通（“公交”“自驾”等）、行政区划（“泉州”“德化”等）；形容词共18个，主要体现泉州官方投射的旅游特点（“美丽”“传统”等）及旅游环境

（“清新”“安全”等）；动词共9个，主要体现旅游形象宣传行为（“推介”“推广”等）和行业管理行动（“整改”“检查”等）。

从排名前10的高频特征词来看，出现频率最高的是“泉州”，这与研究区域相符合；“文化”“历史”分别位列第二和第十位，说明泉州作为“东亚文化之都”、第一批历史文化名城，文化和历史是其主要的旅游形象特征；排名第三的是“海丝”，一方面是因为“海丝”旅游是研究的主题，另一方面表明官方注重“海丝泉州”品牌形象的投射；排名第四的是“中国”，体现泉州“海丝”的重要地位，拥有众多全国性的称号，如“中国瓷都”“中国香都”等；第五名是“泉州古城”，泉州古城作为“海丝”旅游的代表性目的地，拥有丰富的“海丝”旅游资源，其中商贸、宗教遗迹尤为凸显，同时永宁古城、崇武古城也是“海丝”旅游的重要景点；第六名是“闽南”，闽南文化是“海丝”文化的重要部分。明清以后，以泉州为龙头的闽南地区在浓郁的海洋文化影响下，形成了外向型的海洋经济模式和兼容并蓄的文化心态，闽南文化逐渐跨越地域走向世界；第七名是“景区”，反映泉州注重景区景点的管理、旅游景观的塑造；第八名是“福建”，泉州隶属福建省，在表达上会经常提及福建，且福建省作为“21世纪海上丝绸之路”核心区，是泉州“海丝”旅游发展的重要推动力；第九名是“游客”，体现宣传文本中对游客动向及体验的关注，也是投射形象的重要组分。

为进一步分析官方投射形象的不同，将表6-5的100个特征词按照已建的认知形象分析类目进行分类，分别计算各主类目所含特征词数及其累积词频与总词频的占比。由图6-1可知，整体形象的特征词数最高（27个），累积词频占比为29.21%，位居第二，说明官方重视泉州品牌形象宣传，注重泉州名片（“海丝泉州”“海丝起点”等）与整体形象特色（“文化”“历史”等）的传递。旅游环境与氛围（19个）、管理服务（18个）和旅游资源（20个）三个维度的特征词数量较接近，但累积词频占比差距较大，其中旅游环境与

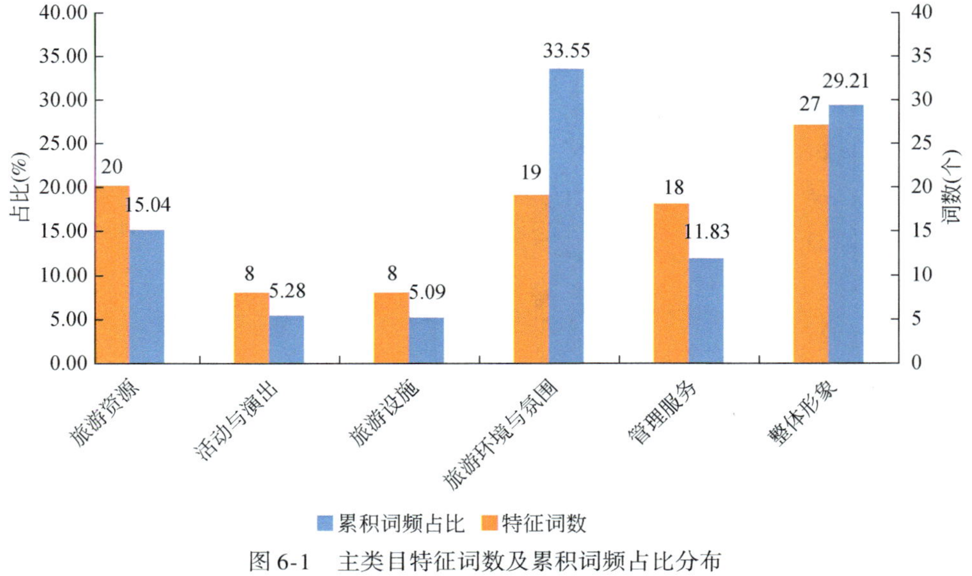

图6-1 主类目特征词数及累积词频占比分布

氛围的累积词频占比为33.55%，居六维度之首。观察具体词汇发现，区位环境的词汇达13个，且“泉州”（频数6011）和“中国”（频数804）更是分别位列高频词表的第一位和第四位（表6-5）。相对其他维度而言，官方在“活动与演出”“旅游设施”两方面的投射较弱，词汇数都为8个，累积词频数分别占5.28%和5.09%。

6.2.1.2 语义网络分析

语义网络分析可以对词与词之间的关系模式以及网络文本内容句法与概念之间的语义路径进行可视化解构（彭红松等，2014），进一步识别词汇之间的关联和意义。通过ROST CM的Netdraw软件构建官方宣传形象词汇的语义网络图（图6-2），分析发现，语义网络图呈现“核心—外围—边缘”结构。

核心层包含“泉州、旅游、文化、海丝”，体现目的地主要属性特征是文化旅游，其中“海丝”文化旅游更是泉州旅游主打的品牌形象，共现词汇覆盖面广且关系紧密。外围层是核心层的扩展层，主要包括“闽南、历史、资源、古城、特色、景区、体验”等词汇，说明官方通过闽南文化、“海丝”历史、史迹遗址等多种元素展现泉州“海丝”旅游的特色，注重景区管理建设与游客体验。边缘层主要由旅游吸引物（如“开元寺”“清净寺”“美食”）、地域（如“永春”“晋江”“全市”）、营销行为（如“推介”“宣传”“合作”）、氛围（如“魅力”“独特”“感受”）四个方面的特征词汇构成，展现了泉州“海丝”旅游目的地主要从旅游吸引物、活动体验两个维度，通过推介会、新媒体等方式打造世界“海丝”文化旅游目的地。

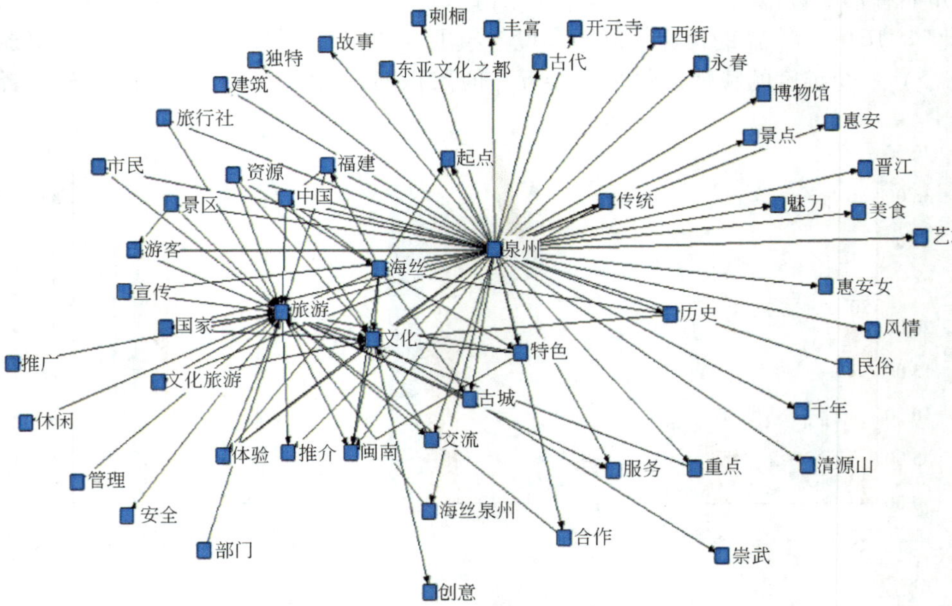

图6-2 泉州“海丝”文化旅游投射形象语义网络图

6.2.2 认知形象

形象构成是投射形象的核心。将“官方投射文本—分词后”文件导入 ROSTCM 软件，进行词频统计，选取词频排名前500的特征词，按照“海丝”旅游认知形象分析类目进行筛选，以词汇数最低的“活动与演艺”（26 个）为准，提取文本中各主类目词频排名前26的特征词及词频，进一步分析官方在各维度上的投射内容与特征。

6.2.2.1 旅游资源

由表6-6可见，“海丝”文化旅游资源前26个高频特征词提及了泉州市各类型“海丝”文化旅游景观，覆盖较全面，但是提及次数与累积词频差别较大。官方旅游资源的投射以宗教信仰（1257 次）、商业贸易（1447 次）为主；名人聚落（582 次）、航海交通（661 次）和滨海休闲（340 次）次之；展览文化（247 次）最弱，仅有“博物馆”这一特征词。由此可见，泉州作为“海丝”重要港口城市，在与世界近百个国家和地区贸易往来过程中，留下丰富的“海丝”文化资源，为泉州“海丝”文化旅游发展奠定了基础。

表 6-6 官方投射文本中旅游资源类词频排名前 26 的特征词表

序号	词汇	频数	序号	词汇	频数
1	泉州古城	729	14	府文庙	122
2	西街	388	15	九日山	120
3	开元寺	297	16	清净寺	120
4	博物馆	247	17	滨海	118
5	清源山	230	18	钟楼	112
6	崇武古城	187	19	少林寺	106
7	古厝	184	20	天后宫	106
8	宗教	177	21	九仙山	106
9	洛阳桥	156	22	古民居	105
10	蟳埔村	151	23	摩尼	99
11	小岞	142	24	沙滩	94
12	中山路	128	25	永宁古城	92
13	大海	128	26	五店市	90

表6-6中宗教信仰类景观词汇最多，共包括“开元寺”“清源山”“宗教”“府文庙”“清净寺”等8个特征词，说明宗教与民间信仰的多元文化荟萃是泉州“海丝”文化旅游投射的重要形象。泉州拥有自然崇拜、祖先崇拜、忠义圣贤、水神、海神等广泛的民间信仰，也是印度教、天主教、基督教、伊斯兰教等教派的集聚地，众多的宗教信仰建筑见证着不同东西方文明、不同艺术魅力互相吸纳交融共存的历史，投射出泉州独具特色的多元宗教信仰形象。其中以开元寺、清源山、清净寺、少林寺、草庵、天后宫、府文庙所代表

的儒教、道教、伊斯兰教、佛教、摩尼教、妈祖信仰最为典型。查阅描述泉州宗教信仰遗存的文本发现，“最大”“年代最早”“现存最完好”等表达高度自豪感的词汇非常普遍，比如《海丝泉州》宣传视频中提到：

“泉州成为当之无愧的‘世界宗教博物馆’，这里有福建最大的佛教寺院，千年古刹——开元寺，中国现存最大、年代最早的道教石雕造像——老君岩，中国现存最古老的伊斯兰教寺——清净寺；有中国现存最早最完好的伊斯兰教圣迹，世界伊斯兰三大圣墓之一的——灵山圣墓；有世界仅存的摩尼教寺庙遗址——草庵；中国现存最早、海内外同类建筑中规格最高的妈祖庙——天后宫”。

这都充分体现泉州在塑造“海丝”旅游形象过程中对多元宗教信仰形象的重视与赞美。

古代海上丝绸之路也可以说是东西方通过海上交通运输商品，开展贸易活动的文明交流之路，因此，商业贸易景观是“海丝”历史最原始的形象特征，繁荣的“海丝”商贸是投射的重要内容。“泉州古城”以729的频数居于旅游资源词频排名表第一位。泉州古城作为泉州旅游发展的核心，包含多种“海丝”文化元素，是泉州官方投射形象的代表。比如《泉州市“十三五”旅游业发展专项规划》指出：

“以泉州古城为核心，推进‘古城—古港—新区—全域’联动发展”“将泉州古城打造为以城市休闲、文创体验、文化演艺、餐饮购物等为特色的‘海丝’文化休闲旅游发展核”；《海丝泉州》宣传视频中提到“泉州着力打造‘海丝、古城、旅游’全域化旅游产品”。

泉州古城依托丰富的“海丝”资源，活化利用多元文化，努力保持古城人脉、文脉的原真性与完整性，致力于打造“见人见物见生活”的古城体验。古城分为西街、文庙、城南三大片区，其中西街、中山路、金鱼巷和聚宝街是主要商贸旅游街区，钟楼更是西街的标志性建筑物。除“泉州古城”“西街”“中山路”和“钟楼”外，频率较高的商贸资源特征词还有“五店市”，以五店市传统街区、永春五里古街为代表的街区是古泉州海上丝绸之路背景下兴起的海商聚集地，也是今天展示泉州“海丝”商旅文化的重要景区。

古老的航海遗迹是泉州人爱拼敢赢、不惧风险、勇于开拓的精神见证，也是今天泉州“海丝”旅游的重要名片。表6-6中出现的“永宁古城”“洛阳桥”“九日山”“崇武古城”和“九仙山”，都是现今航海交通资源的重要组成部分，是泉州“海丝”文化旅游的代表形象之一。例如，《古泉州（刺桐）史迹》宣传视频中提到：

“古代海外商人跨越重洋来到泉州，首先会看到万寿塔，它屹立在泉州湾海岸的至高点宝盖山上，是远洋海域进入泉州近海的远距离航标塔，千百年来，指引了无数商船进出泉州湾；石湖码头，是代表性的外港码头；洛阳桥，开创了世界造桥史的先河，洛阳桥带来的海陆联运，极大地拓展了古泉州港北向腹地，方便了古泉州和内地之间的商贸活动”。

泉州在漫长的“海丝”历史发展进程中，拥有大量与航海交通相关的史迹资源，主要包括桥梁（“洛阳桥”“安平桥”等）、港口码头（“江口码头”“石湖码头”等）、海防设施（“崇武古城”“永宁古城”等）、航线遗存（“六胜塔”“姑嫂塔”等）和祈风石刻（“九日山”“九仙山”等）。

展览文化的投射信息较少，仅“博物馆”一词以247的词频位列官方投射文本“海丝”文化旅游资源特征词表第四位（表6-6），但是排名表中的博物馆是同类型展览空间的统称，而非一个资源点的名称，包括泉州博物馆、泉州海外交通史博物馆、闽台缘博物馆、华侨博物馆等多座博物馆。博物馆是泉州主要的“海丝”文化展览空间，泉州博物馆也称为“世界多元文化展示中心”“世界闽南文化展示中心”，该馆立足于2007年文化部建立“闽南文化生态保护实验区”的背景，以文化空间的方式呈现闽南文化及闽南人与世界交流融合的故事。泉州交通史博物馆是我国唯一以海外交通史为专题的博物馆，更是“古泉州（刺桐）史迹”申遗展示馆。博物馆所呈现的历史文化魅力对构建民众的文化认同发挥积极作用（郑漫丽，2014），其中在认知维度上的建构效果最为突出（陈东军，2018）。泉州历史文化底蕴深厚，以博物馆为代表的展览空间是游客了解泉州多元文化的重要窗口，泉州官方也正是透过博物馆等展览空间投射泉州历史文化气息浓厚的城市形象。如《泉州市“十三五”旅游业发展专项规划》中提到：

“‘海丝’文化博物馆旅游：加快推进中国海外交通史博物馆、海上丝绸之路艺术园·亚洲园、海峡茶博园等‘海丝’文化场馆建设提升，打造特色突出、互动体验强的‘海丝’文化展示精品”。

名人聚落的投射形象主要分为华侨之乡、闽台同根和异域风情三个主题，依赖与“海丝”相关的名人故居、多元文化融合聚落呈现。泉州阿拉伯后裔聚落代表“蟳埔民俗文化村”，深受海洋文化影响的“大岞惠女民俗村”，还有明朝定居泉州的锡兰国王子及其后裔的侨居地——锡兰侨民故居等，都是外国文化在泉州的呈现，而以“蔡氏古民居”“樟脚古民居”为标志的红砖石厝更是异域建筑文化与中国传统建筑文化结合的杰出代表。通过古代海上丝绸之路移民中国的外族后裔聚集地或是深受“海丝”文化影响的聚落以及侨乡所呈现出的异域风情，是投射形象的重要内容。例如，投射文本中提及：

“红砖古厝的特色在于它的红墙、红瓦、红地板、砖石混砌、红砖墙出砖入石墙面，燕尾脊及精美的石雕、木雕、砖雕、灰塑、剪粘等，整体建筑色彩鲜艳，飞翘灵动”“一个简单淳朴的小渔村——蟳埔民俗村，这里有勤劳能干的蟳埔女，千年不倒的蚵壳厝，拥有着独特的味道”。

泉州投射的异域风情形象能切实满足游览者需求，是“海丝”文化旅游魅力的重要体现。

优美的滨海休闲度假胜地是泉州投射形象之一。“沙滩”“大海”“黄金海岸”“惠屿岛”等高频特征词，表征泉州依托丰富的海滨资源、优美的生态环境、打造滨海蓝色旅游形象。例如，在《海丝泉州》宣传视频中提到：

“泉州海岸线蜿蜒千里，大小岛屿208个，拥有一条中国最美黄金海岸线，串联着西沙湾、青山湾等12个美丽海滩沙湾和4大岩石群；深沪湾海底古森林遗址，中国独有世界罕见的‘海上博物馆’，是滨海国家级自然保护区和国家地质公园；红塔湾，滨海水域宽阔，沙滩连绵，海水清澈湛蓝，岛礁棋布，风光无限”。

绵长的海岸线是泉州天然的地理优势，而泉州石狮红塔湾海岸公园、晋江金井围头海角公园、晋江龙湖衙口海滨公园、泉港区峰尾镇圭峰休闲公园、泉港区惠屿岛生态休闲海岸公园等9处省级海岸公园则是泉州海滨旅游的名片。但整体来看，滨海休闲旅游还处于以沙滩、海岸等自然资源体验为主的初级阶段，缺乏配套旅游产品。

6.2.2.2 活动与演出

活动与演出包括民俗节庆、传统技艺和赛会活动三个方面特征词（表6-7）。随着大众旅游的发展，游客越来越注重异地文化体验。泉州保留着许多传统的特色民俗：

“蟳埔女——‘戴簪花围，插象牙筷’，头顶‘花园’的奇特头饰，配以丁香耳坠，大裾衫，宽脚裤，成为泉州又一道靓丽的风景线”“泉州惠安女，封建头、民主肚、节约衫、浪费裤，奇特的着装，隐藏着惠安女子辛勤劳作，善良贤惠的美好品德”。

同时，泉州旅游部门打造海上丝绸之路国际艺术节、闽南文化节、郑成功文化节、闽台对渡文化节暨泔江海上泼水节、古韵鲤城·美好生活等系列特色节庆活动，举办徒步穿越古城大赛、环泉州湾国际公路自行车赛等赛会活动，塑造品牌赛事，增强游客的参与度，感受泉州特有的民俗风情与深厚的文化底蕴。除此之外，泉州“石雕、南音、木偶戏、武术”等传统技艺的演出与体验是泉州非遗魅力的展示，也是泉州“海丝”文化旅游的重要组分，例如：

“五岁便开始提线运针的陈克忍是一位资深绣娘，也是泉州珠绣技艺的市级传承人，其制作的绣作新颖别致，手法严谨细腻，风靡海内外；中山多巷，通政巷里，悠然清静，巷尾的提线木偶体验馆，仍保持着传统院落的典雅风貌，而与闽南老厝同在岁月里坚守的，还有一种慢步调的古老手艺——木偶戏”。

丰富的“海丝”文化体验是泉州“海丝”文化旅游特有的吸引力，也是投射形象的亮点内容。

表6-7 官方投射文本中活动与演出类词频排名前26的特征词表

序号	词汇	频数	序号	词汇	频数
1	体验	328	7	石雕	144
2	惠安女	305	8	武术	123
3	民俗	199	9	石刻	118
4	艺术	196	10	南音	116
5	风情	193	11	陶瓷	102
6	木偶戏	181	12	文化节	92

续表

序号	词汇	频数	序号	词汇	频数
13	工艺	85	20	服饰	67
14	达人	85	21	演艺	58
15	艺术节	75	22	穿越	58
16	大赛	75	23	雕刻	56
17	嘉年华	69	24	蟳埔女	52
18	春节	68	25	文艺	51
19	技艺	68	26	老字号	45

6.2.2.3 旅游设施

旅游设施是城市开展旅游活动的基础条件，建设完善、优质的接待设施是提高城市旅游服务能力的重要环节。旅游设施包括餐饮美食、住宿条件、旅游交通和旅游商品四个方面。由表6-8可知，餐饮美食类词汇（10个）的累积词频约占26个特征词累积词频的45.85%，且“美食”（频数424）位列特征词表之首，远高于排名第二的“交通”（频数291），这说明官方在接待设施形象塑造上侧重于餐饮美食的营销。一方面泉州丰富多样、富有特色的美食文化如“古早味”，是泉州“海丝”文化旅游不可缺少的组成成分；另一方面，2014年泉州被评为“最中国美食城市”，是福建省唯一获此殊荣的城市，以“面线糊、肉粽、土笋冻”等为代表的美食已经成为泉州旅游的重要元素。旅游交通特征词（9个），是旅游设施形象投射的次重点。泉州通过“高铁”“动车”“高速”“晋江国际机场”等海陆空交通网络与长江三角洲、珠江三角洲及中东部地区便捷地联系起来；市内交通以“自驾”“公交”“自行车”和“步行”为主。值得一提的是，市区开设古城旅游专线，且有100多辆自带古城景点语音播报功能的“小白”公交穿梭于城区，极大地方便游客市民出行。旅游购物（4个）与住宿条件（3个）特征词相对较少，说明住宿和购物获得的投射关注度相近且较低。泉州积极打造旅游商品、增设商品服务点，举办旅游商品和纪念品创意大赛及泉州伴手礼认定、评选、名录、商品展销会等活动，推广泉州丰富的旅游商品形象，但营销力度较低。住宿条件方面，只提及“酒店”（频数125）“民宿”（频数114）和“客栈”（频数61）。值得注意的是，随着旅游市场对于特色体验的追求，“民宿”成为泉州住宿的投射要点。例如：

> “泉州海边民宿，541公里，一路睡过去”“这些民宿——问海、梦海、纯海、听海、海隅……无疑自是一道靓丽的风景线，也将是泉州一个新的‘宿海天堂’”。

在千篇一律的酒店中，民宿成为了解“海丝”文化的窗口，游客更能直接体验当地文化特色。

表 6-8 官方投射文本中旅游设施类词频排名前 26 的特征词表

序号	词汇	频数	序号	词汇	频数
1	美食	424	14	肉粽	96
2	交通	291	15	购物	88
3	小吃	206	16	高铁	83
4	味道	152	17	古早	79
5	元宵圆	151	18	精品	75
6	自驾	136	19	高速	74
7	公交	136	20	土笋冻	72
8	酒店	125	21	动车	69
9	步行	121	22	客栈	61
10	花灯	117	23	自行车	58
11	伴手礼	115	24	饭店	57
12	民宿	114	25	机场	57
13	面线糊	107	26	牛肉	55

6.2.2.4 旅游环境与氛围

舒适的旅游环境氛围有助于游客满意度的提升，也是投射形象不可忽视的内容。旅游环境与氛围包括市容市貌、气候条件、基础设施、区位环境和当地居民五个范畴。表 6-9 中，区位环境包含 14 个特征词，累积词频达 9889 次，在旅游环境与氛围中占比最高，主要包括行政区划（“泉州”“福建”“晋江”等）和地理位置（“沿海”“海峡”“两岸”等）；城市环境方面包括“文明”“生态”“经济”和“环境”4 个特征词，体现官方注重良好的经济发展形象投射，重视生态文明城市、文明旅游形象建设；“蓝天”和“清新”是泉州优良环境条件的形象标志，在官方文本中多次被提及，这与“清新福建”旅游品牌形象相一致，同时泉州位于亚热带海洋性季风区，“雨天”较多，台风作为泉州主要的自然灾害，也被多次提及。关于基础设施，主要涉及城市环卫设施建设，市容环境卫生优化，旅游厕所建设和生活垃圾管理四个方面，但整体提及频次较低。官方投射中多次提及“市民”“泉州人”“人们”等词汇，说明官方以当地居民热情、淳朴、幸福的形象，构建温馨友好的城市形象。例如：

“泉州人笑脸如花，那是一种无需言表的幸福”“惠屿岛民风淳朴”“在泉州处处都能感到热情与包容”“泉州人都很热情朴素”。

表 6-9 官方投射文本中旅游环境与氛围类词频排名前 26 的特征词表

序号	词汇	频数	序号	词汇	频数
1	泉州	6011	4	晋江	390
2	中国	804	5	永春	333
3	福建	622	6	惠安	321

续表

序号	词汇	频数	序号	词汇	频数
7	德化	243	17	泉州人	158
8	雨天	215	18	经济	152
9	台湾	202	19	环境	136
10	南安	200	20	清新	130
11	安溪	199	21	海峡	125
12	文明	185	22	设施	122
13	市民	182	23	人们	118
14	生态	182	24	蓝天	112
15	泉港	180	25	两岸	96
16	石狮	163	26	公共	93

6.2.2.5 管理服务

管理服务涵盖行业管理、服务水平和旅游新动向三个方面。表6-10中行业管理特征词（14个）占总词数的53.85%，这说明行业管理是官方管理服务投射的重点。对行业管理词汇进一步划分发现，投射文本主要从旅游监管（“安全”“整改”等）、旅游营销（“推介”“推广”等）和节假日（“国庆”“五一”等）三个角度进行宣传，反映出泉州旅游管理部门注重旅游行业监督，规范各行各业合法、诚信经营，积极应对节假日高峰期工作，营造安全舒适的旅游环境。服务水平由景区管理人员、导游、服务员等各类旅游业从业人员的综合素质决定，投射文本传递出旅游相关部门积极引进各类旅游专业人才，重视从业人员职业技能培训，期望打造专业化的旅游服务队伍，提升行业整体服务能力，塑造优质的旅游服务形象，如泉州古城讲解志愿者培训、肃清门志愿者服务站的创建等都是提升服务水平的重要举措。

旅游新动向主要包括“媒体”“微信”“微博”“智慧旅游”等词汇，表明泉州旅游营销紧跟市场潮流，开展“互联网+海丝旅游”的宣传，例如泉州官方微博发起“海丝起点对话陆丝起点”话题讨论，讨论数突破2400万；在短短20天时间内“做一回泉州人，古城人居体验”计划活动微博话题阅读量突破一亿等。除此之外，泉州文旅局设计“海丝文化觅踪游”“海丝之源精品游”等多条“线路”产品，赴陕西、广州、甘肃、青海、台湾、香港等多个省份和地区开展“海丝泉州”推介会，推广“海丝”旅游文化。官方通过新媒体、传统媒体，线上线下等多种营销途径，树立泉州“海丝”旅游形象，扩大泉州旅游影响力。需要注意的是，“智慧旅游”“工业”“创意”代表的是泉州“海丝”旅游发展的新方向，例如，泉州古城语音导游系统、泉州旅游App等都为实现“一机在手，玩转泉州”奠定了基础，大大提升了旅游的便捷性；在经济贸易繁荣发展的历史背景下，泉州拥有众多企业品牌，是得天独厚的工业旅游发展条件，如源和堂、安踏、七匹狼等；“创意”是文创产业的代名词，也是泉州文化旅游的发展特色。

表 6-10　官方投射文本中管理服务类词频排名前 26 的特征词表

序号	词汇	频数	序号	词汇	频数
1	游客	491	14	微博	143
2	服务	400	15	媒体	142
3	旅行社	296	16	检查	135
4	安全	264	17	门票	134
5	创意	240	18	推广	129
6	推介	190	19	导游	110
7	整改	189	20	旅游业	101
8	线路	183	21	人才	97
9	创新	181	22	微信	85
10	投诉	167	23	工业	85
11	管理	165	24	国庆	84
12	营销	162	25	星级	82
13	免费	153	26	智慧旅游	72

6.2.2.6　整体形象

旅游决策不仅受旅游资源的影响，整体旅游形象特征也至关重要。不同风格的旅游类型可以满足不同旅游者的需求（黄震方和李想，2002；谷明，2000），成功塑造清晰的旅游整体形象与城市旅游名片是官方营销工作的重要内容。由表 6-11 可知，整体印象的特征词最多（18 个），“建筑”和“闽南”是泉州“海丝”文化旅游主要的文化表征，“历史”“美丽”和“宁静”是泉州城市的代表特征。“千年”“古代”“宋元”等 9 个特征词充分印证了官方投射形象中对悠久历史的重视，泉州底蕴深厚的历史形象深入人心。“宁静”是泉州生活最重要的特点，官方常常从泉州人的视角，用“记忆、回忆、小时候”的味道，宣传泉州宁静温暖的生活形象。泉州的环境及空气指数一直以来都在全国排名前列，优质的环境与自然资源塑造了优美的自然景色，古老多元的人文遗迹和泉州人悠然自得的生活节奏构成泉州城市的整体投射形象特征。泉州投射形象中常将“泉州”与“厦门”“福州”做比较，突显泉州旅游优势，例如：

> “泉州是低调的，她没有邻居厦门的拥挤，也没有福州的热闹，却保留了原汁原味的闽南风情”“虽然泉州没有厦门的楼高，也没有福州的路宽，但她却有古人留给我们的世界遗产”“它有着和厦门一样的闽南文化却更原始更纯粹，地道的美食、传统的风情，在这里以最亲民的方式展现给你”。

表 6-11　官方投射文本整体形象词频排名前 26 的特征词表

序号	词汇	频数	序号	词汇	频数
1	文化	1 694	3	闽南	669
2	海丝	1 080	4	历史	486

续表

序号	词汇	频数	序号	词汇	频数
5	建筑	414	16	人文	130
6	海丝泉州	297	17	宋元	130
7	休闲	266	18	古老	118
8	海丝起点	261	19	开放	101
9	东亚文化之都	255	20	现代	88
10	千年	213	21	明清	86
11	文明	185	22	岁月	77
12	刺桐	185	23	百年	77
13	古代	180	24	福州	70
14	美丽	157	25	西安	69
15	厦门	141	26	宁静	68

“清新福建·海丝泉州”作为泉州旅游的宣传口号，是泉州最主要的城市名片、最显著的城市标志。这一点也在词频中得到了体现，“海丝泉州”以297的词频位列第六。泉州立足于“海丝起点”这一名片背景下发展“海丝”文化旅游。表6-11仅体现文本中的词频，而“海丝起点”和“东亚文化之都”更是频繁出现在官方网页、泉州旅游标志和智慧景区标识上。“刺桐”“东方第一大港”“世界宗教博物馆”“泉南佛国”等是“海丝”旅游投射的特征形象，充分体现泉州拥有深厚的“海丝”文化底蕴。此外，官方投射形象还包括“中国瓷都”“中国香都”“海滨邹鲁”“最中国美食城市”“海峡西岸名城”等，但相对而言宣传较少。近年来“一生至少要去一次的城市”也成为泉州宣传口号之一。

6.2.3 情感形象

官方在投射旅游形象的过程中，往往会采用鲜明的情感表达传递旅游形象。通过内容分析软件提取官方投射文本中表征情感特征的高频词，对情感表征内容进行量化打分，研究官方传递的情感形象特征。

6.2.3.1 总体情感评价

利用ROST CM的情感分析功能对泉州“海丝”文化旅游官方投射形象进行量化打分，将“官方投射文本”导入软件，获得总体情感评价（表6-12）。

表 6-12　泉州“海丝”文化旅游投射形象总体情感评价表

情感类型	比重（%）	强度	比重（%）
积极情感	71.46	一般（0～10）	28.86
		中度（10～20）	19.53
		高度（20 以上）	23.07
中性情感	23.59		24.59
消极情感	3.95	一般（-10～0）	2.48
		中度（-20～-10）	1.36
		高度（-20 以下）	0.11

情感评价分为积极情感、中性情感和消极情感三种类型。从情感类型结构看，泉州“海丝”文化旅游投射形象情感评价总体以积极情感为主（表 6-12），占比高达 71.46%；中性情感占比（24.59%）次之；消极情感占比（3.95%）最低。情感强度又可分为三个层级：0～10 分为一般积极；10～20 分为中度积极；20 分以上为高度积极。从情感强度结构看，中高强度积极情感占比高达 42.6%。而消极情感中高度消极仅占 0.11%。由此可见，官方投射以积极情感形象为主，其中一般积极的占比最高，中、高度积极的情感形象占比次之，但消极情感各层级占比随着情感强度的增强而降低，说明官方投射形象中负面评价的投射极少，且不强烈。

6.2.3.2　情感高频词特征分析

将“官方投射文本”及情感分析词库导入 ROST CM 软件，提取出情感特征词排名前 100 的高频词汇（表 6-13），分析泉州“海丝”文化旅游传递的情感形象特征。

表 6-13　泉州“海丝”旅游投射形象文本中排名前 100 的情感特征词表

序号	词汇	频数	序号	词汇	频数	序号	词汇	频数
1	特色	483	11	独特	179	21	时光	93
2	传统	376	12	丰富	162	22	风光	85
3	美好	259	13	魅力	158	23	鼓励	81
4	重点	243	14	美丽	157	24	岁月	77
5	千年	203	15	清新	130	25	百年	77
6	风情	203	16	最美	127	26	完整	75
7	文明	185	17	传承	119	27	记忆	72
8	故事	183	18	融合	118	28	健康	69
9	创新	181	19	古老	118	29	各类	69
10	古代	180	20	著名	103	30	漫步	67

续表

序号	词汇	频数	序号	词汇	频数	序号	词汇	频数
31	良好	65	55	浪漫	41	79	韵味	29
32	精神	65	56	不一样	41	80	回忆	29
33	深厚	65	57	热闹	40	81	悠闲	28
34	精彩	63	58	精心	39	82	值得	28
35	悠久	63	59	记得	38	83	真正	28
36	底蕴	58	60	典型	37	84	最佳	28
37	古韵	58	61	赞	37	85	新鲜	28
38	年代	56	62	优秀	35	86	诚信	27
39	享受	54	63	方便	35	87	爱上	27
40	繁华	54	64	辉煌	35	88	隆重	26
41	好吃	54	65	亮点	35	89	璀璨	25
42	天然	53	66	完好	33	90	细腻	25
43	美景	52	67	幸福	32	91	虚假	25
44	欣赏	51	68	知名	32	92	秉正	25
45	古朴	50	69	精致	32	93	平稳	24
46	精美	48	70	满足	32	94	奇观	24
47	静谧	48	71	慢慢	32	95	迷人	24
48	宁静	47	72	优美	32	96	温暖	24
49	喜爱	46	73	卫生	31	97	惬意	24
50	重大	45	74	绝对	31	98	简单	24
51	印象	45	75	秀丽	30	99	累	23
52	沧桑	44	76	友好	30	100	棒	22
53	地道	42	77	神秘	30			
54	最好	41	78	壮观	30			

从排名前10的情感特征词来看，可以划分为中性情感词汇（“传统”“重点”“风情”“故事”“古代”）和积极情感词汇（“特色”“美好”“千年”“文明”“创新”），并不包含消极情感特征词。从排名前100的情感特征词分析，以“特色”“美好”“独特”“魅力”“美丽”等77个积极情感评价特征词为主，“传统”“故事”“古代”“岁月”等18

个中性情感评价词位居第二，包含3个程度级别词（“绝对”“地道”“完整”）和2个消极情感词，为“虚假”“累”分别位于第91位和第99位。这与总体情感评价结果相一致，说明泉州“海丝”文化旅游形象以正面积极评价为主，只含有少数的负面评价。原因可能是机器识别存在一定误差。例如，“在泉州旅游不会感到累”情感词提取中只提取到“累”，“不存在虚假”被识别为“虚假”。

6.3 泉州“海丝”文化旅游游客感知形象分析

6.3.1 综合形象

6.3.1.1 词频特征分析

游记词频可以反映游客对旅游目的地深刻印象的记忆点，是旅游者感知到的突出形象表征，词频越高，说明游客对该词汇的认同度越高，共识感越强。利用ROST CM软件，提取“游客感知文本.txt”中词频排名前100的特征词（表6-14），展开游客对泉州“海丝”旅游形象感知的综合特征分析。

表6-14 游客感知文本词频排名前100的特征词表

序号	词汇	频数	序号	词汇	频数	序号	词汇	频数
1	泉州	8786	17	清源山	667	33	雨天	486
2	建筑	1787	18	永宁	663	34	小吃	484
3	石狮	1706	19	公交	662	35	宗教	483
4	开元寺	1487	20	海丝	651	36	惠安	473
5	文化	1315	21	美食	647	37	交通	473
6	西街	1268	22	晋江	641	38	味道	461
7	闽南	1262	23	大海	619	39	传统	449
8	酒店	1249	24	钟楼	597	40	承天寺	441
9	中国	1202	25	景点	569	41	文物	435
10	历史	1128	26	美好	563	42	台湾	434
11	福建	1060	27	洛阳桥	549	43	蟳埔村	425
12	博物馆	1038	28	泉州古城	540	44	游客	415
13	清净寺	924	29	天后宫	529	45	茶叶	399
14	门票	791	30	府文庙	523	46	崇武古城	393
15	特色	689	31	寺庙	523	47	古代	391
16	厦门	677	32	惠安女	522	48	姑嫂塔	387

续表

序号	词汇	频数	序号	词汇	频数	序号	词汇	频数
49	故事	386	67	体验	331	85	六胜塔	258
50	佛教	375	68	面线糊	327	86	明清	257
51	海边	375	69	沿海	321	87	红砖	257
52	开放	367	70	艺术	308	88	海鲜	254
53	黄金海岸	362	71	古老	306	89	机场	254
54	步行	359	72	蟳埔女	306	90	老街	254
55	好吃	355	73	少林寺	303	91	雕刻	247
56	刺桐	354	74	中山路	302	92	永宁卫城	246
57	石雕	352	75	海丝起点	299	93	公园	245
58	人们	352	76	弘一法师	294	94	道教	242
59	石刻	351	77	福州	292	95	永春	241
60	肉粽	350	78	著名	284	96	大岞	233
61	五店市	346	79	独特	270	97	宁静	232
62	千年	344	80	香火	268	98	涂门街	231
63	客栈	343	81	美丽	268	99	免费	227
64	沙滩	343	82	石狮子	265	100	码头	226
65	妈祖	342	83	方便	262			
66	宋元	342	84	信仰	259			

从词汇属性来看，前100的特征词主要有名词、形容词和动词三类。其中，名词共84个，主要包括游客感知到的形象要素，如旅游景点（“开元寺”“清净寺”等）、美食小吃（“面线糊”“肉粽”等）、住宿（“酒店”“客栈”等）、交通（“步行”“机场”等），其中景点词汇最多（30个），说明游客对旅游景点的感知度最高；形容词共15个，反映游客对当地要素或整体形象的感知，如“美丽”“宁静”等可以表征游客对泉州“海丝”旅游的印象，而“好吃”“传统”等体现游客对当地美食小吃的正面评价；动词表征游客的旅游行为，排名前100的特征词只含“体验”一个动词。

从排名前10的特征词来看，“泉州”（频数8786）出现的频次最高，泉州作为“海丝”的起点城市之一，致力于打造世界“海丝”文化旅游休闲目的地，与“海丝”旅游密不可分；“建筑”以1787的频数位列第二，说明建筑是游客在泉州“海丝”旅游过程中感知的重要元素，也是泉州多元文化融合的标志性体现；“石狮”（频数1706）位列第三，说明相对于泉州其他县市而言，游客对石狮市的关注度更高。值得注意的是，泉州市区景点较为集中，游客较少用行政区划表达其位置；排名第四的“开元寺”（频数1487）是泉州“海丝”旅游的代表性景点，开元寺内的东西塔更是泉州的标志性建筑；排名第五的“文化”（频数1315）和第十位的“历史”（频数1128）体现游客对泉州“海丝”文化旅游的整体感知形象；排名第六的“西街”是泉州最繁华的街道及美食的集中地；排名第七的是“闽南”（频数1262），表明闽南元素作为“海丝”文化的重要组成部分，受到游客的强烈感知；第八名是“酒店”（频数1249），说明住宿条件是游客旅行过程中十分关注的要素；第九名是“中国”（频数1202），体现泉州“海丝”文化旅游资源在海上丝绸之路发展史上的重要地位。

为进一步分析游客各维度的感知形象差异，将表6-14 100个特征词按已建的认知形象类目进行分类，分别计算各主类目所含特征词数及其累积词频与总词频的占比（图6-3）。其中，旅游资源特征词（39个）最多，累积词频占比为30.90%，说明旅游资源是游客旅行过程中关键的感知要素；整体形象次之，共24个，累积词频占比为22.55%，反映游客在旅行后对目的地整体形象评价，是了解游客综合感知形象的重要组成部分；活动与演出、旅游设施、旅游环境与氛围的特征词数量较接近，但累积词频占比差距较大。其中，旅游环境与氛围的累积词频占比远高于其他特征词数比例，通过观察具体词汇发现，是由于旅游环境与氛围维度中区位环境的整体词频较高，如“泉州”（频数8786）、“石狮”（频数1706）分别位列前100个高频词表的第一位和第三位；管理服务包含3个特征词，分别为“门票”“优惠”和“游客”，在六个维度中占比最低，三个词汇的累积词频占总词频的2.45%，表明相对于其他维度而言，游客对于管理服务的感知最弱，结合游记文本和实地调研来看，原因可能有两个：一方面游客到泉州旅游的方式多为自由行，因此对旅行社或导游等服务体验较少；另一方面管理服务主要指目的地对旅游行业的管理监督以及旅游信息发布等，而游客对此相关内容的记录较少。

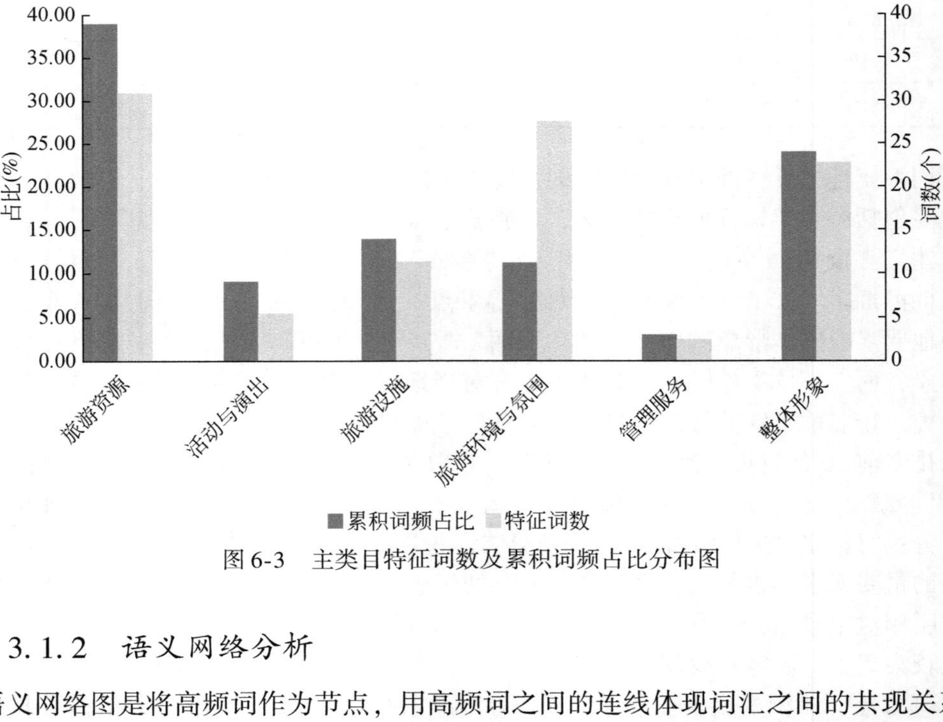

图6-3 主类目特征词数及累积词频占比分布图

6.3.1.2 语义网络分析

语义网络图是将高频词作为节点，用高频词之间的连线体现词汇之间的共现关系。词频分析以词汇出现的频率高低作为分析依据，而语义网络图能进一步体现特征词之间的结构关系及其结构特征所承载的重要信息。

由图6-4可以看出，游客感知形象的语义网络呈现“核心—外围—边缘—扩散”结构。核心层由“泉州”“建筑”“文化”构成，位于整个网络的中心位置，与其他词汇联系紧密，其中“建筑”是游客感知最强烈的旅游要素。第二层是外围层，包括“海丝”“历史”“闽南”等高频特征词，这些节点代表游客对泉州目的地形象的属性感知，也是泉州目的地形象有别于其他地方的魅力之处。第三层是边缘层，主要有“寺庙”“博物馆”“美食”“古城”等节点，代表着旅游者喜爱的旅游吸引物，也是游客对目的地最直接的感知要素。扩散层是前三层的进一步扩展，既包括旅游吸引物如“洛阳桥”“天后宫”“清源山”等，也包含旅游设施、对目的地的感受和评价等。

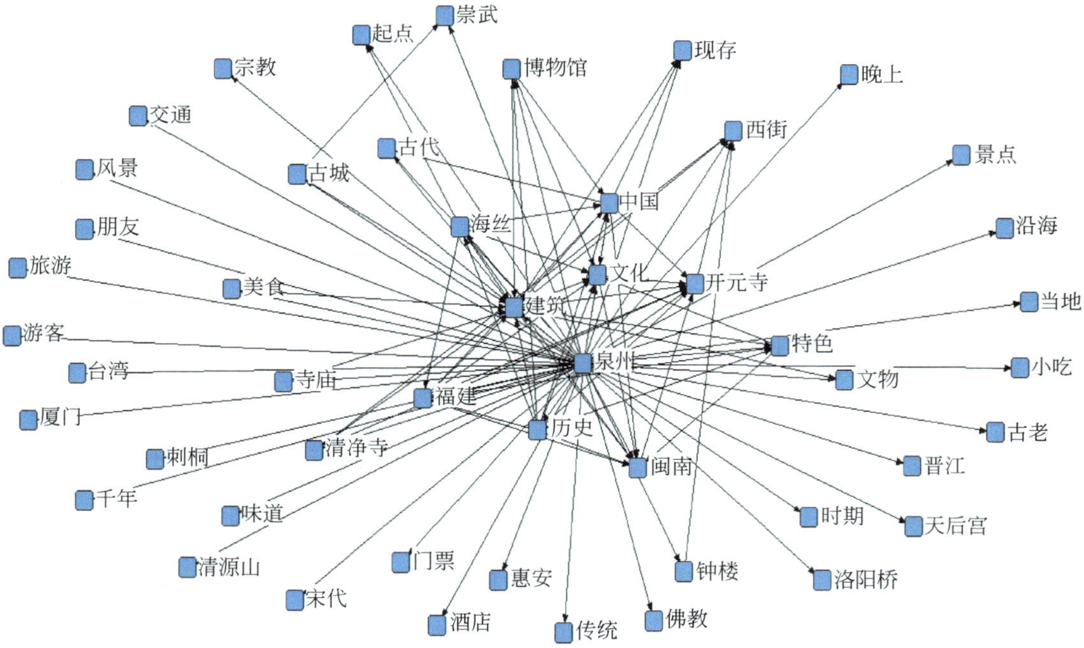

图6-4 泉州“海丝”旅游感知形象语义网络

6.3.2 认知形象

为后文更好地进行游客感知和官方投射形象的对比分析，提取“游客感知文本”中各主类目前26个特征词及词频，分析游客在各维度上的感知形象内容与特征。

6.3.2.1 旅游资源

旅游资源是游客选择目的地时优先考虑的要素，是游客形象认知的核心。旅游资源主类目包括宗教信仰、商业贸易、航海交通、展览文化、名人聚落、滨海休闲六大次类目（表6-4）。由表6-15可知，游客感知文本中前26个旅游资源方面特征词涉及这六大次类目，但各类目特征词数与累积词频差别较大。旅游资源词频统计和累积词频占比可以反映各类资源景观的吸引力大小。旅游资源主类前26个特征词累积词频为14 974次，从类目累积词频的占比来看，宗教信仰类（45.84%）最高，商业贸易类（20.39%）次之，滨海休闲类（11.35%）第三，航海交通类（8.88%）、展览文化类（6.93%）和名人聚落类（6.61%）占比差异较小。由此可见，宗教信仰景观是游客感知的重要内容，也是旅游资源的核心吸引力，被多数游客所认知；商业贸易类资源是游客认知较多的类目，也是“海丝”文化旅游较具代表性的资源。

表6-15　游客感知文本中“海丝”文化旅游资源类词频排名前26的特征词表

序号	词汇	频数	序号	词汇	频数
1	开元寺	1 487	14	承天寺	441
2	西街	1 268	15	蟳埔村	425
3	博物馆	1 038	16	崇武古城	393
4	清净寺	924	17	姑嫂塔	387
5	清源山	667	18	佛教	375
6	大海	619	19	海边	375
7	钟楼	597	20	黄金海岸	362
8	洛阳桥	549	21	五店市	346
9	泉州古城	540	22	沙滩	343
10	天后宫	529	23	妈祖	342
11	府文庙	523	24	少林寺	303
12	寺庙	523	25	中山路	302
13	宗教	483	26	弘一法师	294

宗教信仰方面包括“开元寺”“清净寺”“清源山”“天后宫”“府文庙”等11个特征词，累积词频为6865次，占前26个旅游资源累计词频的45.84%，说明宗教信仰景观是游客关注度最高的资源类型，游客对于泉州“世界宗教博物馆形象”的感知较强，其中“开元寺”作为福建省内规模最大的佛教建筑，以1487的频数居于旅游资源词频表第一位，说明“开元寺”是游客感知最为深刻的旅游资源。“清净寺”（频数924）是泉州伊斯兰教的代表建筑，其建筑风格给游客留下深刻印象；“清源山”作为道教的代表景点，是泉州市唯一的5A级景区，被多数游客所认知；其他被提及的还有“妈祖”“少林寺”“香火”等。游客对泉州宗教景区景点多是正面评价，认为寺庙是泉州的独特魅力，不可错过。同时寺庙宁静祥和、尊崇敬畏的氛围也感染着游客，改变游客对信仰的认识。例如：

“虽然我从小没有神明的信仰，但我来了泉州才知道神明在这座城市的重要性，以前不那么尊重的东西，来了这里变得肃然起敬”“原来对于信仰深刻的地方，祭拜在生活中如此的重要，从外院、香炉、焚烧塔，到大殿、偏殿、小花园，哪里都有人在虔诚的祭拜，嘴里莫不是念念有词，俯身跪拜”。

商业贸易方面的特征词包括“西街”“钟楼”“泉州古城”“五店市”“中山路”，累积词频占比为20.39%，说明古街区是游客感受泉州“海丝”商贸文化的重要场所，其中，“西街”是游客提及最多的商贸类景点，被看做泉州旅游的核心景点之一。西街常被游客称为“吃吃街”“美食街”，说明西街作为美食聚集地被游客认知，例如：

“西街也是美食街，你在街上可以搜罗到很多当地特色美食，如果你是吃货，那么恭喜你来对地方了”“一定要去西街走走，现在的西街保留了古时的风味，倒成了一吃吃喝喝的好去处，西街的别称应该是吃吃街”。

同时，“钟楼”作为西街的标志性建筑，被看做是泉州商贾如云、行人如织的岁月见证。街区建筑被游客多次提及，例如：

“西街，保留着大量具有历史原貌的建筑”“中山路是我国仅有、保存最完整、最长的连排式骑楼建筑商业街，很多当年的招牌还保留着，既结合泉州民居的传统特色，又融入海交文化的建筑精华，是历史上中西合璧的成功范例”。

这说明街区建筑散发着泉州“海丝”魅力，受到旅游者的喜爱，被游客所感知。同时“现代化”这一特征也常一起被提及，例如：

“五店市已经处在一片高楼大厦的包围当中，是繁华都市中的一块孤岛”“红屋顶、红砖和钢筋水泥的现代‘鸽子笼’对比十分强烈，有一种时空错位的奇妙感觉”。

泉州古城的生活气息得到游客的普遍肯定，许多游客提到：

“西街是那样的市井，却市井得有一种莫名的亲切感”“很多城市的老街都改了模样，只有泉州的西街保持不变的生活气息”“一条老街巷，一座城市记忆的缩影，随着城市不断进阶的脚步，这里依然保留了泉州市井生活特有的古朴与惬意”。

航海交通方面景点是海上丝绸之路历史发展的珍贵遗产，主要提及“洛阳桥、崇武古城和姑嫂塔”。洛阳桥作为中国古代四大名桥之一，是中国现存最早的跨海梁式大石桥，也是世界桥梁筏形基础的开端，被看作泉州“海丝”历史的重要见证，例如：

“走过洛阳桥，就像走过了一段历史”“走在桥上，从众多的桥墩栏杆和塔亭建筑中，可以随时阅读到宋朝以来自然和社会变迁留下的记录”。

以“姑嫂塔”为代表的航标建筑给游客留下深刻印象，姑嫂塔的凄美传说感染着旅游者，让游客感受到深厚的历史气息和丰富的精神底蕴，例如：

“姑嫂塔是古代‘海丝’的航标，又是闽台缘与侨乡情的象征”“姑嫂塔的故事当然是传说，但它却是侨乡人民过去苦难生活和悲惨遭遇的见证，也是侨乡人民移民海外历史的见证”“这座千年石塔实际上是一座航标塔，姑嫂塔一直都默默地在为无数进出泉州湾的中外船舶指引航路，回家的人儿看到姑嫂塔更是将它视为故乡的象征”。

以“崇武古城”为代表的古卫城让游客感受到历史的沧桑，是泉州“海丝”历史重要的空间呈现，获得游客较高的认可度。例如：

“我们看到了一座塌了的老房子，只剩下一些残垣断壁，我站在这里，抚摸着它，它像苍老的老人，沉淀着岁月的痕迹，我感觉到它的瑟瑟发抖，却还屹立着，想向我说点什么”“最为令我青睐的应该算是永宁古卫城了，这是一座有灵魂的老城，古街、番仔楼、还有各种不一样的人文底蕴集聚在此”。

不同年龄、不同经历的游客认知感受也有所不同，有的游客提到：

“或许是因为一座渐渐老去的古城，年轻的人并不喜欢，年老的人更懂这里”“去洛阳桥就是浪费时间，它就是一座挺普通的桥”。

展览文化方面仅“博物馆”一个特征词，需要注意的是，“博物馆”是泉州各类博物馆的统称，包括泉州海外交通史博物馆、泉州博物馆、闽台缘博物馆、晋江博物馆、瓷都博物馆等，是游客了解“海丝”历史最直接的文化空间。结合原始文本发现，游客对“闽台历史”“闽南文化”“船只”的感知印象最为深刻，说明博物馆蕴含丰富的“海丝”文化资源，生动描绘了泉州“海丝”发展历史，是游客了解泉州的重要平台。“不错”和“壮观”是游客对博物馆的主要评价，说明展馆的历史文化底蕴得到游客的积极认可，但关于展览空间的内部布局设计呈一定的负面评价，有游客提到：

“介绍的字和背景板颜色太接近，阅读困难”“展馆建筑不错，但是里面的展览布置还是显得有点年代感了，是时候可以更新一下了。”“泉州的博物馆建筑本身以及和周边环境的和谐设计布置方面可以说是可圈可点，至于内部的陈列布置和展出的文物档次就非常‘一般般’了，陈设内容思路基本上是互为摹本，抄来抄去的啦，如时间较紧，建议从中择其一二，认真看一下就可以了”。

名人聚落方面景点指的是游记中提及的海外移民后裔或深受“海丝”文化影响的聚落、海外移民遗留或对古代泉州海外商贸做出卓越贡献的名人史迹。由表6-15可知，“蟳埔村”“弘一法师”是名人聚落相关词汇中提及频率最高的特征词。蟳埔民俗文化村是“海丝”文化聚落的重要代表，“蚝壳厝”“蟳埔女”是游客感知最深刻的内容。例如：

“这座城市的主颜色红色，红砖厝，独特的闽南燕尾脊，还有骑楼，番仔楼，蚝壳厝，更有一大堆的石头房都深深印刻在我的脑海里”“听说，蟳埔村有蛤蜊壳做的房子，而且住的是阿拉伯人的后裔，我们就决定去了，在集市中央的巷子里寻到蚝壳厝，亲眼见到了海蛎壳做的房子，感叹劳动人民的智慧，这样的房子冬暖夏凉，不积水不渗水，不易被海风腐蚀，至今已有四百多年的历史”。

泉州名人文化散布在泉州各个街巷，是其文化史册上重要的象征符号，其中以弘一法师最为著名，一首《送别》传诵至今，而弘一法师纪念堂更是让游客认识到弘一法师精彩的一生，另外还有“蔡襄祠、李贽故居”等。

滨海休闲方面包括“大海”“海边”“黄金海岸”“沙滩”4个特征词，累积词频为1699次，占前26个旅游资源类特征词的11.35%。石狮市的黄金海岸是最著名的一个滨海休闲旅游景点，也是泉州地区首个纯粹海岸旅游项目，在游客的认知中提及较多。“人少”“湛蓝”是游客感知文本中描述泉州海滨资源时提及最多的特征词，可见泉州滨海休闲旅游资源在游客感知中获得肯定的评价。例如：

“石狮的黄金海岸很出名，是夏天旅游度假的名胜，意外的是，人挺少”“这片海滩的确是很不错啊～金黄的黄沙滩，完美得没有任何外力的打扰，呈现出无瑕的状态，海水犹如熨斗一般将沙滩抚平得犹如丝绸一样，没想到并没有报什么厚望的黄金海岸、观音山第一眼就给我们一个惊喜”。

6.3.2.2 活动与演出

活动与演出主类目由民俗节庆、传统技艺和赛会活动三个次类目组成，由表 6-16 可知，传统技艺方面的内容覆盖率达到 61.48%，说明泉州活动与演出这一形象中游客对传统技艺的感知度最为强烈，主要集中于音乐（“南音”）、雕刻（“木雕”“石雕”“浮雕”）、戏剧（“木偶戏”“高甲戏”）、游艺（“武术”）四类，游客认为泉州传统技艺很“精彩”“有意思”，说明传统技艺相关的演出与体验活动对游客具有较大吸引力，其中泉州木偶戏惟妙惟肖的人物造型、生动有趣的故事情节深受游客喜爱。例如：

“除了吃的还是要说点有意思的，就是木偶戏”“历代艺人凭借精湛的传统线规和娴熟的表演技巧，创造了众多栩栩如生的木偶戏角色”“你在泉州可以听到中国最古老的音乐——南音，还可以看梨园戏，木偶戏和高甲戏，每年过年专门有一批从北上广的戏迷来泉州听戏”。

游客对民俗节庆方面的感知高于赛会活动方面，例如，旅游者在游记中多次提及“惠安女”和“蟳埔女”民俗，两者也出现在游客感知文本排名前 100 的高频特征词表内，分别位列第 32 位和第 72 位，说明蟳埔女“衣着大裾衫，头戴簪花围，髻插象牙筷”、惠安女“封建头、民主肚、节约衫、浪费裤”等民俗风情对游客而言，充满着新奇，成为游客眼中一道靓丽的风景，传统“服饰”也成为游客钟爱的体验项目。除此之外，“祭祀”“春节”等传统民俗节庆也被提及。例如：

“巷子里有一家专门梳头的店，同时提供蟳埔女的装束，20 元一次，穿戴好后可以在周围走走转转，体验当地生活并和古老的蚝壳厝合影留念，女儿大胆尝试，立刻变身渔家姑娘”“那天刚好是蟳埔村的妈祖的祭祀活动，人山人海非常热闹，蟳埔阿姨教我们做祭祀用的供品、蟳埔女漂亮的头饰，头上盘满插花，保留着古代的发型设计，非常古朴”。

赛会活动方面仅含“大赛”一个特征词，表明游客对各项赛事活动的感知较弱。

表 6-16 游客感知文本中活动与演出类词频排名前 26 的特征词表

序号	词汇	频数	序号	词汇	频数
1	惠安女	522	3	体验	331
2	石雕	352	4	艺术	308

续表

序号	词汇	频数	序号	词汇	频数
5	蟳埔女	306	16	服装	101
6	石狮子	265	17	陶瓷	93
7	雕刻	247	18	文艺	91
8	石头	243	19	大赛	90
9	木偶戏	208	20	老字号	87
10	南音	194	21	木雕	83
11	风情	188	22	技艺	79
12	服饰	166	23	春节	75
13	浮雕	129	24	祭祀	74
14	民俗	127	25	武术	71
15	工艺	113	26	风狮爷	65

6.3.2.3 旅游设施

旅游设施是指旅游目的地向游客提供服务时依托的各项物质设施和设备。旅游设施类包含了餐饮美食、住宿条件、旅游交通、旅游购物设施四大次类目（表6-4），是游客认知形象的重要内容。从表6-17的特征词数来看，游客对餐饮美食、旅游交通、住宿条件和旅游购物的感知逐渐减弱。其中，餐饮美食以12个特征词、42.76%的累积词频占比位列第一，说明游客对泉州美食的感知强烈，且整体评价较高，以“肉粽、面线糊、海鲜、牛肉羹”等为代表的美食小吃，给游客留下美好（“好吃”）的印象，泉州美食上升为重要的旅游吸引物。例如，有游客在游记中提到：

> “泉州小吃实在是太多了，这些貌不惊人的食物有着穿越时光的古早味，我今天零零散散吃了七顿饭，还有太多没尝到，甚至还买了食材回家打算学习了”“为了吃也很值得来一趟”“泉州小吃好多，大爱面线糊、四果汤和七夕甜粿，但是有点害怕土笋冻，肉粽比较奇怪，至少比‘五芳斋’奇怪，总之很好吃啊”“这座城市的随性可爱之处可以在小吃上体现出来，当地的特色美食实在是多，还未来得及细细品味，等着下次深度游咯”。

旅游交通条件方面，“公交”（频数662）是市内游览的首选交通工具，其次是“步行”（频数359），市外交通包括飞机、高铁、动车、火车等多种类型。值得注意的是，“自驾”（频数162）也越来越受到大家的关注。旅游者对泉州交通的多样性、便捷性多给予肯定评价，常为“方便”“环保”等积极感知，但对交通的秩序与环境包含负面评价，如有游客提到：

> “虽然古城采取限行，但是电动车横行，感觉很杂乱”“一出站，好家伙，乱得跟啥似的，野鸡车在吆喝、公交车在‘奏乐’、计程车在乱窜，心碎了一地”。

住宿方面，游客的选择多样，包括“酒店、客栈、青旅、民宿”等多种方式，其中“酒店”以1249的频数位于旅游设施词频表的第一位，“民宿”也成为游客近距离体验当地生活氛围的选择。游客对住宿的便利性多给予正面评价，但对住宿配套设施与安全性给予一定的负面评价，例如：

“设施有点旧”、“没有空调”、“我们住的其中一个房间热水跟冷水差不多”、“房间外面总有人在发传单，感觉很不安全”。

这说明泉州住宿类型多样，但配套设施和管理有待进一步提升。

旅游者对旅游商品的感知较弱，仅“茶叶”（频数399）一个特征词，说明游客感知到的商品较少，不能很好地满足游客购物需求。“便宜”“不贵”“较低”是游客形容物价时使用频率最高的特征词，说明游客对泉州物价的评价多呈正面，认为泉州物价水平合理。例如：

“这家的菜还不错，就在镇上的餐馆，平均还是比较便宜的”“很多景点也不收门票，即便有也不贵”。

表6-17　游客感知文本中旅游设施类词频排名前26的特征词表

序号	词汇	频数	序号	词汇	频数
1	酒店	1 249	14	机场	254
2	公交	662	15	牛肉羹	223
3	美食	647	16	动车	216
4	小吃	484	17	高速	207
5	交通	473	18	住宿	193
6	味道	461	19	石花膏	174
7	茶叶	399	20	高铁	172
8	步行	359	21	自驾	162
9	好吃	355	22	四果汤	156
10	肉粽	350	23	姜母鸭	145
11	客栈	343	24	民宿	143
12	面线糊	327	25	青旅	135
13	海鲜	254	26	土笋冻	133

6.3.2.4　旅游环境与氛围

游客在游览过程中感受到的气候特征、居民态度、城市整体环境等都会对游客形象感知产生影响，是游客认知形象的重要部分。旅游环境与氛围主类目包括市容市貌、气候条件、基础设施、区位环境、当地居民五个次类目（表6-4）。由表6-18可知，区位环境（15个）的特征词最多，累积词频占比高达87.00%。结合文本分析发现，词频占比高的原因有两个：一方面“泉州”作为研究区域以8786频数成为游客感知词频最高的特征词，且远高于第二位的“建筑”（频数1787）；另一方面，游客在游记中常提及目的地背景，尤其是行政区划和地理位置，如“石狮”“福建”“沿海”“海峡”等。表征地理位置的特征词有“海峡”“两岸”等，说明泉州与台湾的地理空间关系被游客所感知。气候条件方面，出现“雨天”“蓝天”“阳光”等词汇，说明泉州市温暖湿润的气候、蓝天、白云和清新的空气对游客充满吸引力。其次“热情”“淳朴”的泉州人对游客的认知形象产生积极影响，例如：

“不用怕问路，当地人会热情告诉你的”“感受到了泉州人民的热情”“石狮本地人很是热情好客”“我不止一次感受到当地淳朴的人们带给我的感动和温暖”“卫城内至今还生活着许多民风淳朴的居民”。

这说明游客对当地居民的淳朴民风感知深刻，且评价较高。关于城市环境，游客感知到泉州“经济”发展实力雄厚。在卫生环境方面，正、负面评价都有，多次提到施工导致道路状况的拥堵与不便。在基础设施方面仅含“设施”一个特征词，说明游客对城市配套设施的感知较弱。

表6-18　游客感知文本中旅游环境与氛围类词频排名前26的特征词表

序号	词汇	频数	序号	词汇	频数
1	泉州	8 786	14	蓝天	223
2	石狮	1 706	15	阳光	216
3	中国	1 202	16	泉州人	213
4	福建	1 060	17	安溪	205
5	永宁	663	18	天气	204
6	晋江	641	19	环境	202
7	崇武	540	20	海峡	196
8	雨天	486	21	德化	195
9	惠安	473	22	经济	167
10	台湾	434	23	设施	157
11	人们	352	24	淳朴	151
12	沿海	321	25	丰泽	140
13	永春	241	26	热情	139

6.3.2.5　管理服务

旅游目的地的管理服务水平也是影响旅游者感知形象的重要因素之一。管理服务主类目包括行业管理、服务水平、旅游新动向三大次类目（表6-4）。由表6-19可知，行业管理方面，旅游者比较注重“门票”“星级”“假期”“安全”四个方面，其中游客更为关注“门票”“免费”“优惠”是提及门票时出现频率最高的词汇，说明游客对泉州门票呈正面评价，泉州景区门票在一定程度上提升了旅游者的积极感知。“星级”是游客旅游选择的重要依据之一，也是管理水平的重要表征。“假期、国庆”等节假日特征词被游客提及，反映游客以节假日出行为主。“安全”则是游客关注的重要内容，例如：

“泉州车站都有一些私家摩的和私家车，问你要不要拼车，去哪里，为了个人安全尽量不坐”“桥梁两侧有加栏杆保护行人安全”。

服务水平方面，游客提及频次最高的是交通服务人员，如“司机、师傅”，正、负面评价兼有，“热情、车技娴熟”是游客对司机的正面感知，少部分人经历了不好的体验，例如：

“司机小哥有点不靠谱，完全走错了路”“班车司机好彪悍，可以一边开车一边给乘客找钱，我们坐得心惊胆战的”。

但游客普遍肯定了肃清门志愿者服务站，多次提及：

“为志愿服务者点赞”“走了一天的路，进来看看，很温馨，很美好”“服务站的志愿者态度非常好，让人感觉舒服、贴心”“歇脚服务站，超热情，超赞”。

虽也有提及“导游”“旅行社”，但词频较低，分别位于第22位和第23位，原因是泉州游客以自助游为主，游客对导游讲解或旅行社服务的接触较少。

游客关于旅游新动向的认知词频占比相对较低，包括“微博”“微信”“创意”“线路”等，说明游客主要通过微博、微信等新媒体接收旅游信息，其中“创意、时尚”等元素成为新的吸引点，如“西街小西埕”“网红店”等被游客所感知。

表6-19　游客感知文本中管理服务类词频排名前26的特征词表

序号	词汇	频数	序号	词汇	频数
1	门票	791	14	平安	98
2	游客	415	15	安全	98
3	免费	227	16	线路	97
4	微信	189	17	师傅	83
5	司机	161	18	讲解	71
6	微博	159	19	收费	69
7	地图	153	20	时尚	65
8	拍摄	142	21	各类	59
9	服务	132	22	导游	59
10	创意	122	23	旅行社	58
11	星级	108	24	专家	56
12	周末	107	25	假期	55
13	排队	106	26	优惠	53

6. 3. 2. 6 整体形象

整体形象是游客从宏观视角对目的地印象的描述，整体形象主类目包括整体印象、对比形象、口号形象三个次类目（表6-4）。通过对泉州“海丝”旅游整体形象排名前26的特征词展开分析，可以看出游客对泉州的整体感知，其中整体印象方面的内容覆盖度最高，对比形象和口号形象所含特征词数相近（表6-20）。“建筑”和“闽南”是出现频率最高的词汇，说明泉州建筑文化和闽南文化给游客留下深刻的印象，例如：

“在泉州你可以看到各种各样魔幻的建筑，既可以看到闽南红砖古厝，还可以看到下南洋风格的番仔楼，石头厝、蚝壳厝等”“泉州的建筑不仅保留了中国传统建筑的内涵，同时也吸收了不同的外来文化”“泉州多元文化碰撞直接体现在了建筑上，我觉得泉州的别称应该是建筑博物馆吧”。

除此之外，“历史”“古代”“千年”“宋元”等10个表征历史的词汇也位列整体形象前26的高频特征词表，说明浓厚的历史底蕴是旅游者对泉州“海丝”旅游形象认知的核心特征，也是其感知形象最突出的特征。“宁静”“美丽”是游客最为显著的情感表达，反映游客对泉州的评价整体较高，其中泉州人悠然、缓慢的休闲生活也被多次提及，例如：

“人们不急不缓地过着悠闲的日子”“城市不大，节奏不快，但是历史人文丰富，这是个值得你细细品味、用心感受的城市”“市民们在树下惬意地下象棋，东塔下练太极，石板凳下（上）聊天，休闲的泉州人啊”。

对比形象是游客在游记中常常使用的手法，也是游客感知形象的重要内容。结合词频和文本分析发现，游客往往将泉州与厦门、福州、成都、西安等城市进行比较，表达游客感知到的泉州旅游特点。其中厦门与泉州的对比频次最高，主要是因为两者地缘相近，存在激烈的竞争关系，相对于“拥挤”的厦门，游客认为泉州“人少”，历史底蕴深厚。福州作为福建的省会城市，常常被提及，尤其是福州市的标志景区三坊七巷，相对于“商业化”的三坊七巷，游客感知到泉州更具有“浓厚的生活气息”。另外，游客也将泉州与成都、西安等城市做对比，体现泉州“传统、传承”的特征。例如：

“泉州与成都的老街感觉是完全不同的，成都多阴雨天，竹林丛中的青砖灰瓦老街给人一种清新幽远的感觉，而闽台地区的建筑却都是古朴造型中渲染开红色，加上漫天红色的凤凰木，阳光洒脱又传承着浓浓传统味道”。

“我的感觉，西安作为古都，对于历史文化的承载，更多的只是保留了遗迹。而真正意义上，灵魂的东西倒是泉州传承的更多些”。

表6-20 游客感知文本中整体形象类词频排名前26的特征词表

序号	词汇	频数	序号	词汇	频数
1	建筑	1 787	4	历史	1 128
2	文化	1 315	5	厦门	677
3	闽南	1 262	6	海丝	651

续表

序号	词汇	频数	序号	词汇	频数
7	古代	391	17	明清	257
8	故事	386	18	宁静	232
9	开放	367	19	人文	195
10	刺桐	354	20	年代	187
11	千年	344	21	繁华	168
12	宋元	342	22	悠久	166
13	古老	306	23	美好	158
14	海丝起点	299	24	华侨	155
15	福州	292	25	休闲	149
16	美丽	268	26	百年	133

其中，“刺桐”是游客提及最多的名片形象，说明刺桐被游客看做泉州“海丝”旅游形象标志，泉州也称刺桐城，同时刺桐花也是古泉州的代表形象；“海丝起点”位列第二，说明泉州作为“海丝”起点被较多游客所认知；“东方第一大港口、市井十洲人、涨海声中万国商”等口号体现游客对泉州“海丝”历史的感知，尤其是宋元时期泉州港繁荣发展的历史认知。“此地古称佛国，满街都是圣人、泉南佛国、世界宗教博物馆”体现游客对泉州多元荟萃的宗教形象形成稳定的认知。“历史文化名城、东亚文化之都”的提及，是游客对泉州多元历史文化形象的感知体现。

6.3.3 情感形象

游客往往会在游记中表达个人对旅游目的地各旅游要素的感受。通过内容分析软件提取游客感知文本中表征游客情感态度特征的高频词，对其情感表征内容进行量化打分，研究游客感知的情感形象特征。

6.3.3.1 总体情感评价

利用ROST CM自带的情感分析功能对泉州“海丝”旅游游客情感形象进行量化打分，将“游客感知文本”及情感分析词库导入软件，获得总体情感评价结果（表6-21）。

从情感类型结构看，游客感知形象总体上以积极情感形象为主，占比达59.62%；消极情感占比仅为9.94%，虽然消极情感占比不高，但是消极情感会传播，并影响潜在旅游者的旅游选择，从而造成客源流失。因此，消极情感是旅游管理部门提升目的地旅游形象需要关注的重要内容。

表 6-21　泉州“海丝”旅游感知形象总体情感评价表

情感类型	比重（%）	强度	比重（%）
积极情感	59.62	一般（0～10）	23.49
		中度（10～20）	13.62
		高度（20 以上）	22.51
中性情感	30.44		30.44
消极情感	9.94	一般（-10～0）	7.18
		中度（-20～-10）	2.57
		高度（-20 以下）	0.19
总计	100		100

6.3.3.2　情感高频词特征分析

将“游客感知文本”及情感分析词库导入 ROST CM 软件，提取出情感特征词排名前 100 的高频词汇（表 6-22），分析泉州“海丝”旅游的游客情感形象特征。

表 6-22　旅游感知形象文本中排名前 100 的情感特征词表

序号	词汇	频数	序号	词汇	频数	序号	词汇	频数
1	特色	689	18	时光	197	35	最好	142
2	美	563	19	人文	195	36	可爱	139
3	风景	570	20	风情	188	37	累	136
4	传统	449	21	年代	187	38	热闹	136
5	古代	391	22	记得	169	39	百年	133
6	故事	386	23	繁华	168	40	不贵	132
7	好吃	355	24	值得	167	41	古朴	130
8	千年	344	25	悠久	166	42	典型	129
9	古老	306	26	赞	166	43	岁月	126
10	著名	284	27	美好	158	44	漂亮	125
11	独特	270	28	现代	156	45	精神	125
12	方便	262	29	可惜	154	46	刺激	122
13	美丽	260	30	精美	152	47	不一样	122
14	重点	233	31	实在	151	48	差不多	121
15	宁静	232	32	欣赏	148	49	简单	120
16	完整	203	33	安静	148	50	创意	120
17	丰富	200	34	慢慢	146	51	有名	116

续表

序号	词汇	频数	序号	词汇	频数	序号	词汇	频数
52	完全	116	69	美景	96	86	魅力	82
53	开心	115	70	虔诚	95	87	漫步	81
54	美味	113	71	好好	94	88	熟悉	80
55	精致	113	72	传承	94	89	沧桑	79
56	享受	112	73	新鲜	94	90	随便	76
57	热情	112	74	罕见	93	91	刚好	76
58	完好	110	75	绝对	92	92	风味	76
59	记忆	110	76	舒适	91	93	正好	76
60	融合	109	77	相当	90	94	遗憾	75
61	超级	106	78	完美	89	95	清净	75
62	壮观	100	79	出名	88	96	好玩	74
63	最美	99	80	底蕴	86	97	智慧	73
64	便宜	99	81	惬意	86	98	勤劳	72
65	幸福	97	82	平安	86	99	惊喜	71
66	清新	97	83	辉煌	84	100	回忆	71
67	棒	97	84	期待	84			
68	真正	96	85	干净	84			

从排名前10的情感特征词看，可以划分为中性情感词汇（“风景”“传统”“古代”“故事”）和积极情感词汇（“特色”“美”“好吃”“千年”“古老”），并不包含消极情感特征词。从排名前100的情感特征词分析，以“特色”“美”“好吃”“著名”等71个积极情感评价特征词为主，“风景”“传统”“故事”“古代”等20个中性情感评价词位居第二，包含6个程度级别词（“完整”“完全”“绝对”“相当”“刚好”“正好”）和“可惜”“累”“遗憾”3个消极情感词。这与总体情感评价结果相一致，说明泉州“海丝”旅游形象以正面积极评价为主，含有少数的负面评价。

6.4　投射形象与情感形象一致性与差异性分析

6.4.1　综合形象对比分析

前文已将感知形象和投射形象文本排名前100的特征词按认知形象类目进行分类，并获得各主类目特征词数及累积词频占比，将投射形象与感知形象的统计结果进行对比分析发现，各类目在投射形象和感知形象中的比例有所不同（图6-5）。

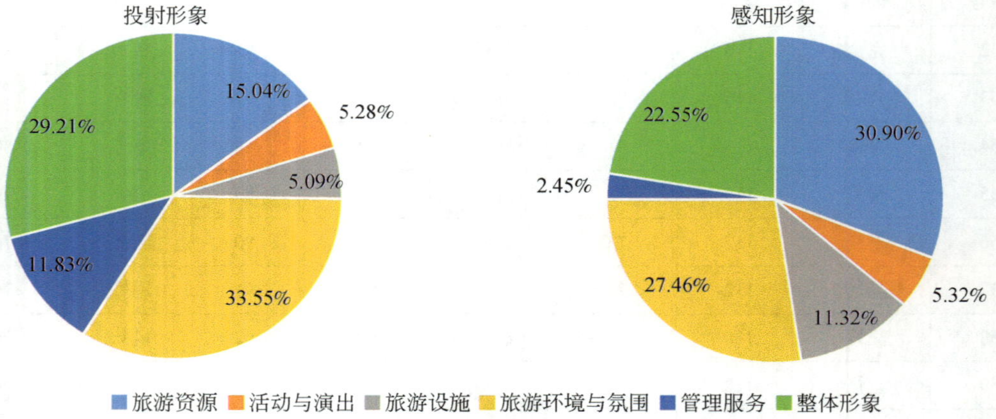

图6-5　主类目特征词累积词频占比对比分析

由图6-5可知，“旅游资源”和“旅游设施”的投射与感知比重具有显著差异，感知方面的占比约为投射方面的2倍。这不仅因为旅游资源是游客旅行的主要吸引物，旅游设施是游客在旅行过程中的基本保障，更重要的是，两者都是游客感知最为直接的旅游要素。投射形象中，“旅游资源”是较为重要的投射内容，而“旅游设施”的投射相对较弱。一方面，“海丝”文化资源是泉州旅游的主要吸引物，更是泉州“海丝”文化旅游的最佳名片；另一方面，旅游提供者需要开展各方面的宣传，资源形象通过“海丝”申遗等宣传已较有成效。

“旅游环境与氛围”和“整体形象”在感知及投射两方面的占比都较高，且差异较小，说明游客与形象塑造者都比较关注这方面的形象；“管理服务”在投射形象的比重远高于感知形象，一方面是因为官方注重传达旅游管理部门对行业的监管能力及行业服务水平，保障游客感知体验的形象；另一方面“旅游管理”往往是游客的“隐性”感知，是游客旅行的重要保障，旅游者在不自知的情境下感知，但在游记中更习惯于记录常见的有形要素。随着旅游需求的提升，人们不再仅限于审美需求，对于文化活动体验的期待也逐渐提高，但从“活动与演出”形象感知与投射占比情况来看，两者占比较为接近，且都较低，说明游客对“海丝”文化活动的感知印象较弱，泉州在“海丝”主题活动投射上还有较大提升空间。

由投射形象与感知形象排名前10的高频词来看（表6-23），两者共有词汇为“泉州”“中国”“闽南”“文化”“历史”，说明“海丝”文化中的闽南文化元素及历史特征是感知形象和投射形象共同关注的重要内容。从不同特征词来看，游客对“建筑”文化感知强烈，官方对“海丝”品牌的投射更为关注。投射与感知形象两者都包含与行政区划和旅游资源相关词汇，但又有所不同。例如，“石狮”在游客感知高频词表排名第三，而“福建”在投射形象中位列第九，说明除泉州市区外，石狮市相对其他县市而言对游客旅游吸引力更强，而官方更多提及泉州的行政区划归属“福建”。“开元寺”和“西街”是游客感知到的代表景点，而形象投射者更注重对“泉州古城”及“景区”的整体宣传。另外，感知形象还包括“酒店”，体现住宿条件在游客感知形象的重要性，而形象投射更重视与游客相关的形象宣传。

表 6-23　旅游感知形象与投射形象排名前 10 的特征词对比表

感知形象			投射形象		
序号	词汇	频数	序号	词汇	频数
1	泉州	8 786	1	泉州	6 011
2	建筑	1 787	2	文化	1 901
3	石狮	1 706	3	海丝	1 080
4	开元寺	1 487	4	中国	804
5	文化	1315	5	泉州古城	729
6	西街	1 268	6	闽南	669
7	闽南	1 262	7	景区	662
8	酒店	1 249	8	福建	622
9	中国	1 202	9	游客	491
10	历史	1 128	10	历史	486

6.4.2　认知形象对比分析

由于官方文本与游客文本的数据量差别较大，词频差异不具有表征意义，所以认知形象分析主要依据投射形象和感知形象所含的特征词内容及排序进行比较分析。从前文分析来看，投射形象与感知形象存在异同点，为进一步研究两者的差别，对投射形象与感知形象各维度排名前 26 的特征词进行“认同—错位”分层比较，即当一个特证词同时出现在投射形象与感知形象统计表时，若排序差距小于或等于 5 位，则认为在该要素上投射与感知呈高度认同；若差距在 7 至 26 之间，则认为是低度认同；当特征词互不出现在对方的统计表时，则认为该要素是投射形象与感知形象的“错位”表现。根据以上原则，对泉州“海丝”旅游认知形象的六个主类目进行分层对比分析。

6.4.2.1　旅游资源

由图 6-6 可知，在旅游资源认同方面，宗教信仰和商业贸易类词汇最多，表明泉州“海丝”多元宗教荟萃形象不仅是官方投射的重点，也得到游客的一致肯定，其中“开元寺”更是泉州标志性建筑。但宗教信仰维度也存在明显的“错位”，如“摩尼”仅出现在投射形象高频词中，“妈祖”“佛教”“寺庙”仅出现在感知形象高频词中。一方面，草庵寺作为世界仅存的摩尼教遗址，是泉州多元宗教文化的重要表征，也是泉州“海丝”历史的重要见证，但由于其位置距市区较远，旅游服务配套与实际推介不足等原因，故参观游客较少；另一方面，官方投射涉及泉州所有的宗教信仰，而游客更关注于自身相对熟悉的宗教与民俗信仰，如“开元寺”是福建省内规模最大的佛教建筑，“妈祖”更是沿海典型的民间信仰之一，因此游客对此感知更为强烈。对于商业贸易类高频词，官方投射与游客感知的景点一致，但两者特征词排序存在差异，“西街”“五店市”在游客感知和官方投射上呈高度认同，而“泉州古城”“钟楼”“中山路”呈低度认同。原因是官方投射注重打造古城整体景区形象，而游客更多的是提及古城旅游要素，“钟楼”在官方投射中作为资源点被提及，而游客将“钟楼”作为泉州西街的地标性建筑，在交通与游览过程被提及。展览文化方面，官方投射与游客感知形象中都仅含“博物馆”一词，说明泉州博物馆投射效果较为显著，博物馆成为游客了解泉州“海丝”的直接窗口。航海交通是“海丝”不可或缺的组成成分，桥梁、航标和海防建筑提及较多，但“九仙山”“九日山”仅出现在投射形象高频词。滨海休闲与名人聚落方面的特征词较少，游客在滨海休闲方面的感知以沙滩、海岸等自然资源体验为主，没有提及旅游配套服务；对于“古厝”“古民居”为代表的名人聚落景观，游客感知并不显著，只有“蟳埔村”这一景点获得低度认同，表明官方在滨海休闲和名人聚落两方面的投射较弱，还存在较大提升空间。

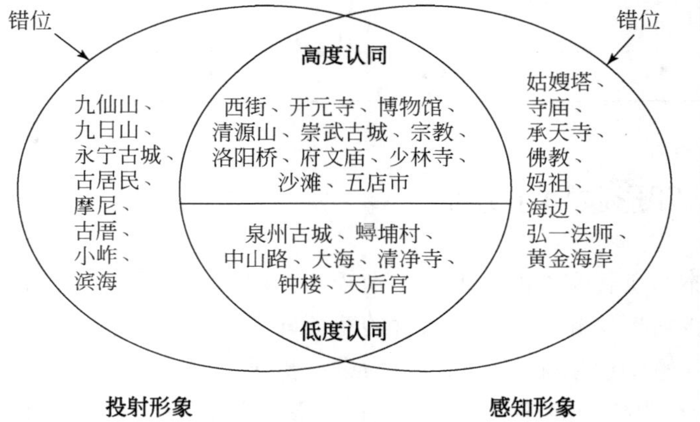

图 6-6　旅游资源之投射形象与感知形象对比分析

6.4.2.2　活动与演出

由图 6-7 可知，活动与演出方面的投射形象与感知形象“认同-错位”共存，且差异显著。以“木偶戏”“南音”“石雕”为代表的传统技艺得到游客的认可，也是官方投射提及较多的内容，但仍存在“浮雕”“木雕”等词汇错位，游客对传统技艺的感知更为强烈，且评价较高。“惠安女”“蟳埔女”等民俗是游客与官方共同关注的内容，但在节庆、赛会活动上错位表现显著，两者都认为体验活动吸引力较强。旅游部门举办了众多的节庆、赛会、演出活动，如海上丝绸之路艺术节、“海丝”环泉州湾自行车赛、泉州古城徒步穿越、闽南生活文化节等，但游客感知较为有限。主要原因：一是自行车赛等赛事活动，虽冠以“海丝”之名，但针对受众数量少，游客感知不明显；二是节庆活动的演出具有时间性，游客参与有限；三是传统技艺如木偶戏、南音等公益演出活动推广度不够，很多游客表示不清楚木偶剧院免费演出的时间。

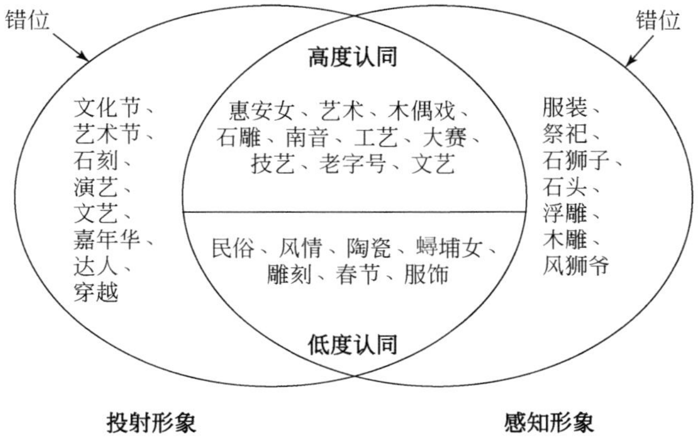

图 6-7　活动与演出之投射形象与感知形象对比分析

6.4.2.3　旅游设施

由图 6-8 可知，旅游设施特征词中，投射与感知形象高度认同仅涉及餐饮美食与交通条件两类，两者包含的词汇占比远超住宿与旅游服务，说明泉州“海丝”文化旅游形象塑造者在餐饮美食与交通条件上的投射较有成效，以“肉粽”“面线糊”等为代表的美食小吃不仅得到游客的肯定，也是官方投射的重要形象之一。美食小吃不再只是旅游服务要素，更上升为重要的旅游吸引物。投射形象与感知形象对于泉州的市外交通认知一致，认为泉州交通便捷，涵盖海陆空等交通网络。但对于市内交通，游客评价呈现差异，部分游客认为泉州市内交通拥挤、杂乱。住宿方面，“酒店”“客栈”“民宿”出现在低度认同水平，且存在错位（“住宿”“青旅”），说明两者都认可住宿条件在旅游活动中的重要性，除了以往对酒店的关注外，民宿、青旅也越来越受到游客的偏爱。但关于住宿条件，游客的评价不一，少数游客认为仍存在配套设施不齐全、老旧等问题，影响旅游体验。旅游商品服务方面表现为错位，说明官方在旅游购物形象塑造与投射方面存在不足。虽然多次举办伴手礼的评选活动，但游客感知较弱，除特产茶外，较少提及其他旅游商品。

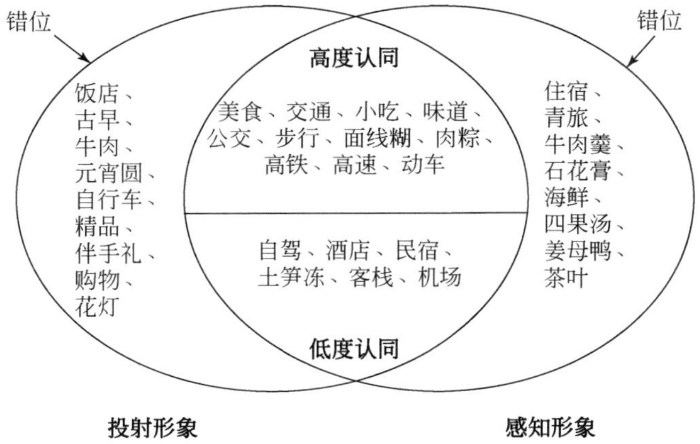

图 6-8　旅游设施之投射形象与感知形象对比分析

6.4.2.4 旅游环境与氛围

由图6-9分析发现，官方投射与游客感知形象在旅游环境与氛围方面表现较为一致，且差异不显著。官方与游客都认为泉州经济发展良好，但官方更重视生态城市、文明城市形象宣传，而游客对这方面的感知较少。基础设施方面，旅游管理部门重视厕所、景区讲解系统及公共标识等设施建设，但游客感知形象较少提及。区位环境方面，“中国”“福建”“海峡”等词汇表明官方投射形象与感知形象都关注到泉州区位环境特征，但相较而言，官方提及的县级行政区域较为广泛，而游客仅仅关注景点所在区域。气候条件方面，感知形象和投射形象一致，都认为泉州空气清新，气候宜人，台风天气常伴随雨水。居民态度方面，游客感知文本中多次提及当地居民热情、淳朴，这与官方投射的温馨友好形象相呼应。

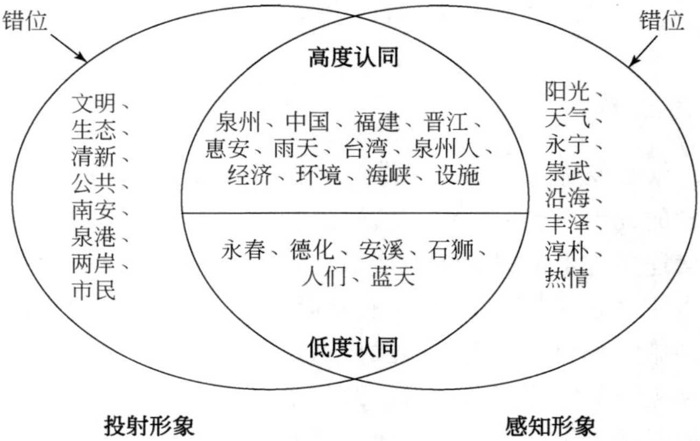

图6-9 旅游环境与氛围之投射形象与感知形象对比分析

6.4.2.5 管理服务

由图6-10可知，投射形象与感知形象在管理服务方面认同度较低，错位表现较为显著。行业管理方面，官方与游客都有提及“门票”“免费”“安全”，但“门票”排序差距达16位，说明两者都关注景区门票及相关情况，但游客更为重视景区收费信息，且评价较好，多次提到泉州景点免费，即使收费也不贵；官方注重旅游行业，特别是节假日的监管，宣传各行各业规范合法经营的旅游形象，而旅游者较少提及相关内容。服务水平方面，官方重视旅游管理、导游等从业人员的专业技能培训，传递专业化的旅游服务形象，而游客对于服务人员的评价总体较高，但对司机的安全意识、服务态度等存有负面意见。官方投射形象注重与时俱进，宣传智慧旅游、文明旅游，引入创新创意产业，而游客对这方面的意识较为薄弱。在互联网快速发展的背景下，游客倾向于通过微博、微信接收旅游信息，这也是官方开展新媒体营销的重要方式。

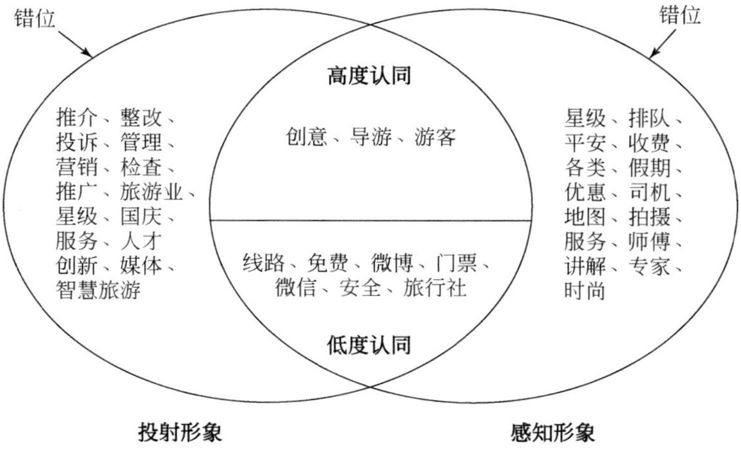

图 6-10　管理服务之投射形象与感知形象对比分析

6.4.2.6　整体形象

整体形象包含了整体印象、对比形象与口号形象三方面。由图 6-11 可知，投射与感知整体形象在高度认同方面共有 14 个高频特征词，在“文化”“海丝”“闽南”“历史”等呈高度认同，说明游客在旅游过程中对泉州“历史”“建筑”与“闽南”要素印象深刻，感知到泉州悠久的历史文化，常有穿越时空、穿越历史的错觉，这与泉州“海丝”投射形象高度一致，泉州底蕴深厚的历史形象深入人心，进一步说明官方在整体形象特征投射上较为成功。“‘海丝’起点”“休闲”“开放”也是投射形象与感知形象的共有特征；其次，官方逐渐加强城市文明形象、现代“海丝”元素的传递，但游客目前依然将注意力较多地停留在传统的具象人文景观，对宏观抽象事物的感知较弱；最后，“宁静”“美好”“繁华”仅出现在感知形象高频特征词表中，说明游客对旅游目的地的整体感知评价较好，而投射形象在情感形象宣传上较弱。对比形象方面，福州、厦门是官方投射与游客提及最

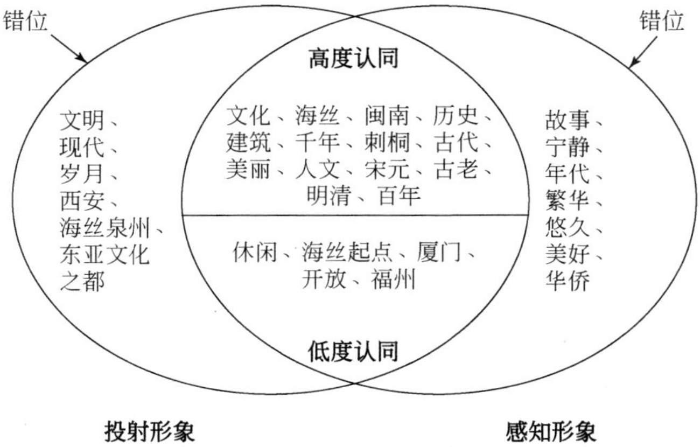

图 6-11　投射与感知整体形象对比分析

多的对比城市，但游客的对比对象更加宽泛，通过城市间的对比，突出泉州的“海丝”历史文化的韵味。口号形象方面，口号来源于官方的创意与宣传，“‘海丝’起点、刺桐、海丝泉州、东南亚文化之都”是官方宣传的主要口号，而游客对于泉州是“海丝起点”的认知较为清晰，“刺桐”作为泉州的代表特征也被游客感知，但“‘海丝’泉州”“东亚文化之都”并未出现在游客感知高频词表中，一方面可能是官方口号宣传得不足，另一方面本章游客感知资料源自游记文本，而游览者倾向于记录游览过程的具象感知，较少提及城市口号。

6.4.3 情感形象对比分析

将投射形象与感知形象的总体情感评价结果进行对比（表6-24）可知，投射形象与感知形象总体上都以传递积极情感为主，消极情感较低，但情感类型的占比有较大差异。积极情感方面，投射形象比感知形象的占比高11.84%，而中性情感和消极情感占比分别低5.85%和5.99%。从不同强度的积极情感比重来看，一般积极和中度积极方面，投射形象分别比感知形象高出5.37%和5.91%，而高度积极方面两者的占比接近，差异仅0.56%，匹配度较为吻合；由消极情感的分段情况来看，感知形象的比重都高于投射形象。由此看出，情感形象上官方和游客既存在共同点又有所差别。一方面，官方和游客对积极情感形象的重视具有一致性，尤其是高度积极情感；另一方面，官方在中度积极和一般积极的投射高于游客感知，但在消极情感上低于游客感知，说明泉州“海丝”旅游营销与游客感知体验存在差异，官方旅游营销还存在一定的空间。

表6-24　泉州“海丝”旅游情感形象对比分析

情感类型	情感分段统计	投射形象（%）	感知形象（%）
积极情感	一般（0~10）	28.86	23.49
	中度（10~20）	19.53	13.62
	高度（20以上）	23.07	22.51
中性情感		24.59	30.44
消极情感	一般（-10~0）	2.48	7.18
	中度（-20~-10）	1.36	2.57
	高度（-20以下）	0.11	0.19

6.5 小　　结

旅游形象是当前旅游地竞争力的重要体现，也是旅游领域的重点研究内容之一。本章从旅游供给方投射形象与旅游需求方感知形象视角出发，基于官方网络宣传文本和游客网络游记，采用内容分析法，通过ROST CM软件提取文本高频词，构建语义网络图谱，进行情感分析，构建泉州“海丝”旅游形象分析体系，研究泉州“海丝”旅游投射形象与感知形象的内容与特征，并进行“认同—错位”对比分析，针对官方投射与游客感知差异提出形象优化建议。主要研究结论如下：

1）运用扎根理论方法和文本内容分析法，构建泉州“海丝”旅游形象分析体系。分析体系主要包括综合形象、认知形象和情感形象三个部分。综合形象包含高频词分析、语义网络分析。认知形象分为6个主类目与24个次类目。

2）官方整体投射了一个“海丝”资源丰富多样、“海丝”历史深厚、多元文化荟萃、环境优美、活动丰富、特色鲜明、旅游设施较为齐全、管理服务到位的“海丝”文化旅游形象。

3）游客感知到的泉州“海丝”文化旅游形象为“海丝”资源丰富、历史文化底蕴深厚、气候宜人、美食小吃多样、环境休闲舒适，但认为在活动与演出、购物、住宿、交通等方面有待提高。

4）经过对比分析发现，泉州“海丝”旅游投射形象与感知形象一致性与差异性并存，泉州“海丝”旅游资源丰富多样，多元文化荟萃，“海丝”历史底蕴深厚，美食多样，气候宜人的形象不仅是官方投射的重点，也得到游客的一致肯定，其中，闽南文化与建筑文化是感知形象与投射形象共同关注的重要内容。从投射与感知的六大类目认知形象对比分析可知，目前泉州“海丝”文化旅游还存在“海丝”品牌影响力低，资源内涵挖掘不够，节庆赛事活动少，旅游商品缺乏特色，旅游配套设施不完善，旅游服务水平有待提高等问题。

5）官方投射旅游形象表征着地方政府对“海丝”文化旅游目的地未来规划方向，而游客感知形象表明了游客对“海丝”文化旅游目的地发展的需求向往。在考虑两者差异性基础上，“海丝”文化旅游区建设应该在“海丝”资源文化内涵挖掘、个性化“海丝”旅游产品打造、“海丝”文化旅游品牌塑造、旅游基础设施完善、公共服务水平提高等方面下功夫。

7 民众“海丝”文化认同：以泉州为例

“海丝”文化代表海上丝绸之路历史中创造的物质与精神文化，在当代中国及世界发展中发挥着重要作用，其和平合作、开放包容、友好交流的历史精神在现今仍冲突不断的全球发展进程中提供重要的价值导向。泉州海外交通博物馆（简称“海交馆”）是“海丝”文化空间的典型代表，表征着“海丝”历史文化，践行着“海丝”文化表征以建构民众“海丝”文化认同的重要角色。本章以泉州海交馆为例，探讨民众对“海丝”文化的认同如何？有何特征？海交馆作为“海丝”文化的一个展示窗口及生产空间，如何影响民众对“海丝”文化的认同？目的主要为更好地彰显和宣传泉州“海丝”文化，增强泉州民众的地方自豪感，实现文化的保护、发展与民众认同之间的平衡，从而提升“海丝”旅游形象，进而促进福建“海丝”文化旅游区建设。

7.1 “海丝”文化认同相关研究

7.1.1 “海丝”文化研究

“海丝”文化代表海上丝绸之路历史中创造的物质与精神文化。“海丝”文化是一个完整的文化体系，悠久的历史与多样的文化参与决定了其开放性、多样性和兼容性的特质（陈惠平，2005）。关于“海丝”文化的研究，国内外学者在20世纪90年代以前关注较少，主要是日本学者对“海丝”发展历史进行梳理，涉及历史事件、人物、港口、地名、贸易流通方式等；至20世纪90年代，联合国教科文组织为东西方全方位对话和交流、维护世界和平而组织国际学术会议和考察，“海丝”文化研究逐渐兴起。这一阶段的研究主题集中于“海丝”的历史、商品和贸易等，且研究区域进一步扩大。进入21世纪，在前期研究的基础上，学者们开始系统梳理“海丝”发展历程，并进一步研究“海丝”历史和探讨其文化价值，代表性观点包括：①“海丝”发展历程为“海洋强国”建设提供了历史经验教训。中国海洋文明史是中华民族复兴和现代化进程倒逼出来的研究课题，“海丝”发展历程与文化内涵为当代中国“海洋强国”的建设提供了经验教训（杨国桢和王鹏举，2015）。②“海丝”精神促进“21世纪海上丝绸之路”建设。“海丝”文化具有协和万邦、和平合作等精神内涵，我国应继承并发扬“海丝”精神以促进海上丝绸之路成为和平之路、共建共享之路、共兴共荣之路（张开城，2015）。③“海丝”文化价值可通过旅游发展得以开发与实现。黄少辉等（2009）以“南海一号”古商船为例，提出“金字塔”式开发、世界文化遗产申报、城市特色文化建设和主题形象工程建设等“海丝”文化旅游开发模式。

7.1.2 文化认同研究

全球化是一种矛盾的过程，使世界同质化的同时也伴随着边缘性，边缘层为抵制同质化而强化自身认同和地方性。于是，整个世界呈现出高度同质而又多元异质的状态。在此背景下，寻求认同成为现代社会的普遍现象。认同，指建构在个人认知“我者”与“他者”群体的共同起源或特质，直接涉及人们对“我（们）是谁”或“我（们）在哪里”的反思性理解。学界对认同的理解，在哲学、心理学、社会学等不同层面具有不同的理解。在哲学层面，认同指变化中的同态或差别中的统一（张海洋，2006）；心理学则把认同看作是一种熟悉自身、知道个人发展目标的感觉，以及从信赖的人们中获得所期待的认可的内在自信（周晓虹，2008）；社会学中的认同指社会共同体成员对一定信仰和情感的共有和分享，是维系社会共同体的内在凝聚力（余向洋等，2015）。同时，因学科差异或交叉而产生国家认同、民族认同、地方认同、角色认同、制度认同等相关概念。但各类认同都包含着文化认同的成分，文化认同是认同的核心（崔新建，2004）。1993 年，美国当代政治学家塞缪尔·亨廷顿提出的文明（化）冲突论提供了解读国际政治的一种全新视角，使文化认同成为国际舆论的焦点。文化认同，指文化群体或文化成员承认群内新文化或群外异文化的价值效用符合传统文化价值标准的认可态度与方式（钟星星，2014）。

文化认同是社会政治经济活动的产物，具有社会性，其根本动力来源于对经济利益的追求，是权力与利益多项调控的结果（吴其付，2009）。文化认同具备选择的多元性，随不同情境下的利益诉求而改变，如自我认同、民族认同、国家认同等是民众在个体或集体等不同情境下的多元身份转换。同时，文化认同还表现出多维性。关于文化认同的维度，部分学者总结为 3 个维度，如时蓉华（1989）提出态度由认知、情感和意向等 3 个维度构成；朱竑等（2012）基于认知、情感和意向等 3 个维度分析了广州小洲村居民的文化认同与身份认同；Dehyle（1992）将文化认同划分为文化投入、文化归属和文化统合等 3 个维度；马向阳等（2015）从认知性、情感性和评价性等维度测量祖国大陆游客对台湾文化的认同程度。除此之外，也有部分学者将文化认同总结为 4 个维度，这种四分法被广泛应用于企业组织、校园、旅游地等的文化认同研究中。例如，陈致中和张德（2009）将组织文化认同划分为认知、情感、行为和社会化等 4 个维度。

“海丝”文化研究中，对“海丝”文化价值的探讨均建立在民众认同“海丝”文化的假设基础上，但没有相关研究具体分析民众对“海丝”文化的认同现状。文化的价值建立在认同的基础上，民众的“海丝”文化认同程度关乎“海丝”文化价值的实现。对文化认同不同维度的划分缘于研究对象不同而产生的细微差异，文化认同可以总结为认知、情感、行为等 3 个维度，因此，本章基于认同维度的视角，认为文化认同是个体基于对某一文化的认知而作出的情感判断，最后内化为社会行为的系列活动。基于此，以泉州为案例地，从认知、情感和行为等 3 个维度探讨民众参观海交馆后对“海丝”文化认同状况。

7.2 民众“海丝”文化认同分析框架

7.2.1 研究案例地介绍

7.2.1.1 海交馆发展概况

海交馆是我国唯一反映航海交通史的专题性博物馆，向世人展示了中国人征服海洋的历史画卷，成为我国海外交通史的展示中心和研究基地。同时，海交馆也先后获得“百个爱国主义教育示范基地”“全国青少年科技教育基地”等称号。海交馆为我国唯一以海外交通史为专题的博物馆，展示古代泉州海外交通、海上丝绸之路，以及由此引发的各种经济文化交流。海交馆的发展可分为 4 个时期：

第一时期（1959～1971 年）：1959 年 7 月，海交馆成立于泉州开元寺院内东侧，陈列泉州港海外交通历史发展及国内外形势；1962 年因馆址问题而停止开放。

第二时期（1972～1985 年）：1972 年海交馆得以恢复。1973 年，在泉州后渚港发现一艘南宋沉船，1974 年开始发掘并重组完毕，在此基础上，1975 年海交馆获准古船陈列馆建设。1976 年，宗教石刻陈列馆竣工；1979 年古船陈列馆落成并正式对外开放，举办第一次全国性学术会议“泉州湾宋代海船科学讨论会”，并成立中国海外交通史研究会，同年出版期刊《海交史研究》。至此，海交馆确立了“一馆、一会、一刊”的发展模式。

第三时期（1986～2016 年）：1986 年，海交馆成功争取联合国教科文组织确定泉州为海上丝绸之路考察点；1991 年，新馆落成，主体为双桅船型展厅；2003 年，泉州伊斯兰文化陈列馆落成。至 2016 年，海交馆已辟有泉州港与古代海外交通史陈列馆、泉州湾古船陈列馆、泉州宗教石刻馆、中国舟船世界和阿拉伯——波斯人在泉州陈列馆等固定陈列及庄亨岱藏品馆、泉州“海交”民俗文化陈列馆两个预约开放展览馆。

第四时期（2017 年至今）：2017 年 1 月，泉州作为“海丝”最具代表性港口城市，被中国联合国教科文组织全国委员会推荐为 2018 年世界文化遗产申遗项目“古泉州（刺桐）史迹”，为此海交馆封闭泉州宗教石刻展和中国舟船世界两个展厅，对泉州港与古代海外交通史陈列馆进行升级改造；同年 10 月，作为“古泉州（刺桐）史迹”申遗总展览馆的“刺桐：古泉州的故事”展厅正式开放，以丰富的展陈文物、图文并茂的展板遗迹、形式多样的多媒体互动设置等内容展示古泉州（刺桐）“海丝”历史文化。

7.2.1.2 海交馆空间属性

“古泉州（刺桐）史迹”展厅分为“序厅”“向海而生”“东方大港”“多元荟萃”“守护遗产”等部分，集中全面展示了泉州“海丝”历史文化，是泉州政府为“古泉州（刺桐）史迹”世界文化遗产项目申请而生产的“海丝”文化空间，具有以下属性：

1）历史性。海交馆整理了泉州自南朝对海外交通有文字记载开始，历经唐、宋、元、明、清等各个朝代，泉州港本身历史的变化是陈列的主要内容（王洪涛，1959）。例如，展厅“向海而生”部分，讲述了剌桐城兴起的历史，从崇尚海洋、以海为生的闽越人到五代时期剌桐城初步形成，“东方大港”重点呈现了宋元时期泉州海外贸易的历史盛况。

2）文化性。展厅展现了泉州“海丝”时期的生产商贸文化、海洋文化、宗教与民间信仰及泉州地方文化等。例如，展厅“多元荟萃”部分，展示了“海丝”历史时期本土海上保护神如妈祖、通远王、真武大帝等海神信仰及儒教、道教、佛教等民间宗教的发展，伊斯兰教、天主教、基督教、印度教、摩尼教、犹太教等外来宗教在泉州的传播。

3）社会性。在展厅能看到来自亚洲、非洲、欧洲的各国商人、传教士、使者、旅行家、贵族和平民以及泉州当地各社会阶层的历史身影。海交馆再现了泉州“海丝”时期的政治、经济、文化等社会状况。另外，海交馆也是现代城市的文化及休闲空间，各阶层社会民众、政府及其他主体均可参与游览或开展其他相关事务。

4）功能性。海交馆的建馆目的是发扬我国人民和亚非各国人民在历史上长期和平友好的传统友谊，对广大群众进行爱国主义教育，并为历史科学研究服务（王洪涛，1959）。海交馆是我国唯一反映航海交通史的专题性博物馆，向世人展示了中国人征服海洋的历史画卷，成为我国海外交通史的展示中心和研究基地。同时，海交馆也先后获得“百个爱国主义教育示范基地”“全国青少年科技教育基地”等称号。海交馆具有文物收藏、科学研究、宣传教育和文化生产等功能。

7.2.1.3 海交馆空间布局及内容

海交馆展厅位于主体楼一楼，面积约1000平方米，主体内容依次分为“序厅”“向海而生”“东方大港”“多元荟萃”和“守护遗产”等部分，介绍了16个申遗点的历史背景及遗产价值，展示古泉州（剌桐）的发展及期间各文明在泉州和平共处的盛景，以及历代泉州人为保护及传承“海丝”文化遗产所做的努力。

1）“序厅”。此部分以16个申遗点沙盘及对应的联动播放图片，展示各个申遗点的时空环境。

2）“向海而生”。此部分分为“向东是大海”和“环城剌桐红”两个单元。“向东是大海”讲述了早期闽越人生活遗迹、中原汉人南迁以及泉州自然环境、城市中心东移的历史，并以时间轴的形式梳理了泉州发展的重要历史事件；“环城剌桐红”讲述了剌桐城名称的由来及唐五代时期泉州城市的发展。

3）“东方大港”。此部分分为“繁华光之城”“港口与设施”“生产与集散”“官方的参与”“牵星过海洋”等五个单元。“繁华光之城”单元通过剪贴画景箱、立体雕塑及多媒体映射技术再现古泉州的市井、集市、码头场景；“港口与设施”单元列举了泉州海岸港口群的位置及发展；“生产与集散”单元以近百件精美瓷器以及丝织品，配以电子触摸屏，介绍海外贸易的进出口商品；“官方的参与”单元讲述了官府在海外贸易中的监督管制历史；“牵星过海洋”单元展陈古代造船及航海技术，并增加互动体验内容，以游戏方式帮助来游览的民众更好地理解航海相关知识。

4）“多元荟萃”。此部分展示了不同文明的外来宗教（如基督教、印度教、摩尼教、伊斯兰教等）与中国儒教、道教和中国化佛教以及泉州本土民间（海神）信仰和平共处、相互交融的祥和场景。

5）“守护遗产”。此部分讲述了历代泉州人为守护、传承泉州“海丝”文化遗产而付出的努力，相关学者为探索泉州“海丝”历史文化而开展的科学研究，以及各组织机构保护和宣传泉州历史文化的相关活动。

7.2.2 研究设计

一般认为，文化认同分为认知、情感、行为三个维度，三者呈现一种递进关系：当个体接触某一文化时，先根据对该文化的认知作出喜爱或厌恶的情感判断，随后依据情感判断进行支持或排斥的社会行为。具体为“海丝”文化时，民众首先依据所认知的“海丝”文化作出认可或厌恶的情感判断，进而促发支持或排斥“海丝”文化的社会行为。

本章采用问卷调查的方法，以泉州海交馆为案例地，探讨民众参观海交馆后对泉州“海丝”文化的认同状况。问卷设计主要包括民众对泉州“海丝”历史文化的认知、情感、行为及个体人口学特征属性等部分。问卷题项的编制，经与海交馆馆内工作人员、“海丝”及泉州历史文化研究相关专家学者商榷后最终确定（表7-1）。

古代海上丝绸之路贯穿亚、非、欧等世界主要陆地，连接太平洋、印度洋和地中海，期间不少历史事件或人物对其产生重大影响。例如，唐代伊斯兰教门徒三贤四贤来泉传教、宋代泉州市舶司的设立、明清时期泉州海禁与郑氏家族等；“海丝”贸易中，丝绸、陶瓷器、茶叶及香料、药材等为主要商品，此外还有金银器、铜铁器及珠宝等；宗教的传播与“海丝”历史相伴始终，多种宗教在泉州和谐共生，成为古刺桐繁荣的精神基石之一。综上所述，问卷中“海丝”文化认知部分以“海丝”历史事件或人物（Q1）、宗教或民间信仰（Q2）、贸易商品（Q3）三方面内容测量民众的文化认知，题项设计采用多选题形式，根据被调查者回答项的勾选数量转化为李克特五级量表，如Q3，若勾选“以上都不知道”得0分，勾选“丝绸”“茶叶”两项得2分，勾选“其他”并填写正确得1分。在国家文物局召开“海丝”申报世界文化遗产工作会议中确定的32个申遗点中，泉州独占16个。泉州海交馆基于16个申遗点进一步补充与完善相关内容，全面集中展示了“海丝”文化（图7-1）。根据海交馆展示内容，经与相关学者专家商榷后将其“海丝”文化分海洋文化（Q7a）、宗教及信仰文化（Q7b）、生产生活文化（Q7c）三类（表7-1），以测量民众参观海交馆后对“海丝”文化的情感态度。题设采用李克特五级量表，根据受访者的喜爱（认可）程度由浅到深进行1-5分赋值。

行为是基于对某一文化的认知及情感判断后将其内化的社会行动，民众根据其对“海丝”文化的认知及情感判断而作出相应的行为，如参与“海丝”文化相关活动（Q6a）、向他人宣传“海丝”文化（Q6b）、维护泉州“海丝”文化形象（Q6c）以及为泉州开放、包容、多样的“海丝”文化感到光荣与自豪（Q6d）等。问卷基于以上行为测量民众对“海丝”文化在行为维度的认同，题设采用李克特五级量表，根据受访者对以上行为的意愿行为由浅到深进行1～5分赋值（表7-1）。最后以此计算民众对“海丝”文化在认知、情感和行为等维度及整体的认同程度。

表 7-1　“海丝”文化认同测量变量

文化认同	测量变量	对应题项
认知维度	对“海丝”历史事件或人物的认知	Q1
	对“海丝”相关宗教或民间信仰的认知	Q2
	对“海丝”贸易主要商品的认知	Q3
情感维度	对“海丝”海洋文化遗产的态度	Q7a
	对“海丝”宗教信仰文化遗产的态度	Q7b
	对“海丝”生产贸易文化遗产的态度	Q7c
行为维度	参与“海丝”文化相关活动的意愿程度	Q6a
	向他人宣传“海丝”文化的意愿程度	Q6b
	主动维护泉州“海丝”文化形象的意愿程度	Q6c
	对为“海丝”文化感到光荣与自豪表述的认可程度	Q6d

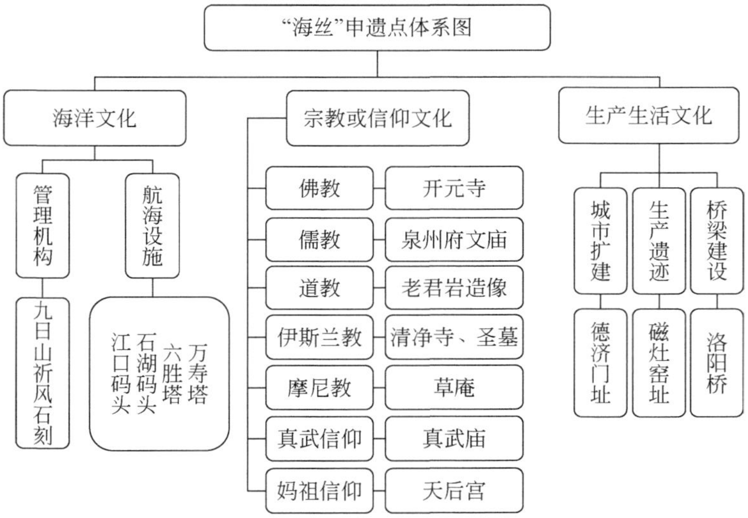

图 7-1　泉州“海丝”文化遗存体系图

7.2.3　数据分析

基于以上问卷设计，于 2017 年 9 月 30 日～10 月 2 日、10 月 14 日～15 日、10 月 21 日在泉州海交馆进行问卷发放及访谈，共发放 350 份问卷，回收有效问卷 300 份。

信度、效度检验是数据分析的基础。信度是指检测结果的一致性、稳定性及可靠性，一般多以内部一致性表示测验信度的高低，通常选用克伦巴赫系数（Cronbach's α）来测量（柴辉，2010），Cronbach's α 值以 0.35、0.70 为分界值，分为高信度、一般信度和低信度，信度系数愈高，表示该测验的结果愈一致、稳定、可靠。本章利用 SPSS 软件测得文化认同的认知、情感和行为维度分别为 0.71、0.89 和 0.86，均在 0.70 以上，说明数据可信度高（表7-2）。

表7-2　认同各维度 Cronbach's α 系数值

认同维度	变量	变量数量	Cronbach's α 值
认知维度	Q1～Q3	3	0.71
情感维度	Q7a～Q7c	3	0.84
行为维度	Q6a～Q6d	4	0.86

效度是指通过测验实际测到所要测量的理论结构和特质的程度（柴辉，2010），分为内容效度、准则效度和结构效度。本次调查问卷的题设是在文化认同相关理论和文献综述的基础上，参考海交馆人员、“海丝”及泉州学相关专家学者的意见建议下完成的，确保了问卷具有良好的内容效度和准则效度；借用探索性因子分析方法对问卷的结构效度进行测量，采用 KMO 样本测量和 Bartlett 球体检验。一般认为，KMO 值大于 0.60 即说明数据具有良好效度，可进行因子分析。通过 SPSS 软件对数据的效度进行检验，得到结果如表7-3所示，文化认同的认知、情感和行为三个维度的 KMO 值分别为 0.61、0.73 和 0.78，均大于 0.60，且 Bartlett 球体检验 $P=0.000$，说明数据具有良好的结构效度，可进行因子分析。

表7-3　认同各维度的结构检验系数值

认同维度	变量	KMO 度量	Bartlett 球体检验	*df*	Sig
认知维度	Q1～Q3	0.61	198.49	3	0.000
情感维度	Q7a～Q7c	0.73	364.07	3	0.000
行为维度	Q6a～Q6d	0.78	626.43	6	0.000

对受访者的性别、年龄、职业、学历、收入、来源地等属性进行统计（表7-4）。由表7-4可知受访者性别比例较为均匀，在职业层面以学生、企业职员、事业单位和政府部门职员为主。海交馆作为爱国主义教育示范基地和青少年科技教育基地，周边中小学（如鲤城实验小学）乐于组织学生来此游览参观，进行课外学习活动；“古泉州（刺桐）史迹”文化遗产项目申报作为地方政府行为，也引起相关事业单位及政府部门如泉州市政府、华侨大学等高度关注，并组织来馆参观学习；企业职员也认为“海丝”文化遗产项目申请将或多或少影响到企业的生产经营，因而对此有一定关注。在学历层面，受访者以受高等教育者（大学及以上）为主，这在一定程度上显示了博物馆游览行为与民众受教育程度的相关性，文化活动更受高学历群体欢迎。在年龄层面，受访者以 19～25 岁、26～40 岁两个年龄段为主，年轻群体更偏爱于文化知识学习，这个年龄段的民众也更容易接受问卷调查。在月收入层面，受访者以低等收入（为学生群体）和高等收入群体（即上述高学历群体）为主。在来源地层面，因受空间距离的影响，受访者以泉州市民众为主。

表 7-4　受访者属性统计

属性	类别	数量（占比）	属性	类别	数量（占比）
性别	男	140（46.7%）	年龄	12 岁以下	20（6.7%）
	女	160（53.3%）		12～18 岁	25（8.3%）
职业	馆内人员	6（2.0%）		19～25 岁	61（20.3%）
	政府部门职员	24（8.0%）		26～40 岁	145（48.3%）
	事业单位职员	58（19.3%）		41～60 岁	42（14.0%）
	企业职员	60（20.0%）		60 岁以上	7（2.3%）
	个体工商户	14（4.7%）	月收入	1500 元以下	94（31.3%）
	自由职业者	23（7.7%）		1501～2500 元	7（2.3%）
	学生	92（30.7%）		2501～3500 元	26（8.7%）
	其他	23（7.7%）		3501～4500 元	59（19.7%）
学历	初中及以下	34（11.3%）		4500 元以上	114（38.0%）
	高中或中专	31（10.3%）	来源地	泉州市	175（58.3%）
	大专或本科	189（63.0%）		福建省其他市	21（7.0%）
	研究生及以上	46（15.3%）		福建省外	104（34.7%）

对认同各维度进行因子分析可知，在认知维度中，Q2 即民众对“海丝”相关宗教或民间信仰认知的因子载荷为 0.88，解释了总方差的 63.93%（表 7-5）。泉州留有丰富的珍稀宗教遗存，在 16 个申遗点中有 8 个为宗教信仰文化遗存。例如，清净寺是阿拉伯穆斯林在中国创建的现存最古老的伊斯兰教寺，为“中国十大名寺”中唯一入选的伊斯兰教清真寺；草庵摩尼光佛造像为目前世界上唯一仅存的、摩尼教创始人的石雕造像等。外来宗教，如佛教、伊斯兰教、印度教、摩尼教、基督教、犹太教等；中国本土宗教，如儒教、道教；泉州民间海神信仰，如真武大帝、妈祖、通远王等，多种宗教及民间信仰在泉州一城共存，反映了古代中外人民友好共处、相互尊重的历史事实，故泉州被联合国誉为“世界宗教博物馆”。这些丰富的宗教及信仰遗存在海交馆得以展现，如海交馆“多元荟萃”部分展示了不同文明的外来宗教与中国本土宗教、泉州本土民间（海神）信仰和平共处、相互交融的祥和场景。泉州的多元宗教和平共存成为“海丝”历史文化中的重要史实，在文化冲突不断的全球化进程中突显借鉴意义，被民众广泛所知。

表 7-5　各变量因子分析系数值

认同维度	题设变量	因子载荷	解释方差（%）
认知维度	Q1	0.79	23.35
	Q2	0.88	63.93
	Q3	0.72	12.72
情感维度	Q7a	0.86	11.05
	Q7b	0.88	76.00
	Q7c	0.87	12.95

续表

认同维度	题设变量	因子载荷	解释方差（%）
行为维度	Q6a	0.81	7.26
	Q6b	0.88	14.90
	Q6c	0.90	71.74
	Q6d	0.79	6.10

在情感维度中，Q7b即对“海丝”宗教及信仰文化遗产的态度因子载荷为0.88，解释了总方差的76.00%。情感判断的前提是认知，民众的“海丝”文化认知中，对“海丝”相关宗教或民间信仰的认知占主要部分（因子载荷为0.88，解释总方差的63.93%），民众据此对“海丝”文化作出情感判断。

在行为维度中，Q6c即主动维护泉州“海丝”文化形象的意愿程度的因子载荷为0.90，解释了总方差的71.74%。泉州留有丰富的“海丝”文化遗产，是联合国教科文组织唯一认定的海上丝绸之路起点，泉州“海丝”文化形象深入人心。民众在认知、情感维度对“海丝”文化的认同促使其愿意主动维护泉州“海丝”文化形象。

7.3 民众“海丝”文化认同状况

7.3.1 整体认同状况

根据问卷调查数据计算得到民众对“海丝”文化的认同程度，如表7-6所示，民众对“海丝”文化认同较高。尽管海上丝绸之路概念在20世纪初提出，且20世纪90年代联合国教科文组织在泉州进行相关考察，但当时民众对“海丝”关注并不多，直到2013年10月，习近平在访问东盟时提出“21世纪海上丝绸之路”战略构想，“海丝”这个古老而新鲜的词汇才真正进入民众的视线。2015年3月，国家发展和改革委员会、外交部和商务部联合发布《推动共建丝绸之路经济带和21世纪海上丝绸之路的愿景与行动》将民众对“海丝”的关注推向另一高度。近年来，我国“一带一路”建设取得重大成就，得到民众的充分肯定，古老的“海丝”历史文化在当代国家建设中的重要意义促使民众对“海丝”文化的高度认同，如一位泉州惠安的受访者表示：

泉州历史悠久，“海丝”文化需要更好地宣传和传承，在全国文明城市创建活动中应突出“海丝”历史，在“一带一路”建设中应更好地发挥作用。

表7-6 “海丝”文化认同度描述性统计

认同维度	*N*	极大值	极小值	标准差	均值
认知维度	300	4.76	0.42	1.00	3.09
情感维度	300	5.00	1.00	0.79	4.35

续表

认同维度	N	极大值	极小值	标准差	均值
行为维度	300	5.00	1.00	0.83	4.42
整体认同	300	4.92	1.56	0.60	3.96

7.3.2 各维度认同状况

虽然民众对“海丝”文化认同度较高，达到3.96。但在各维度间表现出一定差异，其中行为维度的认同最高（4.42），其次为情感维度（4.35）、认知维度（3.09）。在问卷调查中，对民众“海丝”文化认知程度的测量采用多选题模式，根据民众对“海丝”历史文化相关知识了解多少量化其认知程度。关于“海丝”历史事件或人物的认知，最为民众所知的是古代阿拉伯、波斯等地海外商人来泉贸易事件，但也只有78.33%的受访者表示知道，而水密隔舱福船制造技艺仅有49.00%的受访者表示知道（图7-2）。关于泉州“海丝”重要历史事件或人物，海交馆内做了详细介绍（图7-3），以时间轴的形式梳理了泉州历史上的重要节点事件，但其中内容仅以文字陈述，且字体较小，大部分游客到此部分都是匆匆走过，不会驻足观看。另外，在平日的广播电视或网络宣传报道中，此类的信息也较少。只有从专门的历史报刊或书籍、网站才能见到。这都使得民众对泉州“海丝”重要历史事件或人物的认知较少。

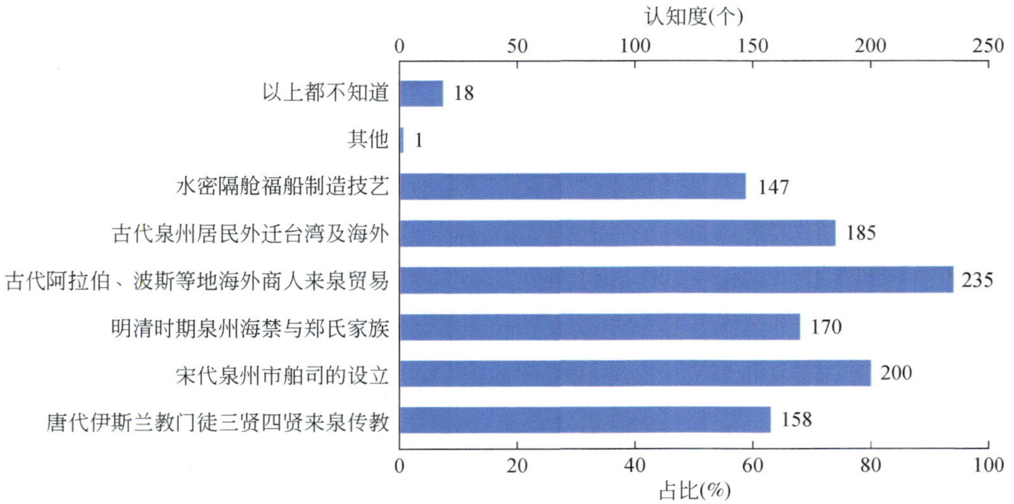

图7-2 民众对“海丝”历史事件或人物认知

关于“海丝”相关的宗教或民间信仰的认知，伊斯兰教和妈祖信仰最广为民众所知，认知率分别为16.23%和14.68%；其次为佛教、基督教和摩尼教、印度教，认知率分别为14.20%、11.69%、11.58%和11.58%（图7-4）。伊斯兰教早在唐代就传入我国，伊斯兰教活动在泉州留下大量遗存，如16个申遗点中的伊斯兰教圣墓和清净寺，海交馆宗

图 7-3　泉州重要历史事件陈列

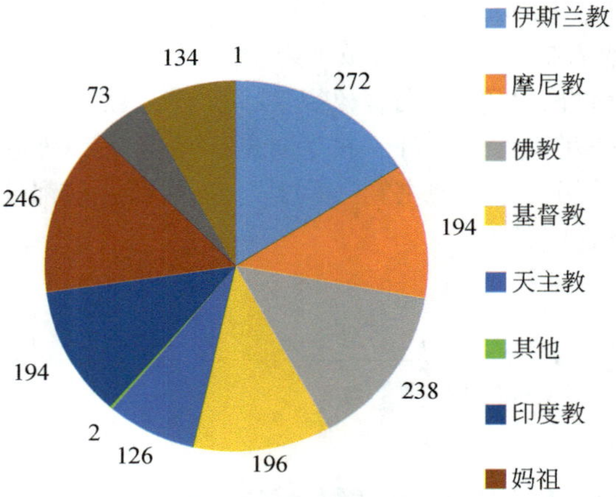

图 7-4　民众对“海丝”宗教或信仰认知

教石刻馆分馆中大量的穆斯林墓碑、石刻等文物收藏（图 7-5），以及中华人民共和国建立初期泉州陈埭镇居民民族划分议题等，都丰富了民众对伊斯兰教的感知。佛教和基督教在日常生活中也常被民众所感知，调查发现，佛教是最广为泉州民众所信仰的宗教。妈祖信仰自宋代诞生以来，受到历代统治者的青睐，成为我国沿海地区最重要的海神信仰之一，为广大民众所知。申遗点——泉州天后宫是我国东南沿海莆田湄洲妈祖祖庙分灵庙宇中现存较早、规模较大的一座妈祖庙，素来被视为海内外建筑规格最高、规模较大的祭祀妈祖的庙宇，妈祖信仰在泉州地区影响深远。摩尼教和印度教在泉州留存的遗迹较少，但因其珍稀的历史、艺术、文化价值而为民众所知。如印度教在泉州开元寺大雄宝殿留有精美、稀有的飞天浮雕；申遗点草庵摩尼光佛造像是我国仅存的摩尼造像，由此推断泉州是世界摩尼教（亦称明教）最后消亡地之一，对摩尼教研究有重要价值。通远王和真武大帝信仰相对于妈祖信仰，其分布地区及影响力较小，申遗点——真武庙的存在使得民众对真武大帝信仰的认知高于通远王。

图 7-5 伊斯兰教石刻

关于“海丝”贸易商品的认知中，丝绸、陶瓷最广为民众所知，认知率均达到 92.33%，其次是香料及药材、茶叶，认知率分别为 87.67%、85.33%（图 7-6）。在 1903 年沙畹提出海上丝绸之路概念之前，一些学者称其为中西、南洋等交通史，另外一些学者则以此航线中的主要贸易商品命名为“海上香料之路”“陶瓷之路”“茶叶之路”等，最终经国内外学者共同探讨后确定以最初的贸易商品——丝绸命名为海上丝绸之路。茶叶、陶瓷的生产在我国历史悠久，不仅是国人的骄傲，也是民众日常生活经常接触的物品，对其认知较高。虽然民众对“海丝”文化的认知程度一般（认同度为 3.09），但在情感维度和行为维度却表现出高度认同。民众对“海丝”文化情感维度的认同上升到行为维度，对参与“海丝”文化相关活动、宣传“海丝”文化、维护泉州“海丝”文化形象等意愿程度高，并为开放、包容、多样的“海丝”文化感到光荣与自豪。

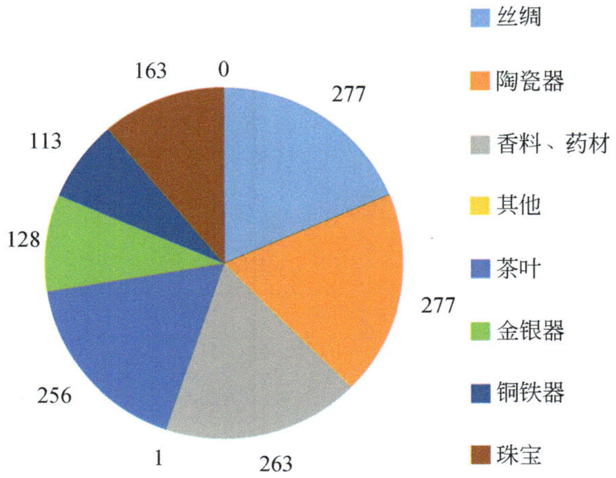

图 7-6 民众对“海丝”贸易商品认知

7.3.3 群体间认同差异

民众对泉州“海丝”文化的认同在主体间的人类学特征中是否表现出差异性？本章尝试用 SPSS 的多项有序 logistic 分析方法探讨主体间的认同差异。认同程度（Y）为因变量，3.96 为平均认同得分，将其设置为一般认同与高度认同的分界点，因此划分为低认同（$Y<3$）、一般认同（$3\leqslant Y<3.96$）和高度认同（$3.96\leqslant Y<5$）；影响群体认同差异的变量有性别（X_1）、年龄（X_2）、职业（X_3）、学历（X_4）、月收入（X_5）及来源地（X_6）。自变量设置中，因受访样本中 60 岁以上者只有 7 人，故将其并入 41～60 岁组；职业中，因受访样本中海交馆人员只有 6 人，故纳入政府及事业单位组。各变量及其定义如表 7-7 所示。

表 7-7 相关变量定义界定

变量		变量定义
因变量	认同程度（Y）	低认同=0；一般认同=1；高度认同=2
自变量	性别（X_1）	男=0；女=1
	年龄（X_2）	18 岁及以下=0；19～25 岁=1；26～40 岁=2；41～60 岁及 60 岁以上=3
	职业（X_3）	政府及事业单位=0；企业职员及个体工商户=1；学生=2；自由职业及其他=3
	学历（X_4）	初中及以下=0；高中及中专=1；大专及本科=2；研究生及以上=3
	月收入（X_5）	1500 元及以下=0；1501～2500 元=1；2501～4500 元=2；4501 元及以上=3
	来源地（X_6）	泉州市=0；福建省内（不包括泉州市）=1；福建省外=2

多项有序 Logistic 分析常用的连接函数有 Logist、补充 Log-Log、负 Log-Log、Probit 和 Cauchit 等，各连接函数的一般应用场合如表 7-8 所示。因受访样本中，高度认同的受访者较多，为 54.3%，一般认同人数占比为 38.0%，低认同人数占比为 7.7%，故采用补充 Log-Log 函数。将以上因变量及自变量导入 SPSS 回归分析模型，模型拟合信息如表 7-9，以高认同为参照值，模拟拟合信息 $P(\text{Sig})=0.001<0.05$，通过显著性检验，说明解释变量全体与补充 Log-Log 函数间的线性关系显著，模型选择正确；偏差检验值为 0.937，大于显著性水平，说明模型模拟效果理想。回归分析结果表明，民众“海丝”文化认同度与性别、年龄、学历和区域等自变量显著相关（表 7-10）。

表 7-8 常用的连接函数

连接函数	函数形式	一般应用场合
Logit	$\ln\left(\frac{\gamma_i}{1-\gamma_j}\right)$	各类别的概率分布大致均匀
补充 Log-Log	$\ln[-\ln(1-\gamma_j)]$	高类别的概率较高
负 Log-Log	$-\ln[-\ln(1-\gamma_j)]$	低类别的概率较高
Probit	$\Phi^{-1}(\gamma_j)$（Φ 为标准正态分布的分布函数）	潜变量服从正态分布
Cauchit	$\tan[\pi(\gamma_j-0.5)]$ 或 $0.5+\arctan(\gamma_j)\div\pi$	存在极端值

表 7-9 模型拟合信息

模型	−2 对数似然值	卡方	*df*	显著性
仅截距	326.238			
最终	287.373	38.865	15	0.001

注：连接函数为补充 Log-Log 函数。

表 7-10 参数估计值

95% 置信区间		变量	估计	标准误	Wald	*df*	显著性	
							下限	上限
阈值	[Y=0]	−2.997	0.482	38.736	1	0.000	−3.941	−2.053
	[Y=1]	−0.856	0.439	3.800	1	0.051	−1.717	0.005
位置	[X_1=0]	0.451	0.188	5.750	1	0.016	0.082	0.820
	[X_1=1]	0[a]	0.000	0.000	0	0.000	0.000	0.000
	[X_2=0]	0.410	0.642	0.407	1	0.523	−0.849	1.668
	[X_2=1]	0.005	0.512	0.000	1	0.993	−0.999	1.008
	[X_2=2]	−0.680	0.291	5.446	1	0.020	−1.251	−0.109
	[X_2=3]	0[a]	0.000	0.000	0	0.000	0.000	0.000
	[X_3=0]	0.222	0.294	0.573	1	0.449	−0.353	0.798
	[X_3=1]	−0.034	0.294	0.013	1	0.908	−0.610	0.542
	[X_3=2]	0.547	0.540	1.025	1	0.311	−0.512	1.605
	[X_3=3]	0[a]	0.000	0.000	0	0.000	0.000	0.000
	[X_4=0]	−1.142	0.564	4.104	1	0.043	−2.248	−0.037
	[X_4=1]	−0.571	0.470	1.478	1	0.224	−1.491	0.350
	[X_4=2]	−0.418	0.297	1.974	1	0.160	−1.000	0.165
	[X_4=3]	0[a]	0.000	0.000	0	0.000	0.000	0.000
	[X_5=0]	−0.693	0.503	1.899	1	0.168	−1.679	0.293
	[X_5=1]	−0.052	0.641	0.006	1	0.936	−1.308	1.205
	[X_5=2]	−0.048	0.241	0.040	1	0.841	−0.522	0.425
	[X_5=3]	0[a]	0.000	0.000	0	0.000	0.000	0.000
	[X_6=0]	0.434	0.207	4.416	1	0.036	0.029	0.840
	[X_6=1]	−0.925	0.315	8.642	1	0.003	−1.542	−0.308
	[X_6=2]	0[a]	0.000	0.000	0	0.000	0.000	0.000

a 因为该参数为冗余的，所以将其置为零。连接函数：辅助对数-对数。

与“海丝”文化认同度显著相关的自变量中，性别（X_1）系数为 0.451>0，表明随着性别的变化，“海丝”文化认同度属于高度认同的概率将增大，即女性的认同度高于男性；年龄（X_2）系数为−0.680<0，表明随着年龄的增大，“海丝”文化认同度属于高度认同的概率将减小，即青少年群体的认同度高于中老年群体；学历（X_4）系数为−1.142<0，表明随着学历的提高，“海丝”文化认同度属于高度认同的概率将减小，即低学历群体的认

同度高于高学历群体。来源地（X_6）中，参考变量为 $X_6=2$（即福建省外），当 $X_6=0$（即泉州市）时，系数为0.434>0，说明泉州市民众的认同度高于其他地区；当 $X_6=1$（即除泉州市的福建省内）时，系数为-0.925<0，说明福建省内民众对"海丝"文化的认同度低于福建省外民众。即不同来源地民众对"海丝"文化认同度由高到低依次为泉州市、福建省外、福建省内。

女性的"海丝"文化认同高于男性，可以从"海丝"文化中的女性主义表达进行解释。例如，"海丝"申遗点姑嫂塔（亦称万寿塔，是泉州港船舶出入的航标），是南宋时期泉州民众为纪念苦苦守护家园、期盼家人海外归来的女性而建，表现了对女性地位的肯定；妈祖信仰是古代男权主义社会中少有的女性海神，是女性文化、女性最高地位的代表，在唤起妇女对人生积极态度和自身价值的正确认识、鼓励妇女争取自由平等权利、激励女性发展起到重要作用。青少年群体在接受中小学教育中，随国家时事政治发展而接受相应的爱国主义教育。近年来，"一带一路"建设使得"海丝"文化宣传教育也在青少年群体中普遍加强（如小学五年级教材《品德与社会》中介绍"海丝"），不少学校组织学生来海交馆进行"海丝"文化及爱国主义教育，这或许使得青少年群体对"海丝"文化的认同度高于中老年群体，而这些中小学生正是受访者中的低学历群体，所以调查结果显示，低学历群体的认同度高于高学历群体。泉州是联合国所认定的"海丝"港口城市，其"海丝"文化城市形象深入人心，"海丝"文化是泉州地方文化的重要组成部分，出于对地方的归属感及自豪感，泉州民众对"海丝"文化的认同度高于其他地区。

7.4 "海丝"文化空间对民众"海丝"文化认同的影响

7.4.1 海交馆对民众"海丝"文化认同建构

博物馆、遗址、纪念地等这些特定类型的地方均可以塑造关于过去的集体记忆。通过这些特定的地方和经历特定的地方，群体建构或重构集体记忆，进而起到强化或减弱社会认同的作用（李彦辉和朱竑，2013）。海交馆是为展览"海丝"文化而运用一系列故事、图像、景观、历史事件及象征物以表征古代中国与国外通过海洋进行商贸及文化交流而生产的空间，旨在促进民众对"海丝"文化的认同。本章采用问卷调查方法探讨文化空间在文化认同建构中的意义，即海交馆是如何促进民众对"海丝"文化认同的。问卷设计参考以往研究的概念和项目，题项设计采用李克特五级量表，主要根据文化认同的认知、情感和行为三个维度进行编制题项，参照文化认同、地方认同等研究，最终保留10个题项（表7-11）。海交馆是我国唯一以海外交通为专题的博物馆，集中展现了我国（特别是泉州）的"海丝"历史文化。在认知维度，"海丝"文化具有开放性、包容性与多元性（Q8a），民众通过游览海交馆更深入了解泉州"海丝"文化（Q8b），感受"海丝"文化的开放、包容与多元（Q8c），以及对泉州及国家发展的重要意义（Q8d）；在情感维度，民众的海交馆游览行为能激发其对"海丝"历史的记忆与想象（Q8e），进而产生认同感（Q8f），同时基于地方或文化归属，"古泉州（刺桐）史迹"世界文化遗产项目申报让游览民众感到骄傲与自豪（Q8g）；在行为维度，民众基于对“海丝”文化的认可而游览海交馆（Q8h），并向他人推荐海交馆（Q8i），同时为“海丝”世界文化遗产项目申报而付诸个人行动（Q8j）。数据采集及基础分析前文已述，此处不再赘述。数据检验中，数据信度采用克伦巴赫系数（Crondach's α）进行检验，一般认为，该值越接近1，表明数据可信度越大。利用SPSS求得数据的克伦巴赫系数值为0.935，说明数据可信度高。效度检验中，问卷题设按照文化认同维度并参考相关专家建议而设，确保了良好的内容效度和准则效度；结构效度采用KMO样本测量和Barlett球体检验，利用SPSS求得数据的KMO值为0.908，Barlett球体检验 $P=0.000$，说明该数据具有良好的结构效度，可作进一步分析。

表7-11 变量定义及其平均值、标准差

变量	平均值	标准差
Q8a 海交馆集中展现了泉州“海丝”历史文化	4.56	0.75
Q8b 参观海交馆让我更深入了解泉州“海丝”文化	4.78	0.58
Q8c 参观海交馆让我感受到“海丝”文化的开放、包容、多元	4.60	0.76
Q8d 参观海交馆让我感受到“海丝””文化对泉州及国家发展的重要意义	4.53	0.85
Q8e 参观海交馆激发我对“海丝”历史的记忆与想象	4.75	0.61
Q8f 参观海交馆让我对泉州“海丝”文化产生认同感	4.58	0.76
Q8g“古泉州（刺桐）史迹”世界文化遗产项目申报让我感到骄傲与自豪	4.59	0.79
Q8h 我非常喜欢游览海交馆	4.46	0.85
Q8i 我愿意向他人推荐海交馆	4.53	0.84
Q8j 我愿意为“海丝”世界文化遗产项目申报贡献自己的力量	4.59	0.78

7.4.2 海交馆对民众“海丝”文化认同产生积极影响

海交馆作为“古泉州（刺桐）史迹”世界文化遗产申报展示馆，践行着表征泉州“海丝”历史文化的空间角色，承担着宣传“海丝”文化、促进文化交流的功能。这种以集体社会记忆为内容的文化空间是以促进文化认同而进行生产的，使得民众在游览此类空间时激发某种记忆和想象，从而增进民众的认同感。表7-11列示了海交馆对“海丝”文化认同建构的各变量及其平均值和标准差，各变量平均值皆较高，最低为4.53，最高值为4.78；标准差反映数据集的离散程度，代表大部分数值与其平均值之间的差异，表7-11标准差都较小，最低值为0.58，最高值为0.85。由此可知，海交馆明显促进民众的“海丝”文化认同，同时反映民众间“海丝”文化认同度差异较小。尽管受访民众有年龄、职业、收入和来源地之分，但海交馆的参观使得各类民众主体对“海丝”文化的认同都有所增进，产生积极影响。例如，吉林辽源的受访者说道：

“此为第三次游览海交馆，每次都有新收获，可见泉州是下了功夫，希望泉州能早日实现申报世界遗产的宏愿。”

其中一名泉州受访者说道：

“加深对美丽历史文化名城泉州的了解，更加热爱故乡泉州，为自己是一名泉州人、福建人、中国人自豪。”

另外一名泉州受访者说道：

“参观海交馆后，我对于泉州“海丝”历史文化有了更加深刻的了解，希望这样的展览可以多一些，让更多市民和游客都参与其中了解文化。”

7.4.3 海交馆在认知、情感、行为等维度建构“海丝”文化认同

本章采用因子分析中的主成分分析法对民众“海丝”文化认同进行分析，因文化认同分为认知、情感和行为三个维度，因此强制设置抽取的因子数量为3，所得因子载荷及各因子解释的方差及累计值如表7-12所示。题设中，Q8a～Q8d为认知维度因子，Q8e～Q8g为情感维度因子，Q8h～Q8j为行为维度因子，三个维度因子分别解释了总方差的66.866%、11.342%%和6.063%，累计解释总方差的81.271%。这说明游览海交馆使得民众对“海丝”文化的认同从认知、情感和行为等维度进行建构。其中，认知维度因子在其中解释的方差最大，其次为情感、行为维度。可见，海交馆在促进民众“海丝”文化认同中在认知维度的作用最大，即民众通过游览海交馆更深入了解“海丝”文化。认知是情感和行为的前提，民众只有了解“海丝”文化后才能对其作出情感态度的判断，进而影响其社会行为。

表7-12 “海丝”文化认同的因子分析

文化认同测量变量	认知维度	情感维度	行为维度	解释方差	累积解释方差
Q8a 海交馆集中展现了泉州“海丝”历史文化	0.798				
Q8b 参观海交馆让我更深入了解泉州“海丝”文化	0.584				
Q8c 参观海交馆让我感受到“海丝”文化的开放、包容、多元	0.845				
Q8d 参观海交馆让我感受到“海丝”文化对泉州及国家发展的重要意义	0.882			66.866	63.866
Q8e 参观海交馆激发我对“海丝”历史的记忆与想象		0.614			
Q8f 参观海交馆让我对泉州“海丝”文化产生认同感		0.898		11.342	75.208
Q8g“古泉州（刺桐）史迹”世界文化遗产项目申报让我感到骄傲与自豪		0.801			
Q8h 我非常喜欢游览海交馆			0.831		
Q8i 我愿意向他人推荐海交馆			0.807		
Q8j 我愿意为“海丝”世界文化遗产项目申报贡献自己的力量			0.866	6.063	81.271

7.5 小　　结

本章在前人文化认同、空间生产、符号及社会记忆等理论及研究基础上，基于田野调查及问卷调查数据，利用Logistic分析法和因子分析法，对民众“海丝”文化认同，“海

丝”文化空间——海交馆对民众“海丝”文化认同的影响进行了探讨，得到以下几点主要结论：

1）民众对“海丝”文化的认同可以从认知、情感和行为三个维度进行量化。分析表明，民众对“海丝”相关宗教或民间信仰的认知、对“海丝”宗教信仰文化遗产的态度、主动维护泉州“海丝”文化形象的意愿程度，对其“海丝”文化认同的影响最大。民众的“海丝”文化认同度整体较高，但在各维度间表现出差异性。其中，行为维度的认同最高，其次为情感维度、认知维度。“海丝”文化认同在群体间表现出差异性，性别、年龄、学历和来源地等因素与民众“海丝”文化认同显示出相关性。其中，女性的认同度高于男性，青少年群体的认同度高于中老年群体，低学历群体的认同度高于高学历群体。来源地层面，泉州市民众的认同度高于其他地区民众。“海丝”文化的女性主义表达、学校教育、地方认同等因素造成了上述现象。

2）海交馆对民众“海丝”文化认同产生积极的建构作用。海交馆是我国唯一以海外交通史为专题的博物馆，其空间具有历史性、文化性、社会性及功能性等属性。海交馆践行着展示泉州“海丝”历史文化的空间角色，并承担着宣传“海丝”文化、促进文化交流与认同的功能。民众在游览海交馆过程中，通过对海上交通史的记忆和想象增进对“海丝”文化的认同。这种文化认同的建构在认知、情感和行为维度得以实现，其中在认知维度中的作用最为显著。认知是情感和行为的前提，民众只有全面认知“海丝”历史文化，意识到“海丝”文化对泉州及国家发展的重要意义，才能增进民众对“海丝”文化的认同，进而为保护和利用泉州“海丝”文化遗产、发展“海丝”文化旅游贡献自己的力量。

8 居民对“海丝”文化遗产认知及保护态度

本章将从认知、情感和行为三个维度探讨福州居民对“海丝”文化遗产的认知与保护态度。以福建省“海丝”文化旅游的重要节点城市——福州为案例地研究民众的“海丝”地方文化认同，一方面可以由点及面地探讨整个福建省居民对“海丝”文化的认知及情感认同，促进民众积极主动地参与“海丝”文化遗产的保护；另一方面，有利于更好地挖掘本地“海丝”文化内涵，推广“海丝”文化旅游，促进福建省海上丝绸之路核心区的建设。

8.1 研究的缘起与基础

8.1.1 研究背景

近年来海上丝绸之路历史遗迹的保护与开发、非物质文化遗产的传承、“海丝”文化旅游资源的产业化、品牌化开发等方面，成为“海丝”研究的热点之一。随着研究视角的不断拓宽，从认同角度出发探讨“海丝”文化遗产的认知与保护逐渐成为一个新方向。地方认同（Proshansky，1978；朱竑等，2010；朱竑和刘博，2011；庄春平和张新建，2011）作为多元认同中的一个维度，很少涉及文化遗产特别是“海丝”文化遗产的认知与保护的研究。与此同时，国内外学者针对地方认同开展了诸多应用研究，主要集中于旅游与地方认同之间的关系（Kneafsey，1998）、居民地方认同度对环保态度及行为的影响（Halpenny，2010）、历史街区居民态度变化及其影响因素（邱慧等，2012）、遗产生产对地方认同变迁的影响（孙九霞和周一，2015）、城市宗教文化遗产地方认同的构建（方程，2014）、农业文化遗产地居民的地方认同（任洪昌等，2015）等，涉及“海丝”文化遗产地居民地方认同的研究较少。

福州是福建省省会，位于福建东部、闽江下游的东南沿海地区，地理位置得天独厚。福州的海外贸易历史悠久，早在汉代便已萌芽。而从三国时期吴国“置典船都尉，领谪徙造船于此”起，福州就一直是我国南方重要造船基地。盛唐以后，海外贸易勃兴，福州成为海上丝绸之路的重要节点。五代时期，王审知及其家族主政闽地，积极招徕蛮夷商贾，发展对外贸易。宋元时期，福州继续保持与日本、高丽、占城等国的对外贸易。明代郑和七次下西洋，船队在福州长乐太平港驻泊侯风、扬航出海。经由福州港，丝绸、瓷器、茶叶等物品通过海上丝绸之路远销异域他乡，福州海上丝绸之路进入鼎盛时期。明清两代，福州是中国与琉球贸易往来的唯一合法口岸。鸦片战争后，作为五口通商口岸之一的福州成为世界著名“茶港”。福州港是福建省著名的四大海港（福州港、泉州港、漳州港、厦门港）之一，也是中国历史上古老的天然良港之一和古今海外交通的重要港口，在古代中国“海上丝绸之路”中扮演着至关重要的角色。尤其在15～19世纪的海上贸易中，其地缘优势明显：在福建省内与泉州、漳州和莆田的“海丝”史迹相互连接，在省外与广州、南京、宁波等城市形成定期的互动，构成“海丝”史迹的完整系统网络。福州市的辉煌的“海丝”历史创造了丰富的“海丝”文化遗产和独特的区位优势，在“21世纪海上丝绸之路”的建设中具有不可替代的比较优势。从地方文化认同的视角出发探讨福州居民对“海丝”文化遗产的认知与保护态度，不仅有助于本地居民理解“海丝”文化的意义，强化居民与“海丝”文化遗产的紧密联系，还有利于增强居民对“海丝”文化遗产的认同感和保护的积极性，也有利于福建“21世纪海上丝绸之路”核心区建设的推进。

8.1.2 福州“海丝”文化遗产资源概况

海上丝绸之路是古代中国与海外各国互通使节、往来贸易和交流文化的海上通道。福州作为“海丝”的重要节点，保留了数量丰富、类型多样的“海丝”文化遗产，其中三坊七巷、怀安古窑、圣寿宝塔、闽王德政碑、天妃灵应之记碑等文化遗产，不仅见证了福州在“海丝”历史发展中的兴盛，也为福建“海丝”文化旅游区建设奠定了浓厚的文化底蕴。本章采用文献史料查找、实地调研、专家咨询等方法，梳理出福州市现存的“海丝”文化遗产资源点。根据资源点与“海丝”要素的相关程度，或对“海丝”的繁荣和发展有间接影响，或能够体现中外文化交流融合的结果，将其分为海上交通史迹、商业贸易史迹、宗教文化史迹和文化融合史迹四大类。在此基础上，将海上交通史迹大类分为海港设施、海防设施、航线遗存、祈风遗迹四个亚类；商业贸易史迹分为商贸街市史迹、商贸管理史迹、外销商品生产地史迹；而宗教文化史迹则分为宗教信仰史迹和民间信俗史迹；最后加上文化融合史迹中的聚落史迹、名人史迹、近现代建筑设施共十二个亚类，具体文化遗产资源点如表8-1所示。

表8-1 福州市主要“海丝”文化遗产资源点一览表

大类	亚类	主要“海丝”文化遗产资源点
海上交通史迹	海港设施	东冶港（福州港）、长乐太平港、邢港码头、闽安港口古码头、东岐码头、登文道码头、接官道码头、嵩口古镇码头
	海防设施	闽安炮台、闽安古城墙、黄岐半岛要塞、闽安水师左右营、马江海战炮台
	航线遗存	邢港古航道、闽安迴龙桥、圣寿宝塔、长乐太平桥、罗星塔、林浦石塔
	祈风遗迹	—

续表

大类	亚类	主要“海丝”文化遗产资源点
商业贸易史迹	商贸街市史迹	三坊七巷历史文化街区、上下杭历史文化街区、鼓岭老街、十洋街、福华茶厂遗址
	商贸管理史迹	税课司旧址、闽安巡检司、闽安协台衙门
	外销商品生产地史迹	怀安古窑、浦口窑、东张窑、闽清义窑、南屿碗窑、洪塘窑、宦溪窑、古温麻镇遗址、马尾船厂遗址、织缎巷
宗教文化史迹	宗教信仰史迹	开元寺、万福寺、涌泉寺、西禅寺、天安堂、云居寺、石厝教堂、望北台真武庙、福清南少林、雪峰寺、永泰名山室、泛船浦教堂、鹤巢寺、龙瑞寺
	民间信俗史迹	天后宫、妈祖庙、文石天妃庙、外坂陈靖姑宫、显应宫
文化融合史迹	聚落史迹	闽安古镇
	名人史迹	闽王祠、顺天圣母陈靖姑故居、蔡忠惠公祠、林则徐故居、林则徐祠堂、福州琉球墓园、恩赐琅琊郡王德政碑、鼓山绝顶峰摩崖石刻、宜夏村洋人别墅
	近现代建筑设施	烟台山近代建筑群、华南女子文理学院旧址、安澜会馆、福建协和大学建筑群、昙石山遗址馆

8.2 理论基础与研究设计

8.2.1 理论基础

“认同”概念由心理学家弗洛伊德提出，用于回答和解决“我是谁”这一问题，暗示个人或群体的来源和价值观（周晓虹，2008），是一种心灵的归属，按照研究对象的身份属性可划分为国家认同、集体认同、社会认同、地方认同、文化认同等。1983 年 Proshansky 等将认同概念引入环境心理学，认为与社会认同的概念相对，地方认同可延伸至客体和事物与空间和地方，它所指的是个人或群体与地方互动从而实现社会化的过程。这种特殊的社会化包含了情感、感知与认知等多种复杂的过程。通过这一过程，个人与群体将自身定义为某个特定地方的一份子，从而通过地方来构建自身在社会中的位置与角色（Stedman，2002）。这样的语境下，地方不再仅仅是人类活动发生的物理背景，而成为了自我的一个组成部分（Krupat，1983）。换言之，地方认同是个人认同的组成部分，是根据特定地方的独特要素、人地互动的本质而发展出来的（Bernardo and Palma，2005）。地方文化认同的建构是多维度的、动态发展的。Proshansky 等（1983）基于环境心理学视角，认为地方认同是个多维结构，包括有意识和无意识的观点、信念、偏好、感觉、价值观、目标以及行为倾向和技能，这为地方认同维度的划分提供了思想前提。Breakwell

(1992) 将地方认同划分为 4 个维度：独特性 (distinctiveness)、连续性 (continuity)、自尊 (self-esteem) 和自我效能 (self-efficacy)。影响地方认同的因素主要分为个人因素、地方自然环境和社会文化因素，其中个人因素是最主要的影响因素。个人因素包括迁移、居住时间、个体心理因素、人口社会学特征等，研究主要集中在居民居住方面。

我国学者戴旭俊和刘爱利 (2019) 等将国外地方认同研究划分为 3 个阶段。①概念提出阶段 (1978～1984 年)：1978 年地方认同概念被 Proshansky 提出，并将其引入环境心理学。②理论完善阶段 (1984～2007 年)：国外学者等对地方认同概念进行深入探讨，并开始展开对维度、形成过程及影响因素的研究，逐渐完善地方认同理论。③实证应用阶段 (2007 年至今)：研究对象不仅包括居民和游客，还包括一些特殊群体，如第三文化儿童、中国移民等，空间尺度也从社区和城市扩展到公园、博物馆等。而国内关于地方认同的研究起步较晚，张捷 (1997) 提出地方认同是旅游地吸引力基础。黄向等 (2006) 学者对“场所依赖” (place attach-ment)、“场所认同” (place identity)、“场所依靠” (place dependence) 概念及发展进行了讨论，填补了国内研究的空白。目前，国内地方理论研究尚处于起步阶段，主要包括文献梳理 (唐文跃，2007；朱竑等，2010) 和实证研究 (杨立国等，2015) 两个方面。

8.2.2　问卷设计

本章基于地方文化认同的认知、情感和行为三个维度进行问卷设计，问卷采用李克特五级量表进行统计测量。问卷由三部分组成：第一部分考量福州居民对当地“海丝”文化遗产的认知，从海上交通史迹、商业贸易史迹、宗教文化史迹、文化融合史迹等方面测量居民的认知程度，同时以居民对福州“海丝”文化遗产的历史地位和重要程度的看法来测量居民对“海丝”文化遗产的情感认同程度；第二部分考量福州居民对福州“海丝”文化遗产的保护态度，以居民对“海丝”文化遗产的保护、宣传、志愿服务等的意愿程度来测量居民的行为认同；第三部分收集被调查者的基本信息，包括性别、年龄、职业、收入、居住时间和学历等，分析居民文化认同的主体差异。调查小组于 2018 年 6 月在福州市开展随机问卷调查，经筛选剔除后，获得有效问卷 410 份。

8.2.3　信度与效度检验

信度主要表现检验结果的一贯性、一致性、再现性和稳定性。信度检验采用 Alpha 信度系数法，通常情况下量表的信度系数在 0.7 以上表示量表信度好。本章中地方文化认同量表的 Cronbach’s Alpha (Alpha 信度系数) 值为 0.861，说明数据信度好，可以对数据进行后续分析。效度是指所测量到的结果反映所要考查内容的程度，分为内容效度、准则效度和结构效度。本次调查问卷设计是在地方文化认同相关理论和文献综述的基础上，在相关专家学者的建议下完成的，确保了问卷具有良好的内容效度和准则效度。采用探索性因子分析方法对问卷结构效度进行测量，包括 KMO 样本测量和 Bartlett 球体检验。一般认为，KMO 值大于 0.60 即说明数据具有良好效度，可进行因子分析。通过 SPSS 对数据的效度进行检验，KMO 值为 0.74，且 Bartlett 球体检验 $P=0.000$，说明数据具有良好的结构效度，可进行因子分析。

8.2.4 Spearman 相关系数分析

Spearman 相关系数分析是一种非参数检验方法，用于度量变量之间的强弱关系，该系数对数据分布无要求，可刻画线性和非线性关系且对异常值不敏感。为探究不同人口学特征对福州居民地方文化认同的影响是否显著，首先对人口学特征中的性别、年龄、居住时间、学历和收入指标进行有序量化，然后借助 SPSS 相关分析功能中的 Spearman 相关系数，对不同指标和居民地方文化认同进行相关分析。

8.2.5 Logistic 回归分析

Logistic 分析是一种回归分析法，常用于寻找因变量与自变量之间的回归方程关系，即把握变量受一个或多个变量影响的程度，进而预测和判别事件发生概率。当因变量为多项且有序的连续变量时，通常采用多项有序 Logistic 分析法。本章利用多项有序 Logistic 分析法，从不同主体出发，探讨福州居民对“海丝”文化遗产地方文化认同的主体差异。

8.3 福州居民对“海丝”文化遗产认知与保护态度

8.3.1 福州受访者信息的描述性统计分析

对受访者的性别、年龄、居住时间、职业、学历、收入属性进行统计，结果见表 8-2。受访者性别比例较为适中，年龄以 19～40 岁者居多，职业以学生、公司职员、自由职业者为主，居住时间长短不一，样本均匀，大多数受访者接受过高等教育（大专或本科），以低收入（学生群体）和中等收入（高学历群体）为主。

表 8-2 受访居民人口统计学特征

属性	类别	百分比（%）	属性	类别	百分比（%）
性别	男	56	居住时间	1～4 年	29
	女	44		5～10 年	14
职业	学生	33		11～20 年	20
	事业单位	11		21～30 年	16
	公务员	8		30 年以上	21

续表

属性	类别	百分比（%）	属性	类别	百分比（%）
职业	公司职员	16	收入水平	≤1500 元	40
	自由职业者	15		1501～3500 元	18
	个体商户	9		3501～5500 元	21
	其他	8		>5500 元	21
年龄	<12 岁	9	学历	初中及以下	11
	12～18 岁	13		高中或中专	16
	19～25 岁	35		大专或本科	58
	26～40 岁	28		研究生及以上	13
	41～60 岁	13			
	>60 岁	2			

8.3.2 福州居民地方文化认同总体特征

参考前人研究（任洪昌等，2015），设定得分均值在 1.0～2.4 表示认同度低，2.5～3.4 表示认同度一般，3.5～5.0 表示认同度高。地方文化认同维度测量结果见表 8-3，居民在认知认同维度的得分为 2.38，属于低认同。通过对题项进行分析发现，居民对“海丝”相关贸易产品、主要历史人物和民间信仰认知程度较低（得分均处于 2.5 以下），对于“海丝”遗迹、景点、相关的国家地区等了解程度一般（得分均处于 2.5～3.4），总体上居民对于“海丝”文化遗产的认知程度较低。居民在情感认同维度得分为 3.87，属于高认同。居民与“海丝”文化有着紧密的情感联系，在长久的海外贸易历史中也渐渐形成一种敢闯、拼搏的海洋精神，对于“海丝”有着独特的情感。访谈发现，居民对“海丝”文化遗产的重要历史地位比较认可，对福州的“海丝”文化遗产感到骄傲和自豪。行为认同维度得分为 3.46，属于一般认同。表明福州居民对参与“海丝”文化活动、宣传“海丝”文化、维护“海丝”文化形象、保护“海丝”文化遗产等行为意愿程度一般。整体认同测量结果得分为 3.52，表明福州居民对“海丝”文化遗产的总体认同度较高。

表 8-3 福州居民“海丝”文化遗产地方文化认同维度测量结果

认同维度	相关问题	极大值	极小值	标准差	均值
认知维度	对福州“海丝”海上交通史迹的认知	4.23	1	0.82	2.38
	对福州“海丝”商业贸易史迹的认知				

续表

认同维度	相关问题	极大值	极小值	标准差	均值
认知维度	对福州“海丝”宗教文化史迹的认知	4.23	1	0.82	2.38
	对福州“海丝”文化融合史迹的认知				
情感维度	对福州“海丝”文化感到骄傲自豪	5.00	1.4	0.76	3.87
	对福州“海丝”历史地位认可程度				
	对福州“海丝”相关信息的关注程度				
行为维度	宣传福州“海丝”文化的意愿程度	5.00	1.6	0.73	3.46
	维护福州“海丝”形象的意愿程度				
	保护福州“海丝”文化遗产的意愿程度				
	参与福州“海丝”宣传相关活动的意愿程度				
整体认同		4.78	1.43	0.65	3.52

8.3.3 福州居民“海丝”文化遗产地方文化认同的影响因素

为了进一步分析人口学特征与福州市居民对“海丝”文化遗产地方认同之间的关系，首先对调查所获得的数据进行定序量化。设认同程度（Y）为因变量，划分为低认同（$Y<2.5$）、一般认同（$2.5\leqslant Y<3.5$）和高度认同（$3.5\leqslant Y\leqslant 5$）。影响群体认同差异的定序变量有性别（$X_1$）、年龄（$X_2$）、居住时间（$X_3$）、学历（$X_4$）及收入（$X_5$）。对相关变量的定义界定见表8-4。利用Spearman相关系数分析受访者的人口学特征（性别、年龄、居住时间、学历和收入）和“海丝”文化遗产地方认同之间的相关性，进而探索不同因素对福州“海丝”文化遗产地方认同的影响，分析结果见表8-5。

表8-4 相关变量定义界定

变量		变量定义
因变量	认同程度（Y）	低认同=0，一般认同=1，高度认同=2
自变量	性别（X_1）	男=0，女=1
	年龄（X_2）	12岁及以下=0，12~18岁=1，19~25岁=2，26~40岁=3，40岁以上=4
	居住时间（X_3）	1~4年=0，5~10年=1，11~20年=2，21~30年=3，30年以上=4
	学历（X_4）	初中及以下=0，高中及中专=1，大专及本科=2，研究生及以上=3
	收入（X_5）	1500元及以下=0，1501~3500元=1，3501~5500元=2，5500元以上=3

表8-5 福州居民人口学特征与地方认同相关性分析

项目	性别	年龄	居住时间	学历	收入	认知维度	情感维度	行为维度
认知维度	−0.151*	0.116*	0.278**	−0.050	−0.037	1	0.328**	0.430**

续表

项目	性别	年龄	居住时间	学历	收入	认知维度	情感维度	行为维度
情感维度	-0.130	0.134**	0.213**	-0.158*	0.041	0.328**	1	0.647**
行为维度	-0.059	0.124	0.203**	-0.073	-0.003	0.430**	0.647**	1

*表示 $P<0.05$，**表示 $P<0.01$。

居民的认知与性别存在显著负相关，表明在对“海丝”文化遗产的认知方面男性高于女性。居民的认知与年龄、居住时间分别显著正相关和极显著正相关，表明年龄越大、居住时间越长，居民对“海丝”文化遗产的认知程度越高。居民对“海丝”文化遗产的情感与年龄和居住时间极显著正相关，表明年龄越大、居住时间越长，居民对福州“海丝”文化遗产的情感认同程度越高。情感与学历呈显著负相关，表明学历越高，居民对“海丝”文化遗产的情感认同度越低。居民的行为与居住时间呈极显著正相关，居住时间越长，居民对“海丝”文化遗产的行为认同程度越高。认知、情感、行为三个维度之间分别极显著正相关。综上所述，福州居民对“海丝”文化遗产的认知、情感与行为受到居民的性别、年龄、居住时间和学历的影响，与收入的相关性不显著。

调查中发现，政府部门和事业单位人群以及中小学生群体对于“海丝”文化遗产的了解度明显高于其他职业类型群体。例如，有些受访的政府职员表示：

“当前国家正大力提倡‘一带一路’，同时我们还正在对‘海丝’进行申遗，所以我们对相关政策的关注度较高，了解的也较多”。

“一带一路”倡议实施以来，无论是政府部门，还是相关企业都十分重视。在教育方面，学校加大对学生的宣传教育，组织学生参观与“海丝”相关的遗产遗迹、博物馆等，极大地增加了学生群体对“海丝”文化遗产的认知与了解。

8.3.4 福州居民对“海丝”文化遗产的认知保护态度和人口学特征之间的关系

为探究福州居民对“海丝”文化遗产的认知、保护态度和人口学特征之间的关系，依据地方文化认同各维度的具体调查内容，以认知和情感两个维度指示居民的总体认知，以行为指代居民对“海丝”文化遗产的保护态度。按照人口学特征、总体认知、保护态度三个层面，根据表 8-5 可知，人口学特征中只有居住时间与行为之间存在显著正相关关系，相关系数的绝对值为 0.203，相关性较弱。认知、情感与行为之间存在极显著正相关关系，相关系数绝对值分别为 0.430 和 0.647，相关性较强。因此，综合分析来看，居民对“海丝”文化遗产的认知是影响保护态度最主要的因素，而与人口学特征关系较弱。

8.3.5 福州居民地方文化认同的主体差异分析

利用 SPSS 的多项有序 Logistic 分析方法探讨居民对“海丝”文化遗产地方认同的主体

差异性。多项有序 Logistic 分析常用的连接函数有 Logist、补充 Log-Log、负 Log-Log、Probit 和 Cauchit 等。因受访样本中“一般认同”的受访者较多（“高认同”占32%，“一般认同”占56%，“低认同”占12%），故采用负 Log-Log 函数。将以上因变量及自变量导入 SPSS 回归分析模型，模拟拟合信息，$P(\text{Sig}) = 0.013<0.05$，通过显著性检验，说明解释变量全体与负 Log-Log 函数间的线性关系显著，模型选择正确；偏差检验值为 0.843，大于显著性水平，说明模型模拟效果理想。

回归分析结果见表 8-6，民众对“海丝”文化遗产的地方认同度与性别、年龄、居住时间、学历、收入存在显著相关。与“海丝”文化地方认同度显著相关的自变量中，性别层面 $X_1=0$（男性）表现为极显著相关（0.637>0），表明男性的认同度高于女性。问卷调查中也发现男性居民对于福州“海丝”文化遗产的认知和理解程度明显高于女性。年龄层面 $X_2=0$（12 岁以下）表现为极显著相关，系数为−1.552<0，表明随着年龄的增大，居民对“海丝”文化遗产的认同度将增加。居住时间层面 $X_3=0$（4 年及以下）表现为极显著相关，系数为−0.365<0，说明居住时间越长，居民的认同度越高。学历层面 $X_4=0$（初中及以下）系数为 1.174>0，$X_4=1$（高中及中专）系数为 0.961>0，说明这两个学历层次的群体对“海丝”文化遗产的认同程度较高。收入层面 $X_5=2$（即 3501～5500 元）表现为极显著相关，系数为 0.658>0，说明收入在 3501～5500 元阶段的人群认同度高于其他人群。由于相关分析只单纯考量变量两两之间的关系，不考虑其他的控制变量，所以与综合多个解释变量的 Logistic 回归分析的结果可能存在差异。如在相关性分析中，收入与福州居民对“海丝”文化遗产的地方认同并未显著相关，而在回归分析中综合了性别、年龄、居住时间等自变量后表现为显著相关。

表 8-6 参数估计值

变量		估计	标准误	Wald	df	P	95%置信区间	
							下限	上限
阈值	[$Y=0$]	0.621	0.497	1.557	1	0.212	−0.354	1.596
	[$Y=1$]	2.793	0.551	25.713	1	0.000	1.713	3.873
位置	[$X_1=0$]	0.637	0.208	8.763	1	0.003	0.208	1.022
	[$X_1=1$]	0[a]			0			
	[$X_2=0$]	−1.552	0.690	5.051	1	0.025	−2.905	−0.199
	[$X_2=1$]	−0.277	0.527	0.277	1	0.599	−1.310	0.756
	[$X_2=2$]	−0.245	0.647	0.143	1	0.706	−1.513	1.024
	[$X_2=3$]	0.127	0.364	0.122	1	0.727	−0.586	0.840
	[$X_2=4$]	0[a]			0			
	[$X_3=0$]	−0.365	0.411	0.791	1	0.043	−1.170	0.440

续表

变量		估计	标准误	Wald	*df*	*P*	95%置信区间	
							下限	上限
位置	[X_3=1]	-0.255	0.445	0.327	1	0.567	-1.126	0.617
	[X_3=2]	0.069	0.398	0.030	1	0.863	-0.712	0.849
	[X_3=3]	0.325	0.369	0.774	1	0.379	-0.399	1.049
	[X_3=4]	0[a]			0			
	[X_4=0]	1.174	0.591	3.951	1	0.047	0.016	2.332
	[X_4=1]	0.961	0.427	5.077	1	0.024	0.125	1.797
	[X_4=2]	0.211	0.321	0.433	1	0.510	-0.418	0.840
	[X_4=3]	0[a]			0			
	[X_5=0]	-1.229	0.759	2.620	1	0.106	-2.717	0.259
	[X_5=1]	0.398	0.361	1.217	1	0.270	-0.309	1.106
	[X_5=2]	0.658	0.323	4.159	1	0.041	0.026	1.291
	[X_5=3]	0[a]			0			

a 因为该参数为冗余的，所以将其置为零。

8.4 小　　结

本章基于地方文化认同理论，运用相关性分析和 Logistic 回归分析，从认知、情感及行为三个维度出发，通过调查问卷，定量分析福州居民对“海丝”文化遗产的认知、保护态度及其与人口学特征之间的关系。

福州作为古代海上丝绸之路的重要港口，其“海丝”历史遗存丰富，通过文献资料查找和实地调查等方法梳理出福州市现存的“海丝”文化遗产资源点，将其划分为海上交通史迹、商业贸易史迹、宗教文化史迹和文化融合史迹四大类，并细分为海港设施、海防设施等十二个亚类。这些数量众多、文化底蕴丰厚的“海丝”文化遗产，使得居民在情感上对其具有高度认同感。

分析表明，福州居民对“海丝”文化遗产各维度的认同程度由高到低依次为：情感、行为和认知。千百年来，敢闯敢试、创新求变的海洋文化与海上丝绸之路承载的“和平合作、开放包容、互学互鉴、互利共赢”精神相互交融，使福州居民在情感上对“海丝”文化遗产更加认同，同时更愿意用实际行动去保护这些遗产。而在“海丝”文化遗产基本知识的学习上，居民能够从日常广播电视和网络宣传报道中获得的较少，只有在专门的历史报刊、书籍、网站、博物馆等才能见到，所以认知程度较低。

福州居民中，男性对“海丝”文化遗产的认同程度高于女性。居住时间越长、年龄越大对本地的文化历史等了解得更充分、情感投入更多，认同程度更高。本科以下学历层次群体认同程度高于本科及以上学历层次群体。收入在 3501～5500 元阶段的人群认同度高于其他收入群体。

福州居民对“海丝”文化遗产的保护行为主要受其认知情况的影响，与人口学特征相关性较弱。居民对“海丝”文化遗产认知不足必将影响其保护态度，从而对“海丝”文化遗产的保护与合理开发造成不利影响。因此，为了提升居民对“海丝”文化遗产的保护态度，政府必须提高居民对“海丝”文化遗产的认知，如加快推进数字博物馆、文化馆、图书馆等公共数字文化平台建设，做好“海丝”文化数字化保护、展示等工作，拓宽居民了解“海丝”文化遗产的渠道，充分开发利用“海丝”历史文化遗迹，打造“海丝”文化品牌，举办“海丝”文化节，开展文化普及宣传等活动，提高居民对文化建设重要性的认识和对“海丝”文化遗产的了解，着力提高居民参与“海丝”文化旅游区建设的主动性和积极性。

9 “海丝”文化旅游景区游客满意度评价

文化旅游区开发的成败与游客满意度有着密切关联。三坊七巷历史文化街区是福建“海丝”文化旅游景区的典型代表之一，其古老的坊巷里蕴藏着“海丝”历史与繁荣，它将传统历史文化、主题旅游、休闲娱乐、精品购物与商务贸易进行整合，形成闽都特色旅游景区。对三坊七巷历史文化街区游客满意度研究，深入了解游客对“海丝”文化旅游景区的感知与评判，一方面有利于促使三坊七巷提高管理水平、服务质量及综合实力，进而促进景区的可持续发展。另一方面，满意度除了“总结过去”，更重要的是“预测未来”。研究结论可为其他“海丝”文化旅游景区开发与管理提供经验借鉴。

9.1 福州三坊七巷历史街区旅游概况

三坊七巷位于福州市中心城区，是福州市“海丝”文化遗产中具有代表性的一处历史文化街区，总占地约40公顷。三个坊（衣锦坊、文儒坊、光禄坊）、七条巷（杨桥巷、郎官巷、塔巷、黄巷、安民巷、宫巷、吉庇巷），与一条中轴（南后街）构成“非”字形坊巷格局（图9-1）。该格局形成于唐代后叶，到明清时期特别是清代中叶发展到鼎盛。随

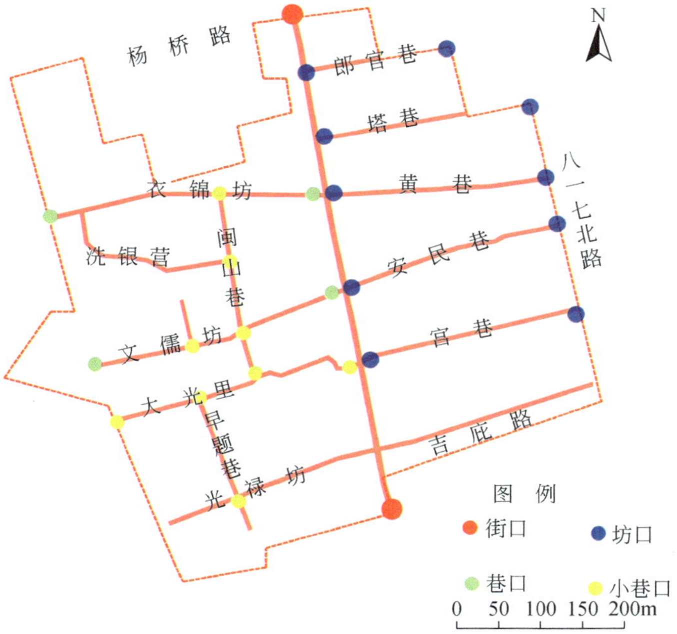

图9-1 三坊七巷空间节点图

着海上丝绸之路的开辟与发展，以及近代茶叶、丝绸、瓷器等贸易的繁荣，对三坊七巷形成发展产生影响。据记载福州三坊七巷古时，内河水路四通八达，是福州城区内商业汇聚的通衢和中转码埠，承担着南北贸易的中转枢纽作用。古时郎官巷内入城船只可达三处，是出海商贾沿江北上南下，走向全国，走向世界的贸易集散口岸。至今坊巷内仍然保留着大量的“海丝”商贸兴盛时期遗留的作坊、商会及会馆等遗迹。文儒坊西段发现的唐五代时期城墙遗址，是繁荣的福州海上丝绸之路非常重要的见证。此外，三坊七巷内的部分建筑，如天后宫也是“海丝”文化的重要体现。三坊七巷为国内现存规模较大、保护较为完整的历史文化街区，有“中国城市里坊制度活化石”和“中国明清建筑博物馆”的美称。

三坊七巷因地灵而人杰，是中国近代名人聚居地。“一个三坊七巷，半个中国近代史”，林则徐、沈葆桢、严复、陈宝琛、林觉民、林旭、冰心、林纾等大量对当时社会乃至中国近现代进程有着重要影响的人物皆出自于此。他们当中既有促进中西思想碰撞与交流的资产阶级启蒙思想家，也有中国“开眼看世界第一人”，还有推动近代中国造船与航海、海军建设事业奠基人。三坊七巷名人文化是其核心文化符号，是最具吸引力和竞争力的核心资源（林爱平，2015）。

坊巷现存古建筑200多座，拥有9处全国重点文物保护单位、8处福建省级文物保护单位。其中林觉民故居、冰心故居、严复故居、二梅书屋（福建省民俗博物馆）、水榭戏台（福州地方戏剧演艺场）、叶氏民居（福建省非物质文化遗产博览苑）、林聪彝故居（城市会客厅）和刘家大院（社区博物馆中心展馆）等，是三坊七巷内著名景点。此外，为更好地保护与传承“海丝”文化，三坊七巷以“福船”这一重要的“海丝”文化载体为基础，在尤氏故居设立了“海丝”博物馆，还在天后宫内设立了“福州海丝同源信俗博览馆”。

三坊七巷中轴线南后街，历史上曾聚集了花灯、裱褙、书坊等许多福州传统工艺行业。现已辟为寿山石刻、脱胎漆器、软木画等福州传统工艺及太平燕（同利肉燕）、燕皮（燕丝）、锅边（糊）等福州名小吃和海峡两岸特色商品传统文化商业街，每日人流旺盛。而街两边的三坊和七巷大多保持幽巷深宅风貌，成为都市闹中取静供民众休闲放松的“黄金地”。此外，南后街街道两侧的艺术雕塑品也成为街区的特色景点之一，而裱褙、刻书、当铺和花灯雕塑等则是坊巷传统手工艺和民俗的缩影。

三坊七巷还定期或不定期举办福州传统表演艺术、礼仪与节庆活动、民俗活动、民间艺技等传统活动，众多特色非物质文化遗产如闽剧、福州评话、福州十番音乐、脱胎漆器以及髹饰技艺等在此充分展示。此外，坊巷文化体验、绘画、雕刻、诗歌、摄影等活动也吸引不少本地和外地游客。

随着社会对传统历史文化保护和开发的逐步重视，经过十几年的修复改造，三坊七巷外部交通设施、内部基础服务设施、管理和保护体系逐步规范化，已发展成为福州以历史文化街区为主体的新兴旅游景区。三坊七巷“海丝”文化底蕴深厚，是民众了解福州“海丝”文化的直接窗口。三坊七巷作为国家5A级景区，不仅服务于五湖四海的游客，同时也是福州居民的“后花园”和重要休闲场所。

9.1.1 核心旅游吸引物

三坊七巷以南后街为景观主轴线，串联起三坊和七巷的各景观次轴线，各景点分布其中。主要可分为四类：名人故居、古建园林、文化展示、坊巷文化。

9.1.1.1 名人故居

1）严复故居，建成于公元1867年，经过近年来的修缮，呈现出融合晚清及民国时期的建筑风格，是国家级文物保护单位，位于郎官巷西段北侧20号，主座与花厅两座毗连，占地面积609平方米。主座清式规制、门内三面走廊、前门有插屏门。著名的教育家、翻译家、思想家严复于1920年回到福州居住在此。

2）林觉民·冰心故居，国家级文物保护单位，位于南后街北口西侧与杨桥巷交汇处，杨桥路17号，现辟《林觉民生平史迹》展和《冰心与福州》展。

3）郭柏荫故居，国家级文物保护单位，位于黄巷东段北侧4号，俗称“五子登科”宅第，其园宅的空间格局和木构架保留完整，明、清两代建筑风格并存，是福州典型的古民居建筑。

9.1.1.2 古建园林

1）水榭戏台，国家级文物保护单位，现作为福州地方戏剧演艺场，位于衣锦坊东口北侧4号，创建于明万历年间（1573—1620年），原是郑姓住宅；清道光年间（1821—1851年）为孙翼谋家族所有，以后长期都有孙氏子孙居住。经过多次重修，成为三座毗连、全坊最大的宅院。

2）黄巷的标志性建筑——“小黄楼”，国家级文物保护单位，位于黄巷中段北侧36号。该建筑为双层楼阁，宽9米、深24米，面阔三间，进深五柱，穿斗式木构架，双坡顶；粉墙黛瓦、翘脊飞檐；梁架上描龙绘凤，槛门窗户都用楠木，而且做工讲究，雕刻精巧。

9.1.1.3 文化展示

1）海上丝绸之路展示馆，位于鼓楼区三坊七巷文儒坊的尤氏民居内，目前陈列“福地宝船·海丝帆影”展览。馆中展览以福船“海丝”文化元素为切入点，向观众展示了福州在海上丝绸之路发展中的重要地位与作用。利用现代化展示手段把福州“海丝”遗迹、沉船考古文物、出土丝织品等信息用触摸屏与观众进行对话。同时采用多种动画特效技术，复原福州各时期海上丝绸之路航线图、邢港古渡的繁忙及福州港作为弛名中外的世界“茶港”的繁荣等场景。

2）非物质文化遗产展览苑，位于南后街82号。始建于明代，清光绪翰林叶在琦故居，建筑面积2321平方米，老宅融明、清、民国三个时代的风格于一体，是南后街现存比较完好的古民居之一，为国家级文物保护单位。2009年，福建省人民政府正式将叶氏民居作为福建非物质文化遗产的常设展示中心，宣传与弘扬福建省丰富多彩的非物质文化遗产，非物质文化遗产的展品千余件，成为游客了解福建风土人情、文化特色的重要窗口。

3）福建省民俗博物馆，即二梅书屋，国家级文物保护单位，位于郎官巷西段南侧25号，系清道光六年（1826年）丙戌进士林星章宅院，因院内种植两树梅花而得名。坐南朝北，前后、左右共五进，占地面积2434平方米，自郎官巷通达塔巷。

4）林则徐纪念馆，筹建于1961年，1982年对外开放。林则徐纪念馆是全国爱国主义教育示范基地、国家禁毒教育基地、全国国防教育示范基地，三坊七巷重要旅游景点之一。其中包括省级文物保护单位“林文忠公祠”和“林则徐史绩展”两大部分，占地面积8500平方米，是全国林则徐文物收藏中心、林则徐精神展示中心、林则徐资料研究中心，也是全国最大的林则徐专题纪念馆。

9.1.1.4 坊巷文化

里坊制度的主要原则是：中心布局原则、对称安排原则、方块居住原则、市场固定原则和市民宜居原则。尽管这些原则国内诸多城市都曾运用，但最为难得的是，千年至今的三坊七巷依然保留了里坊制度的印记，古时的三坊七巷依据中心布局和对称的原则，以南后街为中轴，东巷、西坊原来完全对称，但现只是东侧的“七巷”从唐末至今始终完整保留，而西侧现只保留了“三坊”，过去还有小花巷、大水流湾、小水流湾和丰井营（通大光里）。现今三坊七巷总体格局仍是棋盘式的，坊巷规整，经纬分明。

9.1.2 旅游服务设施与管理

1）导览服务方面：街区的休闲、旅游、文化、商业功能日臻完善，各项游览服务设施注重细节。三坊七巷游客服务中心设施设备齐全，人员充足，具备提供优质服务的能力。

2）环境质量方面：坊巷内公共设施干净整洁、设计独特，既能为游客提供便利，也未曾破坏坊巷内景观的整体性，与周围环境融为一体。整个街区形成独特、和谐、舒适的游览氛围。

3）标识系统方面：三坊七巷独特的标识系统是景区的一抹亮色，无论是平面还是立体的标识牌，既能体现闽都特色，又起到解说与指示的作用。

4）智慧景区建设方面：三坊七巷作为福建首批智慧旅游示范景区试点单位之一，在智慧景区建设方面已经取得显著成效。一方面，游客可以根据实景地图获得各类资讯，以提升游览体验；另一方面，景区管理部门可以获得实时数据的监测反馈，提供更加优质的服务。

5）安全管理方面：三坊七巷是城市中的历史街区，人员流动性大且混杂，故采取街区网格化管理模式，取得良好成效。针对坊巷内留住户多，防火间距不足等问题，除开展消防安全巡查和宣传教育，采用火灾预警监测系统，消除安全隐患。

9.2 游客满意度测量模型构建

9.2.1 模型构建依据

准确测量游客满意度，是提高旅游目的地经营管理水平的前提和基础。构建游客满意度测量模型，需要找准影响游客满意度的因素指标。游客满意度从顾客满意度中借鉴发展而来，是一个综合性较强的复杂变量，不仅受外在客观环境的影响，也受游客个体心理和认知的影响。因此，为构建合理的游客满意度测量模型，需要吸收和借鉴顾客满意理论与双因素理论中的精华，并遵循一定原则。

9.2.1.1 模型构建原则

构建游客满意度测量模型时，首先要树立以游客为中心的思想理念，把握游客的心理需求，在确定游客满意度模型观测指标时要积极采纳游客意见或建议。同时，必须兼顾各观测指标的全面性，以确保游客满意度评价结果更为科学、准确和真实。其次，必须依据相关理论与方法，通过更为规范和科学的途径构建测量模型，以有效提高满意度测量模型的解释能力。最后，在游客在游览过程中，会对景区的核心吸引要素和基础服务要素产生感知与心理评判。根据历史文化街区特点，游客对核心吸引要素的感知包括民俗文化、古建筑和古民居、娱乐活动和特色商品等；对基础型服务要素的感知包括交通可达性、员工服务水平和卫生设施等。概括地说，在构建历史文化街区游客满意度测量模型要筛选能够展现历史文化街区特点的要素作为观测指标。

9.2.1.2 双因素理论在游客满意度分析中的运用

赫兹伯格认为，传统的满意度观点多将满意与不满意视为同一维度上的两个极端，存在不合理性。基于此，他提出双因素理论（亦称激励–保健因素理论），激励因素能促使员工产生满足感，也有可能产生尚未满足的感受，但并非“不满意”。因此，满意的对立面并非不满意，而是没有满意；同样，不满意的对立面不是满意，而是没有不满意。保健因素使员工由不满意走向没有不满意，激励因素推动员工从没有满意走向满意。本质上，保健因素和激励因素都能够调动员工的工作积极性，提高员工的满足感，只是作用程度不同。双因素理论的主要特征在于：保健因素是前提性的，缺少它会导致员工不满意，并降低其生产积极性，若满足会消除员工不满意感，但不具备激励效用；激励因素对员工满意度起到决定性作用，它可以使员工获得极大满意感，并起到激励效用。

双因素理论主要用于企事业人力资源管理中，其分析思路也同样适用于研究游客满意度。通常在顾客满意度研究中，多将顾客期望划分为基本期望和潜在期望两个部分。相应地，景区游客需要也存在一定层次性：即基本需要和发展需要。基本需要是指游客理所应当从景区提供的基础设施或管理服务中所获取的基本价值，而发展需要是指游客内心深处期待的或游客没有感知到而又真实存在的价值需要。就基本需要而言，若景区不能满足游客基本需要，就会引起游客不满意，最终导致抱怨或投诉；反之，游客基本需要得到满足后，只能让游客没有不满意，并不能进一步提高游客满意感。就发展需要而言，如果景区满足了游客发展需要，或使游客感受到惊喜和意外，游客就会产生较强的满意感；若景区没有满足游客发展需要，或是这种需要超出景区服务范围，即使缺少也不会引起游客的不满意或抱怨情绪。

根据以上对游客需要的分析，按照双因素理论，可以看出，游客基本需要类似于保健因素，而游客发展需要类似于激励因素（图 9-2）。因此，保健因素是指那些容易引起游客产生不愉快情绪的，进而导致游客不满意或抱怨（如交通、住宿、接待服务和餐饮），然而改善后又不能大幅度提高游客满意度的因素。激励因素是指那些能够提高游客满意度，吸引游客前来游览、休闲和消费（如民俗文化、趣味性活动、特色商品和自然风景），倘若没有得到很好的满足也不会引起游客强烈不满的因素。因此，为提高游客满意度，不仅要重视影响游客满意的激励因素，满足游客发展需要，也要重视直接导致游客不满意的保健因素，满足游客旅游活动中的基本需要。

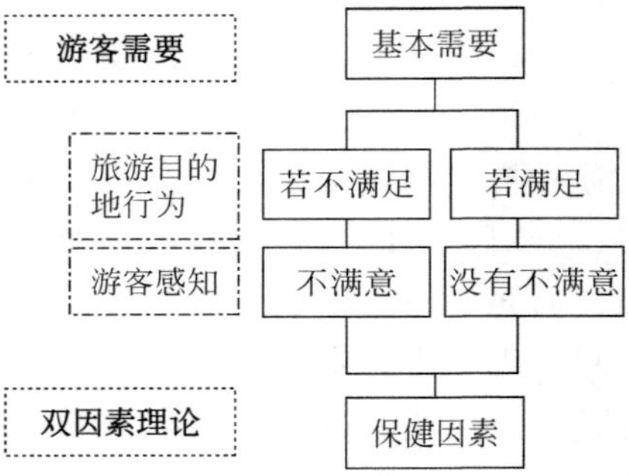

图 9-2　游客需要与双因素的对应关系

9.2.2　满意度影响因素选取

本章依据双因素理论，以福州三坊七巷为案例，开展游客满意度及其影响因素研究。在影响因素选取过程中需要解决以下问题：第一，依据双因素理论分类思想，结合历史文化街区和游客满意度特性，确定保健因素与激励因素的划分标准。第二，依据评判标准，结合历史文化街区特点，选取游客满意度影响因素。

依据“平等要素”与“公平要素”的本质区别，对影响游客满意度的保健因素和激励因素进行合理划分。凡是前提或基础性的、能够满足游客基本需要的因素视为保健因素；而与其付出的代价、成本相一致的，能够满足游客发展需要的因素被视为激励因素。良好的保健因素，可以满足游客基本需要，一定程度上能够削弱或消除游客的不满情绪；激励因素可以满足游客发展需要，对游客满意度产生激励和促进作用。所以作为旅游景区管理者，只有系统分析游客需要层次，找出影响游客满意度的保健因素和激励因素，才能有针对性地为旅游景区健康可持续发展制定对策。

本章将赫兹伯格的双因素理论和马斯洛需要层次理论进行总结和比较。从表 9-1 中可见，保健因素是满足游客对外部条件的需要，是指能满足人们生理等基本需要的因素，这些基础性因素的改善能够降低游客的不满意感，但不能产生直接的激励作用。激励因素是满足游客对旅游核心产品的需要，多属于游客自身的心理活动，是能够满足游客求知、审美或自我实现的需要。激励因素的欠缺不会造成游客的不满，但它的改进会使游客感到满意，从而产生强大的激励作用。因此，双因素理论对游客满意度管理有重要指导作用。保健因素能对应需要层次理论中的基本需要，包括生理的需要和安全的需要；激励因素可对应需要层次理论中的发展需要，包括社交的需要、尊重的需要、求知的需要、审美的需要和自我实现的需要等。

表 9-1　需求层次理论和双因素理论的比较

赫茨伯格双因素理论		马斯洛需要层次理论	
激励因素	个人发展、工作成就、职位提升、得到赏识、良好人际关系	发展需要	自我实现的需要 审美的需要 求知的需要 尊重的需要 社交的需要
保健因素	工作条件、公司组织与管理 福利待遇、职业保障	基本需要	安全的需要 生理的需要

依据国内外相关研究，参考相关文献及实地调研，结合历史文化街区特点，考虑到数据资料的可得性，拟选取通达性、街区环境、管理服务和基础设施建设四个因素作为保健因素。因为这些因素在旅游过程中是前提性的，可以满足游客的基本需求，并能够降低游客的不满意感，但不一定能激发游客的旅游动机。将历史街区文化氛围、景观质量、文娱活动、地方美食和特色商品五个因子作为激励因素，这些因素能够满足游客求知审美、消遣娱乐、自我实现等需要，对游客满意度产生激励和促进作用。这些因素的不足不会造成游客的不满，但它的改进会使游客感到满意，从而激发旅游动机。

9.2.3　研究方法选择

选取结构方程模型（SEM）对历史文化街区游客满意度进行研究，主要原因有两点：第一，该方法可根据研究者所需理论构建模型，对抽象的理论概念展开评估检验，适用于基于双因素理论构建历史文化街区游客满意度测量模型，验证“保健–激励”因素与游客满意度和忠诚度之间的关系。第二，在历史文化街区游客满意度研究中，由于涉及多种不可直接测量的变量，必须找到合适的观察指标作为这些潜变量的标志，进而探索各影响因素与游客满意度及忠诚度之间的因果关系及路径系数，而结构方程模型同时包含结构模型和测量模型恰好可以科学地评估各影响因素与满意度之间以及满意度与忠诚度之间的相互关系。因此，结构方程模型是双因素理论分析框架下历史文化街区游客满意度测量的最佳选择之一。

9.2.4 研究假设与模型构建

依据双因素理论分析框架，将历史文化街区游客满意影响因素分为保健因素和激励因素，其中，保健因素包括通达性、街区环境、管理服务和基础设施四个因子；激励因素包括文化氛围、景观质量、文娱活动、地方美食和特色商品等五个因子。有学者研究发现，街区环境、管理服务、基础设施、旅游交通和旅游活动等是影响游客满意度的重要因素（王群等，2006；王凯等，2011；何琼峰等，2014；彭文英等，2008；王晓蓉等，2010）。不同学者因研究区域、研究对象以及研究理论基础的不同，可能将上述具体因素归类到不同维度，但是却不能改变各影响因素对游客满意度的影响方向。基于此假设：保健因素与激励因素对游客满意度都具有显著正向影响。

假设1：保健因素对游客满意度有显著正向影响。

假设2：激励因素对游客满意度有显著正向影响。

研究游客满意度的最终目的是为提高游客对旅游景区的忠诚度，缓解或消除游客旅游活动中的抱怨心理和不满情绪，以促进旅游目的地健康可持续发展。已有学者研究表明，游客满意度与忠诚度具有正相关关系。如周学军等（2016）以三峡游客为例，发现游客满意度与其忠诚度具有正向关联。历史文化街区借助于古老的建筑风格、深厚的人文历史内涵以及独具特色的地方美食等吸引着无数游客前来观光游览休闲体验，游客对历史文化街区满意度越高，其重游意愿和推荐意愿可能性就越大。因此，假设游客满意度对其忠诚度具有正向影响。

假设3：游客满意度对忠诚度有正向影响。

旅游者的体验由高峰体验和辅助体验两部分构成，类似于双因素理论中的激励因素和保健因素。高峰体验是指旅游者对旅游目的地民俗风情和自然风光等核心吸引要素的体验，是旅游者追求的体验目标所在。高峰体验质量的高低对游客满意度产生直接影响，只有高品质的高峰体验才能给游客带来极大的满意感。辅助体验是指旅游目的地满足旅游者基本需要的支持性活动而产生的感知，如交通和住宿，它不是游客开展旅游活动的目标，但是辅助体验质量的高低直接关系到游客高峰体验质量（贾英等，2008）。马斯洛需要层次理论也指出：一般情况下，人们低层次需要满足之后才会促进高层次需要的发展。因此，只有旅游目的地的保健因素，如通达性、基础设施、街区环境等得到最基本保障，才能更好地激励游客产生更高层次的旅游需要，如参加各种文化娱乐活动、品尝地方美食。倘若激励因素能给游客带来更高级别的享受，那么保健因素则是游客高级享受实现的保障。基于此，研究假设保健因素对激励因素具有正向影响。

假设4：保健因素对激励因素有正向影响。

基于以上理论研究和假设分析，引入结构方程模型对假设关系进行检验，构建解释模型（图9-3）。

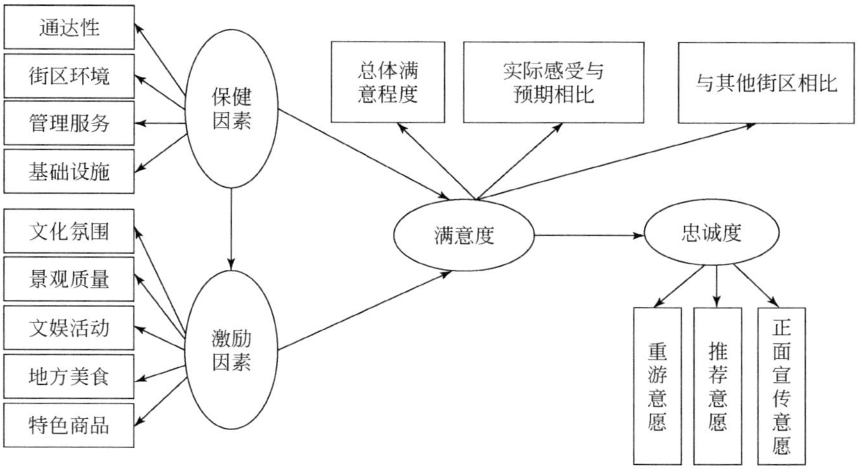

图 9-3　历史文化街区游客满意度概念模型

历史文化街区游客满意度概念模型（图 9-3）由 4 个潜变量组成，包括保健因素、激励因素、满意度和忠诚度。其中，保健因素的观测变量为：通达性、街区环境、管理服务和基础设施；激励因素的观测变量为：文化氛围、景观质量、文娱活动、地方美食和特色商品；满意度的观测变量为：总体满意程度、实际感受与预期比较的满意度及与其他街区比较的满意度；忠诚度的观测变量为：重游意愿、推荐意愿和正面宣传意愿。

9.2.5　研究数据获取

历史文化街区游客满意度除了受个体差异（性别、年龄、受教育程度、收入以及心理状况等）影响之外，还受旅游活动所涉及客观条件（旅游六大因素、旅游设施、旅游服务管理等）影响。此外，还与游客的来源地有密切关系。三坊七巷历史文化街区地处市中心繁荣地段，它不仅是外地游客向往的旅游目的地，也是本地游客休闲娱乐社交场所。本地与外地游客在旅游动机、旅游需求、消费方式、出游频率等方面有很大不同。所以本章将游客划分为本地与外地游客，以便更准确地分析游客满意度。首先对本地与外地游客进行界定：本地游客是指福州市内拥有当地户口，或因工作、学习需要而长期居住（一般 1 年以上）的居民；而除本地游客以外的群体即为外地游客。采用问卷调查法获取三坊七巷游客满意度感知特征数据（表 9-2），问卷内容包括三部分：①游客对保健因素和激励因素的感知；②满意度和忠诚度测量；③受访者基本信息。调查问卷采用李克特五级量表，采取现场调查和网络调查获取信息。2018 年 8 月底进行预调查，调查过程中发现本地游客与外地游客在部分指标层中出现因指标内涵不同而导致的“保健–激励”双因素对应模糊，因此在实地走访调查的基础上就本地与外地游客所涉及的住宿、交通、餐饮等因素指标做出相应调整。一是三坊七巷作为福州市内的单点旅游景区，外地游客到此多为一日游，和本地游客一样，对住宿条件并未涉及；二是从三坊七巷本身区位条件出发，在通达性中将“公共交通的便捷性、入口设置的合理性以及停车场的充足性”作为具体考量因子；三是将餐饮作为激励因素，因为三坊七巷作为福州特色小吃集聚地，其内部小吃“种类的多样性、口味的独特性以及价格的合理性”对本地及外地游客满意度提高都是重要因素，而不仅仅是作为满足游客基本生存需要的因素。现场调查时间为2018年9月25至10月5日，调查小组在三坊七巷展开随机调查，网络调查利用问卷星平台实现。最终获得有效问卷782份，其中外地游客问卷385份，本地游客问卷397份。

表9-2　游客满意度量表设计

潜变量	观测变量	编号	衡量问项	参考资料
保健因素	通达性	A1	街区公共交通便捷性	王蔚（2015） 钱晓燕（2017）
		A2	街区内部出入口设置	
		A3	街区停车场设计合理性	
	街区环境	B1	街区环境卫生状况	蔡彩云等（2011） 周淳（2016）
		B2	街区空气质量	
		B3	街区人文环境	
	管理服务	C1	街区治安与安全宣传状况	张进福和郑向敏（2001） 苏颖（2016） 代慧茹（2017）
		C2	街区旅游市场管理规范性	
		C3	街区工作人员服务质量	
		C4	智慧导览系统完备性	
	基础设施	D1	街区休息设施充足性	张晓振（2011） 邢权兴等（2014）
		D2	街区公共卫生设施布局合理性	
		D3	街区导览标识合理性	
		D4	街区通讯、银行等服务设施	
激励因素	文化氛围	F1	街区文化底蕴	陈亮亮（2015） 杨艳荣（2015） 田静茹（2016）
		F2	街区文化多元性	
		F3	街区居民生活方式	
		F4	街区民俗节庆活动	
	景观质量	G1	街区古建保存完整性与规模	
		G2	街区公共艺术雕塑品特色	
		G3	街区整体景观效果	
		G4	街区与周边环境协调性	
	文娱活动	H1	街区文娱活动类型多样性	杨艳荣（2015）
		H2	街区文娱活动趣味性	
		H3	街区文娱活动价格合理性	
	地方美食	I1	街区美食小吃种类多样性	杨丽梅和叶秋梅（2002） 徐秀美和李洁（2011） 聂圣（2011） 张涛（2012） 尚雯雯（2015）
		I2	街区美食小吃风味独特性	
		I3	街区美食小吃价格	
	特色商品	J1	街区商品种类多样性	
		J2	街区商品制作工艺与品质	
		J3	街区商品特色	

续表

潜变量	观测变量	编号	衡量问项	参考资料
满意度	总体满意	K1	总体满意程度	杨艳荣（2015） 吕洁等（2017）
	与预期比	K2	与预期比满意程度	
	与其他比	K3	与其他街区比较后满意程度	
忠诚度	推荐意愿	Y1	推荐意愿	
	重游意愿	Y2	重游意愿	
	正面宣传意愿	Y3	正面评价意愿	

9.3 数据及模型结果分析

9.3.1 描述性统计分析

利用描述性统计分析方法对三坊七巷游客基本信息（包括性别、年龄、受教育水平、职业、收入、客源地、出游方式和旅游信息获取途径以及出游动机等）和游客满意度、忠诚度各具体指标变量进行百分比和均值等统计分析，以更好地了解三坊七巷游客基本情况及其满意度。

9.3.1.1 游客基本情况

被调查游客人口学特征包括性别、学历、年龄、职业和收入（表 9-3）。将本地游客与外地游客进行对比，以探究两种类型游客满意度之间的差异，并试图分析影响本地游客与外地游客满意度的关键性因素。

表 9-3 样本基本情况（$N=782$）

类别	本地游客（$N=385$）			外地游客（$N=397$）		
	分类项目	频数	百分比（%）	分类项目	频数	百分比（%）
性别	男	196	50.9	男	203	51.1
	女	189	49.1	女	194	48.9
年龄	18 岁以下	19	4.9	18 岁以下	9	2.2
	18～30 岁	156	40.5	18～30 岁	162	40.8
	31～45 岁	133	34.5	31～45 岁	154	38.8
	46～60 岁	61	15.8	46～60 岁	59	14.9
	60 岁以上	16	4.2	60 岁以上	13	3.3
学历	初中及以下	25	6.5	初中及以下	15	3.8
	高中、中专或技校	101	26.2	高中、中专或技校	84	21.1

续表

类别	本地游客（$N=385$）			外地游客（$N=397$）		
	分类项目	频数	百分比（%）	分类项目	频数	百分比（%）
学历	大专或本科	215	55.8	大专或本科	245	61.8
	研究生及以上	44	11.4	研究生及以上	53	13.3
职业	个体工商户	36	9.4	个体工商户	41	10.3
	工人	7	1.8	工人	12	3.0
	机构/公司职员	86	22.3	机构/公司职员	105	26.4
	农民	5	1.3	农民	5	1.3
	其他	21	5.5	其他	14	3.5
	退休人员/家庭妇女	25	6.5	退休人员/家庭妇女	14	3.5
	学生	90	23.4	学生	57	14.4
	政府/事业单位员工	64	16.6	政府/事业单位员工	96	24.2
	自由职业者	51	13.2	自由职业者	53	13.4
收入	无收入	67	17.4	无收入	46	11.6
	2000 元以下	24	6.2	2000 元以下	24	6.0
	2000~4999 元	128	33.2	2000~4999 元	133	33.5
	5000~9999 元	133	34.5	5000~9999 元	135	34.0
	10000 元及以上	33	8.6	10000 元及以上	59	14.9

综合分析问卷发现，被调查有效样本属性为：男女游客比例相当；18~45 岁游客所占比重最大，多以中青年为主体；绝大多数游客的受教育水平在大专/本科及其以上；机构/公司职员、政府/企事业员工和学生所占比重最大；游客收入集中在 2000~9999 元，多属于中高端收入水平。

（1）客源地

被调查的外地游客中，各地游客占比分别为：华东地区占 39%、华南地区占 29%、华中地区占 16.7%、华北地区占 5.9%、西南地区占 4.8%、西北、东北地区各占 2.3%。由此可见，三坊七巷客源主要集中在华东、华南及华中三个地区（图 9-4）。以各省份来看，福建省（除福州市）、安徽省、浙江省、广东省、上海市和河南省的游客数量较多，分别占比 19.9%、12.3%、11.8%、8.1%、7.1%和 5.3%。

（2）出游方式

出游方式调查结果显示，外地游客自助游所占比重最大，高达 62.9%；其次为跟团游，占比为 32.1%；再次是单位组织和商务旅游，分别占比 2.7%和 2.3%。由此可见，自助游成为三坊七巷外地游客主要出游方式（图 9-5）。

（3）游玩次数

在本地游客中，游览次数在 3 次及以上的游客所占比重高达 70.4%（$N=385$）；而在

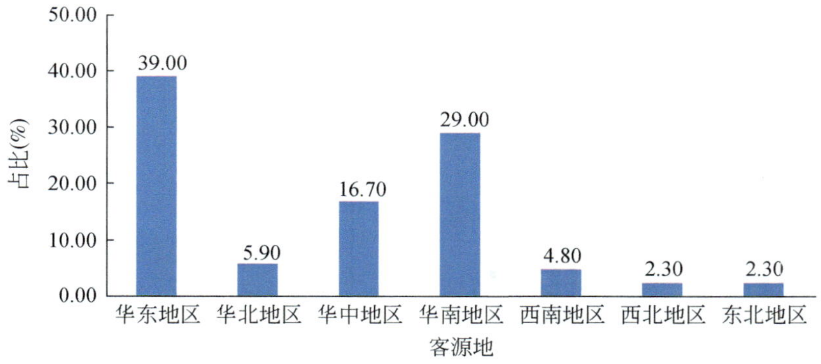

图 9-4　外地游客客源地统计（N=397）

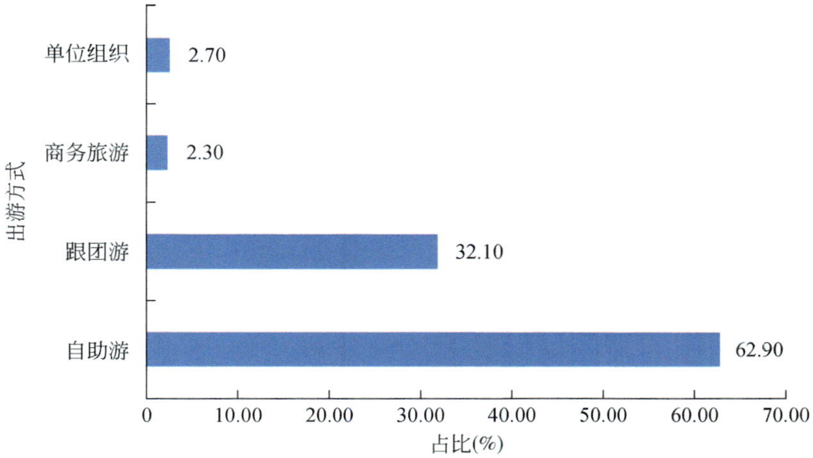

图 9-5　外地游客出游方式统计（N=397）

外地游客中，游览 3 次及以上的游客占比仅有 5.3%（N=397），其中初次游览的游客占比较大，高达 82.6%（图 9-6）。

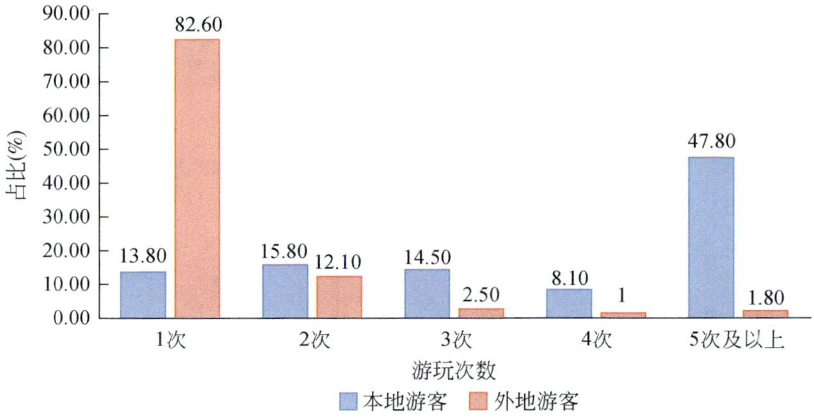

图 9-6　游玩次数统计（N=782）

（4）旅游信息获取途径

外地游客获取三坊七巷旅游信息的途径主要以网络（如微博、微信和各类旅游网站等）和亲朋推荐等两种方式为主，分别占比44.8%和25.9%。而广播/电视和政府宣传所占比重较少，分别占比3.8%和2.3%（图9-7）。

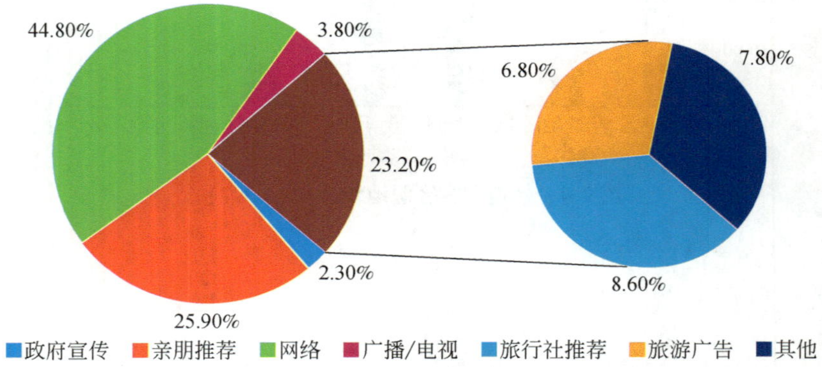

图9-7　外地游客旅游信息获取途径统计（N=397）

（5）出游动机

本地游客出游动机主要以散步休闲、亲朋聚会和缓解压力为主，占比分别为47.2%、16.9%和12.7%；外地游客出游动机主要以寻求新奇、增长见识、品尝特色美食为主，占比分别为38.1%、19.9%和11.6%（图9-8）。

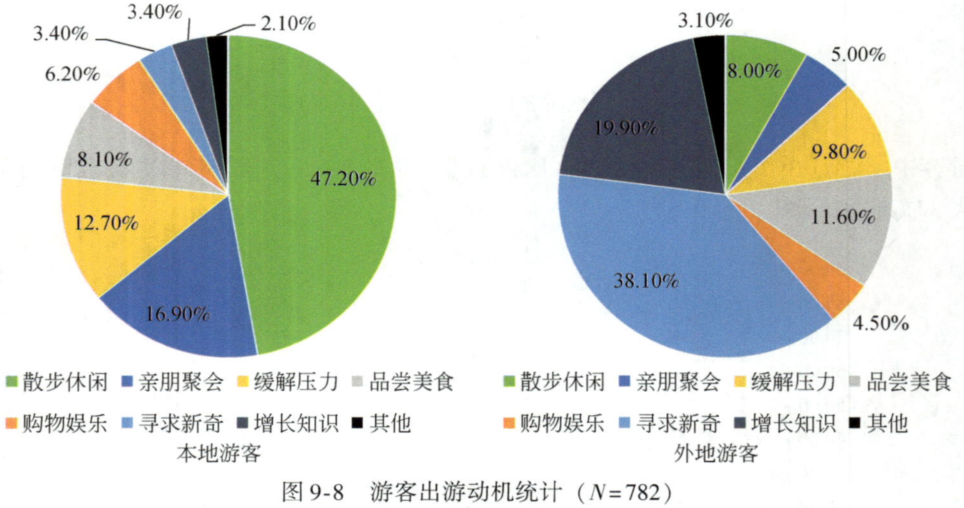

图9-8　游客出游动机统计（N=782）

9.3.1.2　游客满意度描述性分析

运用描述性分析方法对三坊七巷游客满意度和忠诚度的均值、标准差和频率进行剖析。一般情况下，在李克特量表等级评分中，均值处在1～2.4表示反对（不满意），均值处在2.5～3.4表示中立（一般满意），均值处在3.5～5表示认同（满意）（吴兆龙等，

2004）。为更直观了解游客对各维度单体因子的满意度，本研究将“非常满意”和“比较满意”划分到满意维度中，将“很不满意”和“不满意”划分到不满意维度（忠诚度各评价维度以此类推），以不满意、一般满意和满意（不愿意、一般愿意和愿意）三个维度描述游客满意度和忠诚度。

（1）游客对保健因素的满意度分析

通过数据分析发现（表9-4），本地游客与外地游客对三坊七巷街区的通达性、街区环境、管理服务和基础设施4个维度满意程度一般，外地游客对以上各维度的满意程度低于本地游客。其中，本地游客对各维度的满意程度由高到低依次为：管理服务（均值3.42）、通达性（均值3.38）、基础设施（均值3.33）和街区环境（均值3.23）；外地游客对各维度的满意程度由高到低依次为：管理服务（均值3.34）、通达性（均值3.25）、街区环境（均值3.16）和基础设施（均值2.89）。

1）通达性：游客对通达性表现出一般满意，且本地游客满意度高于外地游客。具体看，本地与外地游客对公共交通的不满意占比最高，分别达到32%和34%；其次，停车场方面，外地游客不满意占比（21.6%）明显高于本地游客（16.6%）。三坊七巷处于市中心，且坊巷出入口较多，但限于空间有限，交通拥堵，所以外地游客在不熟悉路况的情况下对街区通达性敏感度较高。而本地游客熟悉路况，且多乘公交和地铁出游，对三坊七巷通达度的敏感程度相对较低。

2）街区环境：总体上，本地游客对街区环境的评价略高于外地游客，且外地游客对街区环境的不满意占比也明显高于本地游客。具体看，本地游客对街区卫生条件、绿化面积和人文环境的不满意占比分别为23.1%、23.9%和24.1%；相应地，外地游客不满意占比分别为33.8%、33.5%和34%。据本地和外地游客反映，街区的绿化面积较少，炎热的夏季很难找到荫蔽处乘凉。

3）管理服务：整体上看，本地与外地游客对街区管理服务的评价基本一致。本地游客对街区治安、市场秩序和员工服务质量不满意占比分别为22.9%、20.5%和22.3%，相应地，外地游客不满意占比依次为25%、22.6%和25.5%。实地考察中，有外地游客反映，三坊七巷服务人员主要集中在南后街，而其它坊巷出口处服务人员较少，在游览过程中遇到困惑时不能得到及时有效的帮助。在旅游市场秩序方面，有少数游客指出，个别店铺内的抽奖活动存在暗箱操作现象，看似是游客幸运中奖，其实是店家故意为之，利用优惠打折手段蒙骗消费者高价购买劣质产品。

4）基础设施：本地与外地游客对基础设施都表现出一般满意，但外地游客对街区基础设施的不满意占比明显高于本地游客。本地游客对休息设施、卫生设施和导览标识的不满意占比依次为22.1%、25.5%和24.7%，相应地，外地游客不满意占比分别为38.1%、38.0%和34.5%。为了保护街区原有的建筑风格或历史风貌，厕所等卫生设施利用旧宅改造，布局在坊巷内，加之导览标识不够醒目，游客尤其是外地游客很难发现。与此同时，三坊七巷客流量较大，相对欠缺的基础服务设施（如桌椅休息设施、卫生间设施）难以满足游客需要，尤其是双休日或节假日期间，游客对服务设施不满意的现象更加突出。

表 9-4　游客保健因素描述性分析结果对比

指标	本地游客					外地游客				
	均值	标准差	满意占比	一般满意占比	不满意占比	均值	标准差	满意占比	一般满意占比	不满意占比
通达性	3.38					3.25				
A1	3.36	1.21	53.7	14.3	32.0	3.21	1.21	46.6	19.4	34.0
A2	3.36	1.06	48.8	31.9	19.2	3.25	1.12	42.8	33.2	23.9
A3	3.43	1.0	54.0	29.4	16.6	3.28	1.11	47.1	31.2	21.6
街区环境	3.23					3.16				
B1	3.24	1.11	45.2	31.7	23.1	2.92	1.05	34.5	31.7	33.8
B2	3.38	1.11	53.3	22.9	23.9	3.16	1.15	45.8	20.7	33.5
B3	3.29	1.10	48.3	27.5	24.1	3.05	1.10	40.1	25.9	34.0
管理服务	3.42					3.34				
C1	3.35	1.15	45.4	31.7	22.9	3.29	1.11	42.5	32.5	25.0
C2	3.46	1.12	49.4	30.1	20.5	3.37	1.10	46.1	31.2	22.6
C3	3.42	1.10	46.5	31.2	22.3	3.38	1.12	42.8	31.7	25.5
C4	3.43	1.10	48.6	31.2	20.2	3.32	1.10	43.3	33.0	23.6
基础设施	3.33					2.89				
D1	3.35	1.12	46.3	31.7	22.1	2.83	0.96	28.3	33.8	38.1
D2	3.27	1.12	46.2	28.6	25.2	2.89	1.06	35.0	27.0	38.0
D3	3.25	1.13	43.6	31.7	24.7	2.94	1.04	33.5	32.0	34.5
D4	3.43	0.95	49.3	35.6	15.0	2.90	0.91	25.7	42.6	31.7
保健因素	3.36					3.13				

（2）游客对激励因素的满意度分析

通过数据分析发现（表9-5），本地游客对街区文化氛围、景观质量、文娱活动、地方美食和特色商品5个维度表示满意，而外地游客对激励因素五个维度的满意程度一般，即本地游客对激励因素的评价高于外地游客。其中，本地游客对各维度的满意程度由高到低依次为：景观质量（均值3.71）、特色商品（均值3.62）、文化氛围（均值3.52）、地方美食（均值3.51）和文娱活动（均值3.31）；外地游客对各维度的满意程度由高到低依次为：特色商品（均值3.39）、景观质量（均值3.39）、地方美食（均值3.24）、文娱活动（均值3.15）和文化氛围（均值3.09）。

1）文化氛围：总体上看，本地游客对三坊七巷文化氛围较为满意，而外地游客满意程度一般。本地游客对街区文化底蕴、文化展示形式、生活真实性和民俗活动体验等因子的不满意占比分别为24.4%、21.6%、19.7%和21.3%；相应地，外地游客不满意占比分别为40%、36.6%、32.0%和38.8%。对比分析中，外地游客对文化氛围各因子的不满意占比明显高于本地游客。实地考察发现，有外地游客反映，三坊七巷旅游开发对街区传统文化产生一定负面影响，过度商业化致使街区原有文化特色与底蕴逐渐淡化。

2）景观质量：本地游客对街区景观质量表示满意，而外地游客满意度一般，且外地游客对景观质量的不满意占比高于本地游客。具体来看，本地游客对街区古建筑、工艺雕塑、装饰效果等景观的不满意占比依次为14.3%、11%和9.1%；相应地，外地游客不满意占比分别为25.0%、23.4%和16.6%。有本地游客反映，三坊七巷经过十几年的修复与改造，街区景观得到很大提升，但多数外地游客认为，街区景观与其心理预期还存在一定差距。

3）文娱活动：本地游客对街区文娱活动较为满意，而外地游客满意程度一般，且外地游客对文娱活动的不满意占比略高于本地游客。具体来看，本地游客对文娱活动种类、趣味性和价格等因子的不满意占比分别为24.2%、24.7%和19.4%；相应地，外地游客不满意占比依次为27.7%、29.9%和33.0%。据本地游客反映，三坊七巷文娱活动多是社区内部举办，而街区外部市民很少获得活动信息。外地游客指出，街区娱乐设施较普通，如蜡像馆、电影院等，并无新奇和特色之处，且价格偏高。

4）地方美食：本地游客对街区美食的满意度总体高于外地游客。具体来看，本地游客对小吃种类和特色不满意占比分别为13.2%和15.8%，但对美食价格不满意占比较高（21.3%）。就外地游客而言，小吃种类、特色及价格不满意占比分别为32.7%、34.0%和29.0%，明显高于本地游客。

5）特色商品：总体上看，本地游客对街区旅游商品评价高于外地游客。具体来看，对本地游客而言，商品种类、质量和特色等因子不满意占比分别为7.3%、15.3%和12.7%；相应地，外地游客对各因子不满意占比依次为14.3%、22.9%和20.4%。有外地游客指出，街区特色商品价格偏高且部分商品同质化情况严重。

表9-5　激励因素满意度描述性分析结果对比

指标	本地游客					外地游客				
	均值	标准差	满意占比	一般满意占比	不满意所占比	均值	标准差	满意占比	一般满意占比	不满意占比
文化氛围	3.52					3.09				
F1	3.48	1.20	54.8	20.8	24.4	3.06	1.28	40.3	19.6	40.0
F2	3.44	1.18	53.2	25.2	21.6	3.00	1.25	37.7	25.7	36.6
F3	3.42	1.10	52.2	28.1	19.7	3.09	1.19	42.3	25.7	32.0
F4	3.48	1.19	54.3	24.4	21.3	2.97	1.28	36.3	24.9	38.8
景观质量	3.71					3.39				
G1	3.64	1.08	61.0	24.7	14.3	3.30	1.19	47.1	28.0	25.0
G2	3.72	1.04	62.6	26.5	11.0	3.39	1.22	49.2	27.5	23.4
G3	3.78	0.96	64.7	26.2	9.1	3.56	1.13	53.2	30.2	16.6
G4	3.68	1.14	61.3	21.8	16.9	3.31	1.22	45.8	28.2	25.9
文娱活动	3.31					3.15				

续表

指标	本地游客					外地游客				
	均值	标准差	满意占比	一般满意占比	不满意所占比	均值	标准差	满意占比	一般满意占比	不满意占比
H1	3.34	1.07	50.1	25.7	24.2	3.19	1.14	45.6	26.7	27.7
H2	3.49	1.23	55.6	19.7	24.7	3.07	1.12	41.8	28.2	29.9
H3	3.39	1.06	49.1	31.4	19.4	3.11	1.15	39.0	28.0	33.0
地方美食	3.51					3.24				
I1	3.60	1.03	62.6	24.2	13.2	3.15	1.21	44.3	22.9	32.7
I2	3.36	0.95	50.1	34.0	15.8	3.28	1.34	51.9	14.1	34.0
I3	3.42	1.09	50.1	28.6	21.3	3.25	1.20	47.6	23.4	29.0
特色商品	3.62					3.39				
J1	3.71	0.84	66.2	26.5	7.3	3.53	0.96	58.9	26.7	14.3
J2	3.44	0.94	50.6	34.0	15.3	3.26	1.02	42.0	35.0	22.9
J3	3.66	0.94	64.9	22.3	12.7	3.47	1.04	56.2	23.4	20.4
激励因素	3.53					3.24				

（3）游客满意度分析

游客满意度包含了总体满意度、与心理预期对比的满意度和与其它同类街区对比的满意度（表9-6）。本地与外地游客满意度均值分别为3.94和3.74，表明本地与外地游客对三坊七巷是满意和认可的。

表9-6　游客满意度描述性分析结果对比

题项	本地游客					外地游客				
	均值	标准差	满意占比	一般满意占比	不满意占比	均值	标准差	满意占比	一般满意占比	不满意占比
满意度	3.94					3.74				
K1	3.92	0.79	85.2	6.6	8.2	3.80	0.92	76.3	9.6	14.1
K2	3.94	0.81	78.1	14.8	7.1	3.76	0.87	70.6	18.4	11.0
K3	3.84	0.85	68.3	23.4	8.3	3.66	0.87	62.2	27.0	10.8

（4）游客忠诚度分析

本地与外地游客的忠诚度均值为3.83和3.72（表9-7），表明两类游客对三坊七巷的忠诚度都较高。实地调研发现，70%以上的本地与外地游客都愿意重游、推荐以及正面评价三坊七巷。

表 9-7 游客忠诚度描述性分析结果对比

题项	本地游客					外地游客				
	均值	标准差	愿意占比	一般愿意占比	不愿意占比	均值	标准差	愿意占比	一般愿意占比	不愿意占比
忠诚度	3.83					3.72				
Y1	3.91	0.74	83.1	13.5	3.4	3.80	0.75	72.3	23.9	3.8
Y2	3.71	0.82	77.4	16.6	6.0	3.62	0.84	70.0	22.4	7.6
Y3	3.87	0.85	84.1	9.1	6.8	3.74	0.87	73.8	18.4	7.8

总体上看，本地游客对三坊七巷各维度评价均高于外地游客。在问卷调查过程中发现，本地游客尤其是30岁以上的游客群体对三坊七巷充满自豪感，他们认为三坊七巷是福州千年历史文化的浓缩，是福州辉煌历史的典型见证，而且是福州唯一一家5A级景区，他们多为此而感到骄傲。虽然本地游客认为三坊七巷的修复与改造对原有文化景观造成一定负面影响，但是总体评价利大于弊。由于自身对当地文化较为认同，所以不会降低总体满意度。外地游客多是初次游览三坊七巷，且停留时间较短，难以深层次地领略到街区的文化内涵与特色所在，对街区的历史文化价值缺乏深刻体验。总体满意度仅仅局限于游览观光层面，对其情感投入弱于本地游客。综合多种原因，最终导致外地游客在各维度的评价低于本地游客。

9.3.2 游客满意度差异分析

方差分析（ANOVA）是对组间均值差异检验的一种方法，它能够检验多组相关样本间的均值是否存在显著差异。运用独立样本T检验和单因素方差分析来检验不同游客群体的满意度和忠诚度是否存在差异。在单因素方差分析中，若显著性 P 值小于0.05，则存在显著性差异，并对存在显著差异的变量进行多重比较，最后得出结果。其中，单因素方差分析均是在方差齐性检验的基础上展开的。在性别方面，由于只存在男、女两组，所以采用独立样本T检验。一般情况下，在李克特量表等级评分中，均值处在1~2.4表示反对（不满意），均值处在2.5~3.4表示中立（一般），均值处在3.5~5表示认同（满意）。

（1）本地与外地游客对各具体因素满意度差异分析

通过数据分析（表9-8），本地与外地游客对三坊七巷各满意度影响因素评价均处于一般满意程度，且本地游客对各因素的满意度均高于外地游客。其中，本地与外地游客在基础设施、文化氛围、景观质量、地方美食和特色商品5个因子方面满意度存在显著差异。

表 9-8 本地与外地游客对各因素满意度差异的显著性

变量		通达性	街区环境	管理服务	基础设施	文化氛围	景观质量	文娱活动	地方美食	特色商品
均值	本地	3.38	3.23	3.42	3.33	3.52	3.71	3.31	3.51	3.62
	外地	3.25	3.16	3.34	2.89	3.09	3.39	3.15	3.24	3.39
P 值		0.320	0.833	0.727	0.000	0.000	0.000	0.132	0.001	0.002

注：显著性水平为0.05。

1）基础设施：本地游客对街区基础设施的感知显著高于外地游客。本地游客前往三坊七巷次数较多，对街区的基础设施比较熟悉。因此，本地游客对基础设施的评价显著高于外地游客。

2）文化氛围：本地游客的认同度显著高于外地游客。在问卷发放过程中，多数外地游客反映三坊七巷历史文化街区商业化气息过于浓重，冲淡了街区文化氛围。本地游客虽然也认为街区的文化氛围减弱，但是他们对三坊七巷历史文化有一定的了解，所以对街区文化氛围的认同度比外地游客高。

3）景观质量：本地游客对街区景观质量的认同显著高于外地游客。部分外地游客认为，三坊七巷的原真性较弱，街区的公共艺术雕塑等缺乏创新和特色，与其它历史文化街区比并无显著特色。而本地游客在问卷填写过程中多认为，三坊七巷历史文化街区经过一系列的修复与改造，景观质量大幅度提升。虽然在景观改造中原真性受到一定程度的影响，但总体上处于认可范围，且三坊七巷也已经成为他们日常休闲的好去处。

4）地方美食：本地游客对当地美食文化的认同显著高于外地游客。南后街的福州传统美食富有特色，如同利肉燕、永和鱼丸、木金肉丸、鼎边糊和花生汤等。本地居民基于地方文化认同，对街区美食小吃特色比较认可，并认为三坊七巷作为5A级景区，美食价格也公道。据外地游客反映，南后街小吃有特色，但是价格偏高，种类可选择性较少。因此，外地游客对地方美食总体认可度低于本地游客。

5）特色商品：南后街旅游商品设计多围绕街区特色文化，一定程度上体现了福州地域文化特色，本地居民较为认可。而外地游客多认为，南后街的商品地域特色不鲜明，一些旅游商品质量不高，同质化严重，价格也偏高。实地考察中也发现多数游客在南后街游览时多是走马观花，真正购买旅游商品的游客很少。因此，外地游客对街区特色商品的认同低于本地游客。

（2）本地与外地游客满意度、忠诚度差异分析

1）满意度：本地与外地游客对街区满意程度存在显著差异性（表9-9），其中，本地游客满意度（均值3.94）显著高于外地游客（均值3.74）。

2）忠诚度：本地与外地游客对三坊七巷的忠诚度（推荐意愿、重游意愿和正面宣传意愿）都较高，但两类游客的忠诚度不存在显著差异性（表9-9）。

表9-9　本地与外地游客满意度和忠诚度差异的显著性

变量		均值		*P*值
		本地游客	外地游客	
满意度	总体	3.94	3.74	0.003
	K1	3.92	3.80	0.000
	K2	3.94	3.76	0.002
	K3	3.84	3.66	0.131
忠诚度	总体	3.83	3.72	0.455
	Y1	3.91	3.80	0.967
	Y2	3.71	3.62	0.608
	Y3	3.87	3.74	0.171

注：显著性水平为0.05。

9.3.3 游客满意度假设模型检验

在验证研究假设之前，分别对本地与外地游客样本数据进行了信效度分析、验证性因素分析、相关性和区别效度分析，以保证所构建结构方程模型的科学合理性。

良好的适配度是使用结构方程模型（SEM）检验理论模型的前提，模型适配度越好，则研究假设模型与样本契合度越高。选取 CMIN/DF 比值、调整后的配适度（AGFI）、非基准配适指标（NNFI）、配适度指标（GFI）、渐增式配适指标（IFI）、比较配适度指标（CFI）以及平均近似误差均方根（RMSEA）等多个指标对 SEM 的适配度作出判断。若多数指标都能满足 SEM 要求的标准值，就认为假设的理论模型与样本数据的拟合效果良好，模型拟合指标理想标准值如下：CMIN/DF 值小于 3，GFI、AGFI、NNFI、IFI、CFI 等值均大于 0.9，RMSEA 小于 0.08。

9.3.3.1 结构方程模型拟合度

从表 9-10 可知，本地游客结构方程拟合指标 CMIN/DF 为 1.642，小于 3；AGFI、GFI、NNFI、IFI 和 CFI 的值分别为 0.878、0.861、0.946、0.950 和 0.951；RMSEA 值为 0.041，小于 0.08。大多数拟合指标都达到结构方程模型要求的标准，所以本地游客结构方程模型适配度较好。

外地游客结构方程模型拟合指标 CMIN/DF 为 2.012，小于 3；AGFI、GFI、NNFI、IFI 和 CFI 值分别为 0.856、0.836、0.930、0.935 和 0.935；RMSEA 值为 0.051。大多数拟合指标都比较符合结构方程模型要求的标准，所以外地游客结构方程模型适配度较好。

表 9-10 本地与外地游客结构方程模型拟合指标

	CMIN/DF	AGFI	GFI	NNFI	IFI	CFI	RMSEA
理想范围	<3	>0.9	>0.9	>0.9	>0.9	>0.9	<0.08
本地游客	1.642	0.878	0.861	0.946	0.951	0.950	0.041
外地游客	2.012	0.856	0.836	0.930	0.935	0.935	0.051

9.3.3.2 结构方程模型和标准化路径系数

由表 9-11 和图 9-9 可知，本地与外地游客结构方程模型中，保健因素对激励因素的标准化路径系数为 0.349 和 0.324（$P<0.001$），说明保健因素对激励因素有较为显著的正向相关影响；保健因素对满意度的标准化路径系数为 0.356 和 0.344（$P<0.001$），说明保健因素对游客满意度有较为显著的正向相关影响；激励因素对满意度的标准化路径系数为 0.315 和 0.369（$P<0.001$），说明激励因素对满意度有较为显著的正向相关影响；满意度对忠诚度的标准化路径系数为 0.375 和 0.342（$P<0.001$），说明满意度对忠诚度有正向影响。

表 9-11　本地与外地游客结构方程模型路径系数

游客类型	路径关系	标准化路径系数	标准误 S. E.	C. R. (t-value)	P	假设是否支持
本地游客	保健因素→激励因素	0. 349	0. 079	4. 896	* * *	支持
	保健因素→满意度	0. 356	0. 078	5. 353	* * *	支持
	激励因素→满意度	0. 315	0. 067	4. 965	* * *	支持
	满意度→忠诚度	0. 375	0. 057	6. 152	* * *	支持
外地游客	保健因素→激励因素	0. 324	0. 085	4. 772	* * *	支持
	保健因素→满意度	0. 344	0. 07	5. 409	* * *	支持
	激励因素→满意度	0. 369	0. 053	6. 163	* * *	支持
	满意度→忠诚度	0. 342	0. 056	5. 913	* * *	支持

* * * 表示 $P<0.001$。

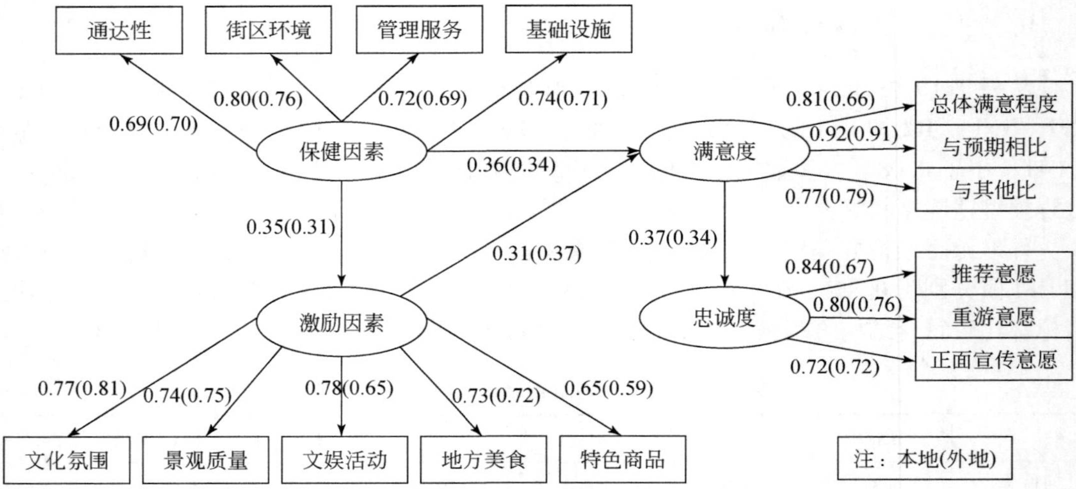

图 9-9　本地/外地游客结构方程模型

9. 3. 3. 3　结构方程模型相关系数分解

相关系数分解是结构方程路径分析中最重要的环节，是结构方程模型中各潜变量间、潜变量与观测变量间的相互影响关系及路径系数。应用 AMOS 软件，在分析三坊七巷游客满意度结构方程模型标准化路径系数的基础上，可计算出各潜变量间的影响效应（表 9-12、图 9-10）。

由表 9-12 可知，保健因素与激励因素对满意度存在不同程度的影响。①保健因素对本地游客满意度的影响总效应（0. 46）大于激励因素（0. 31），说明保健因素是影响本地游客满意度的重要维度。②激励因素对外地游客满意度的影响总效应（0. 46）显著大于保健因素（0. 37），表明文化氛围、景观质量、文娱活动、特色商品和地方美食因素是影响外地游客满意度的重要维度。③在游客忠诚度方面，无论是本地游客还是外地游客，保健因素对游客忠诚度的影响总效应（0. 17、0. 16）都始终大于激励因素（0. 11、0. 13）。

表 9-12 各变量间的直接效应、间接效应及总效应分析

路径	本地游客			外地游客		
	直接效应	间接效应	总效应	直接效应	间接效应	总效应
保健因素→激励因素	0. 35		0. 35	0. 32		0. 32
保健因素→满意度	0. 36	0. 10	0. 46	0. 37		0. 37
保健因素→忠诚度		0. 17	0. 17		0. 16	0. 16
激励因素→满意度	0. 31		0. 31	0. 34	0. 12	0. 46
激励因素→忠诚度		0. 11	0. 11		0. 13	0. 13
满意度→忠诚度	0. 37		0. 37	0. 34		0. 34

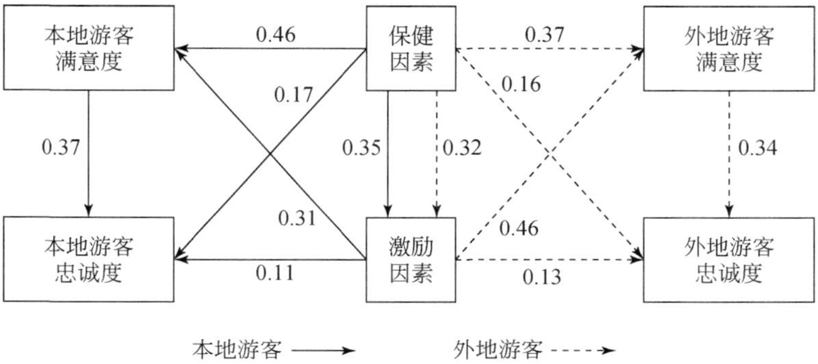

图 9-10 三坊七巷游客满意度分析框架与结果示意图

由图 9-10 可知，保健因素和激励因素对游客满意度都有显著正向影响，只是作用大小不同。①保健因素对本地游客满意度的影响程度显著大于激励因素，表明保健因素是影响本地游客满意度的重要维度。实地调查发现，本地游客多居住在福州市，三坊七巷是他们生活家园的组成部分，街区交通、街区环境和配套设施等保健因素使他们在休闲娱乐中产生依恋或者依赖，而街区文化氛围、景观质量、地方美食、特色商品和文娱活动等激励因素对其满意度的影响并没保健因素那么显著。②激励因素对外地游客满意度的影响程度显著大于保健因素，表明文化氛围、景观质量、文娱活动、特色商品和地方美食等因素是影响外地游客满意度的重要维度，也验证了 Murphy 等（2011）的观点，即娱乐活动和特色商品是影响游客满意度的重要因子。③在游客忠诚度方面，无论是本地游客，还是外地游客，保健因素对游客忠诚度的影响效应都始终大于激励因素。历史文化街区是游客了解福州历史文脉和人居环境的最直接窗口，游客对街区整体环境的满意度以及随之产生的忠诚度往往取决于具有前提性和基础性的保健因素。因此，要提高游客满意度和忠诚度，经营者不能只关注具有核心吸引性的激励因素，更需要改善历史文化街区保健因素。

9.4 小　　结

本章在理解双因素理论内涵的基础上，结合历史文化街区特点，将影响游客满意度的

因素划分为保健因素和激励因素两类，其中，保健因素包括通达性、街区环境、管理服务和基础设施四个因子；激励因素包括文化氛围、景观质量、文娱活动、地方美食和特色商品五个因子，以此构建历史文化街区游客满意度测量模型。选取福州三坊七巷为案例地，采用调查问卷方式获取数据，分析本地与外地游客满意度，并探讨保健因素、激励因素与游客满意度和忠诚度之间的关系。通过实地考察与分析，主要得出以下结论：

1）总体来看，游客对三坊七巷历史文化街区整体处于一般满意状态，但本地游客高于外地游客。从具体维度来看，在保健因素方面，本地与外地游客对三坊七巷交通通达性、街区环境、管理服务和基础设施等4个因子的满意程度一般；在激励因素方面，本地游客对街区文化氛围、景观质量、文娱活动、地方美食和特色商品等5个因子都表示满意，而外地游客满意程度一般。

2）本章研究假设得到较好验证。①保健因素和激励因素对游客满意度都具有显著正向影响，只是作用大小不同。②保健因素对激励因素具有正向影响，即保健因素的提升能够优化游客对激励因素的体验。③满意度对忠诚度具有正向影响，即满意度的提高有利于提升游客的重游意愿、推荐意愿和正面评价意愿。因此，为在激烈的旅游市场竞争中获得优势，应从游客角度出发，了解游客切身需求，从根本上提高游客的满意感，进而提升游客忠诚度。

3）影响本地游客与外地游客满意度的关键性因素不同。保健因素对本地游客满意度的影响程度大于激励因素；激励因素对外地游客满意度的影响程度大于保健因素。

综上所述，本地游客满意度受保健因素影响较大，表现为本地游客更关注景区可进入性、环境氛围、休闲设施等因素，注重日常休闲娱乐。外地游客满意度受激励因素影响较大，更关注旅游吸引物、特色美食、地方历史文化等，注重精神层面需求。因此，针对本地游客，街区应以保健因素为主，激励因素为辅，进一步完善街区基础服务设施，合理设计外围交通，保障充足的停车场，适当增加休闲设施设备等；针对外地游客，应以激励因素为主，保健因素为辅，以文化传承为目的，注重文化内涵挖掘，多种形式融合展示历史街区物质与非物质文化，突出历史街区特有文化氛围。

10　结论与建议

10.1　结　　论

福建省是我国古代海上丝绸之路的重要起点和发祥地，“海丝”历史悠久，人文积淀深厚。在文化与旅游深度融合背景下，本书从资源利用和文化认同视角出发，探讨福建“海丝”文化旅游区构建的物质与文化基础，对福建省“21世纪海上丝绸之路”核心区建设具有重要的理论和现实意义。

关于旅游资源，本书主要涉及福建“海丝”文化旅游资源的调查、分类、评价及空间分析。基于实地调研，共筛选福建“海丝”文化旅游资源点406个（泉州132个，漳州94个、福州84个、莆田43个、厦门27个、宁德26个），分为海上交通类、商业贸易类、宗教文化类、文化融合类等4大类及12个亚类（海港设施、海防设施、航线遗存、祈风遗迹，商贸街市、商贸管理、外销商品生产地，宗教信仰、民间信俗，聚落遗址、名人史迹、近现代建筑设施）。针对以上资源点从资源属性价值、旅游环境及发展条件进行综合评价，得到特品级（五级）旅游资源点28个，优良级180个（四级64个，三级116个），普通级198个（二级107个，一级91个）。在空间分布方面，“海丝”文化旅游资源整体集聚分布于福建省沿海的福州、莆田、泉州、漳州、宁德和厦门等城市，并呈现“一带四区”的空间格局，即沿宁德—福州—莆田—泉州—厦门—漳州海岸线的带状区域和以泉州为中心的极核区、以漳州和福州为中心的两个高密度区、以莆田为中心的次级密集区；从地区分布看，除了宁德地区呈均匀型分布外，福州、莆田、泉州、漳州和厦门地区均呈集聚型分布；从类型分布看，福建沿海地区海上交通类资源集聚程度最高，而商业贸易类资源集聚程度最低，且海上交通类资源在泉州、福州、漳州和厦门沿海港口处高度聚集；商业贸易类资源在福州和泉州的城区及内陆山区河流两岸聚集；文化融合类资源在泉州、福州、漳州和厦门城区高度聚集；宗教信仰类资源以泉州为核心，在整个沿海区域内广泛分布。旅游资源的调查、分类、评价及空间分析为福建“海丝”文化遗产的保护与开发、“海丝”文化旅游区构建、旅游线路组织及旅游产业发展提供科学依据。

关于文化认同，本书从旅游形象、“海丝”文化认知与遗产保护、游客满意度三方面进行分析。首先以泉州为例，将官方投射形象与游客感知形象进行“认同—错位”对比分析表明，“古老的历史文化、海丝起点、开放、多元宗教荟萃”是官方投射和游客感知的共同形象，但两者在宗教类型认知方面存在“错位”：官方在关注宗教多元化形象宣传的同时，更加注重宗教文化的独特性，如泉州摩尼教；而游客更关心自身相对熟悉的宗教类型或民俗信仰，如佛教、妈祖等。其次，官方投射形象侧重于加强城市文明形象、现代“海丝”元素的传递；而游客更多关注具体的人文景观以及美好宁静的环境氛围。

福建本地居民的“海丝”文化认同在认知、情感及行为层面均高于外地游客。本地居民基于对“海丝”文化的全面认知而怀有归属感、亲切感和自豪感，并积极参与“海丝”文化遗产保护与旅游资源开发。外地游客对福建“海丝”文化的认知多源于官方投射的旅游形象，因地方情感的缺失而更多关注于旅游吸引物的外在表象，对“海丝”文化内涵关注较少，故对福建“海丝”文化认同相对较低。

文化认同会进一步影响旅游满意度。基于福州三坊七巷的调查研究发现，本地居民较外地游客更为关注“海丝”及地方历史文化，对“海丝”文化旅游景区持更高满意度评价。

旅游形象与文化认同的探讨为福建“海丝”文化的旅游形象塑造、旅游宣传营销及资源开发决策提供理论参考。

旅游资源和文化认同相互联系，相辅相成，共同为福建“海丝”文化旅游区的构建提供坚实支撑。一方面，旅游资源是旅游发展的客观基础，“海丝”文化旅游资源调查分类评价及其空间特征分析是“海丝”文化旅游供给的出发点；另一方面，基于“海丝”文化认同而产生的旅游需求又是“海丝”文化旅游供给的根本驱动力。旅游供给能力的提高能更好地满足多样化的旅游需求，从而提升游客满意度。旅游供给和旅游需求如此相互作用，共同促进“海丝”文化旅游区的整体发展。随着“海丝”文化旅游区的构建，旅游资源保护性开发、民众的“海丝”文化认同也随之提升。此外，本地居民对“海丝”文化的认同将会支持和促进当地政府对“海丝”文化旅游资源的保护性开发、对“海丝”文化旅游形象的投射，进而激发游客对“海丝”文化旅游的需求。而游客的旅游需求又将促进更高质量的“海丝”文化旅游供给，从而推动福建“海丝”文化旅游区构建。同时，“海丝”文化旅游区构建，又会增加本地居民对“海丝”文化认同感、亲切感和自豪感。

10.2 “海丝”文化旅游开发设想与建议

10.2.1 空间开发设想

根据福建“海丝”文化旅游资源点的空间特征，结合海岸线、水系、道路交通、旅游发展基础及经济社会发展现状等，提出“三区两带一网络”的“海丝”文化旅游空间开发设想。

1）构建以泉州、福州和漳州为中心的三大“海丝”文化旅游核心区。以泉州、福州和漳州作为福建“海丝”文化旅游资源开发的中心节点，借助其相对丰富且优质的“海丝”文化旅游资源、完善的基础设施和旅游服务体系，打造“海丝”文化旅游核心区。同时辐射带动厦门、莆田、宁德等地区，实现核心区与边缘区之间旅游要素的空间互动。三大核心区作为“海丝”文化旅游高地，共同发挥集聚和辐射作用，引领福建“海丝”文化繁荣。通过激活、拓展、延伸“海丝”文化旅游线路，带动福建“海丝”文化旅游的整体发展。

2）构建滨海文化休闲带和内陆文化体验带。深入挖掘“海丝”文化精髓，将“海丝”元素与特色产业有机融合，开发主题鲜明的“海丝”文化旅游线路，在沿海形成东北—西南走向的两条特色文化旅游带。一是基于福建沿海地带密布的“海丝”文化旅游资源，依托多湾岸线形成的海滩、海岛、海湾等滨海特色优势，与“海丝”历史文化交融，打造滨海文化休闲带。二是依托福建内陆特有的茶文化、香文化、瓷文化等，发挥文化的修身养性功能，构建内陆“海丝”文化体验带。一方面可以开展“一杯茶、一缕香、一丝感悟”之慢生活体验；另一方面，可以通过研学等方式，体验茶、香、瓷的传统制作技艺，从中感知“平和、静寂、圆满”之精神内核。

3）打造山海融合的旅游休闲网络空间。在“海丝”旅游中心节点、轴带的基础上，借助于闽江、九龙江、晋江等入海河流，从内陆山区至沿海陆路通道及生态廊道，加强海陆联系，实现福建沿海“海丝”文化与内陆生态文明的有机融合，建立生态文化体系，促进“海丝”文化元素在点、带、网之间广泛流动，形成“海丝”文化引领，山海互补的多维旅游休闲网络空间。

4）建设港湾旅游交通要道。以“海丝”文化主导的山海融合网络空间体系为核心吸引力，充分利用滨海港口优势，形成特色母港或停靠港。借助海上大通道发展“海丝”沿线国家和地区的邮轮旅游，通过“一程多站”式航线，连接我国沿海“海丝”节点城市、东北亚、东南亚和南亚地区、环台湾海峡、港澳航线等，发展海峡两岸直航特色邮轮航线。深化客源互动与文化交流，真正突显福建“海丝”文化旅游区既是目的地又是客源地、既“请进来”又“走出去”的开放包容特色，发挥福建海上丝绸之路核心区“协和万邦”“美美与共”的文化引领作用。

10.2.2 福建“海丝”文化旅游开发对策建议

1）盘点“海丝”文化遗产，完善资源数据库。福建省古代海上丝绸之路贸易与文化交流的相关遗址遗迹众多。除“海丝”申遗点以及属于国家级、省级、市级文物保护单位的“海丝”资源点外，还有众多的“海丝”遗址遗迹及非物质文化遗产待挖掘、整理和认定。因此，全面调查福建“海丝”资源点成为“海丝”旅游发展的前提与基础。首先，全面收集、系统整理福建“海丝”文化相关史料及遗址遗迹，尤其是对非物质文化遗产及其传承人的进行挖掘整理，形成遗产清单；其次，依据相关原则筛选和认定“海丝”文化遗产，并依照国家旅游资源评价标准进行分类及等级评价；最后，充分利用地理信息系统大数据进行空间定位及分布特征分析，建立“海丝”文化旅游资源数据库。依据调查评价结果，对“海丝”文化资源进行有序开发。对部分受自然灾害或人为活动影响损毁严重、不适宜开发利用的低等级资源进行修复保护。对评价等级较高的资源，遵循“保护第一，合理开发”的原则，促进资源的再生和永久性保护。在保护的同时采取摄影、拓片等多种形式对实物实施资料保存，以防因发生意外而损毁。

2）重生“海丝”文化内涵，创新旅游产品。“海丝”文化传递和平友好、开放兼容、互利共赢的“海丝”精神。挖掘“海丝”文化内涵、讲好“海丝”故事成为“海丝”旅游开发关键。首先，“海丝”文化旅游开发应确保资源文化内涵的真实性，在对相关史迹维护改造、重建改建过程中应保持其原真性。其次，坚持“以‘海丝’为灵魂，以创意为手段”的开发理念，对“海丝”故事、人物、宗教等借助“文化+旅游+数字”融合模式进行演绎、解读和历史情景再现，营造时空代入感；另外，对于民俗文化或宗教信仰文化资源，通过“生活化”模式，实现人、景、社区与空间的和谐共生，使“海丝”文化内核成为民众日常生活的一部分。最后，从文旅融合、产业融合角度出发，将“海丝”文化与“清新福建”生态文明深度融合，打造具有福建特色的“海丝”生态旅游产品。具体可以围绕以下三类旅游产品展开：第一，打造观光型旅游产品，开发“海丝”文化主题旅游线路；第二，打造展览型旅游产品，以场馆为载体，全方位展示“海上丝绸之路”航海交通、宗教文化、传统技艺和生活习俗等历史文化；第三，打造体验型旅游产品，举办“海丝”节庆活动、创意设计大赛等，以增加游客的体验。

3）强化“海丝”品牌形象，开展多渠道旅游营销。加强“海丝”文化内涵挖掘和文化符号的提炼，扩大“海丝”品牌效应，是增强“海丝”文化旅游区竞争力的立足点。首先，基于福建“海丝”多元文化特质，提取开放、包容、拼搏等精神属性，针对本地居民与外地游客的不同文化认同，分别塑造和投射具有鲜明特色、识别度高的“海丝”品牌形象。其次，福建“海丝”文化旅游涉及多城市多部门，各利益主体对“海丝”文化旅游形象认知和参与的策略不一，因此，福建“海丝”文化旅游形象塑造既要有系统性、整体性，又要有层次性。形象营销需要各地方政府、企业及景区等精诚合作，才能使“海丝”旅游营销事半功倍。第三，构建旅游形象营销的立体格局，多形式多角度提升“海丝”品牌影响力。建立以主流大众媒体为主，官方网络传播平台为辅，自媒体等为重要补充的立体传播新格局。加强新媒体与传统媒体、线上与线下相结合的营销模式，增加市场营销力度。随着新媒体在旅游领域的应用与创新，微信、短视频等新型的信息传播方式成为旅游形象营销的有效帮手。注重现场化情境化、事件营销等新趋势，利用旅游节庆、主题推介会、申遗、旅游摄影大赛、舞台剧、电影电视剧等形式，强化游客的对“海丝”旅游形象的关注度。

4）强调政府主导作用，增强国内外旅游合作。建立有效合作机制是“海丝”旅游发展的重点内容。政府应发挥主导作用，成立专门机构，为“海丝”文化旅游区发展制定合理目标及相应的法律法规，并联合制定“海丝”文化旅游资源区域性整合规划和市场开发专项规划，建立区域互动发展政策机制。一是积极鼓励福建省内“海丝”城市开展旅游合作，加强泉州、漳州、福州和莆田等“海丝”申遗城市之间的交流与合作，联合带动宁德和厦门，实现资源共享，互利双赢，共同推动“海丝”文化旅游区发展。二是积极鼓励福建省与周边“海丝”沿线节点城市、地区形成联盟，主动与广东、广西、浙江、江苏等“海丝”沿线省份谋求合作，打破行政壁垒，实现无障碍化“海丝”旅游合作。三是高效利用“五通”优势，积极谋求与沿线国家的“海丝”旅游合作，通过签署旅游合作协议、共同举办旅游年、创办旅游市场推广联盟、设置海外旅游合作推广中心等方式进行实质性联合。

5）塑造民众文化认同，激发侨商投资意愿。旅游者会基于文化认同产生文化溯源、寻根、朝觐等旅游动机，民众的“海丝”文化自觉及认同是福建省“海丝”文化旅游区构建的核心竞争力。因此，应积极塑造民众“海丝”文化认同，强化民众参与“海丝”文化旅游区建设的自豪感与使命感。首先，深入挖掘“海丝”文化内涵，构建“海丝”

历史文化知识体系，积极发挥博物馆、学校等文教场所的知识普及与文化教育功能，加强对民众“海丝”历史文化的科普宣传。利用每年的文化遗产日活动契机，开展“海丝”文化资源展、主题文物讲座、专题征文等活动，提高民众文化遗产保护意识。另外，福建省是著名的侨乡之地，侨胞、华裔众多且保持友好联系。改革开放以来，海外华人华侨对福建省经济贸易发展和文化繁荣做出重要贡献，为福建省经济发展带来雄厚的资金、先进的科学技术和管理经验。因此，可充分发挥海外闽籍华侨群体及其文化认同优势，积极搭建海内外信息交流平台，加强与海外侨胞的情感交流，激发其参与福建省“海丝”核心区建设的热情，吸引侨商来闽考察和投资，合力促进“海丝”文化旅游发展。

参考文献

蔡彩云，骆培聪，唐承财，等 . 2011. 基于 IPA 法的民居类世界遗产地游客满意度评价——以福建永定土楼为例［J］. 资源科学，33（07）：1374-1381.

蔡丰明，2004. 中国东海沿岸地区文化在东亚各国的流布与影响［J］. 江苏行政学院学报，(5)：29-34.

柴辉 . 2010. 调查问卷设计中信度及效度检验方法研究［J］. 世界科技研究与发展，32（4）：548-550.

陈潮 . 2001. 试论海上丝绸之路兴起的原因［A］. 中国中外关系史学会会议论文集［C］. 14：245-258.

陈东军 . 2018. 地方"海丝"文化的空间生产与认同研究——以泉州海外交通史博物馆为例［D］. 福州：福建师范大学 .

陈惠平 . 2005. "海上丝绸之路"的文化特质及其当代意义［J］. 中共福建省委党校学报，(2)：68-72.

陈亮亮 . 2015. 基于使用后评价的商业化历史街区步行空间的氛围研究［D］. 成都：西南交通大学 .

陈钦 . 2015. "一带一路"背景下"海丝旅游"品牌的创建———以福建为例［J］. 广西民族师范学院学报，32（6）：65-67.

陈水德 . 2014. 泉州外来宗教文化的传播［J］. 黎明职业大学学报，(4)：6-10.

陈万灵，何传添 . 2014. 海上丝绸之路的各方博弈及其经贸定位［J］. 改革，(3)：74-83.

陈延杭 . 2007. 中世纪泉州的先进造船技术与新安沉船复原研究［A］. 杭州：中韩古代海上交流学术研讨会论文集［C］：14.

陈炎 . 1982. 略论海上丝绸之路［J］. 历史研究，(3)：161-177.

陈晔 . 2016. 唐代明州"海上丝绸之路"与对外交往［J］. 宁波广播电视大学学报，(2)：124-127.

陈志宏 . 2006. 泉州海上丝绸之路滨海史迹的研究与保护［J］. 南方建筑，(9)：63-65.

陈致中，张德 . 2009. 中国背景下的组织文化认同度模型建构［J］. 科学学与科学技术管理，(12)：64-69.

程圩，郭昳岚 . 2016. 目的地投射形象与旅游者感知形象差异分析——以西安为例［J］. 西北大学学报（自然科学版），46（6）：902-906.

崔新建 . 2004. 文化认同及其根源［J］. 北京师范大学学报（社会科学版），(4)：102-104.

崔勇 . 2011. 广东汕头市"南澳Ⅰ号"明代沉船［J］. 考古，(7)：39-46，110-113.

代慧茹 . 2017. 游客安全认知与安全行为研究［D］. 杭州：浙江工商大学 .

戴显群 . 2000. 唐代福建海外交通贸易史述论［J］. 海交史研究，(2)：59-6，122.

戴旭俊，刘爱利 . 2019. 地方认同的内涵维度及影响因素研究进展［J］. 地理科学进展，38（5）：662-674.

邓炳权 . 2008. 海上丝绸之路与相关文物古迹的认定［J］. 广州文博，(1)：18-40.

邓颖颖 . 2015. 21 世纪"海上丝绸之路"建设背景下中国——东盟旅游合作探析［J］. 广西社会科学，2015，(12)：40-45.

丁玲玲 . 2016. 泉州沿海古镇"海丝"文化资源产业化开发探索［J］. 泉州师范学院学报，34（3）：48-52.

杜瑜 . 2002. 泉州港历史地理研究［A］. 中国航海学会 . "泉州港与海上丝绸之路"国际学术研讨会论文集［C］. 泉州：中国航海学会：36.

方程 . 2014. 城市宗教文化遗产活化与地方认同构建［J］. 新疆社会科学（汉文版），(6)：61-65.

方旭红，朱梦影，李群群 . 2019. 基于协同理论的福建省"海丝"旅游发展研究［J］. 合肥工业大学学报（社会科学版），33（1）：17-23.

冯学钢，唐睿 . 2017. "21 世纪海上丝绸之路"沿线省市入境旅游市场效率研究［J］. 南京审计大学学报，14（4）：1-11.

付业勤，李勇 . 2015. “一带一路”战略与海南“中国旅游特区”发展［J］. 热带地理，35（5）：646-654.
傅梦孜，楼春豪 . 2015. 关于21世纪“海上丝绸之路”建设的若干思考［J］. 现代国际关系，（3）：1-8，63.
傅云新，唐文雅 . 2003. 广州海上丝绸之路旅游资源及其开发探讨［J］. 经济师，（5）：223-225.
高静，章勇刚，庄东泉 . 2009. 国内旅游者对海滨旅游城市的感知形象研究——基于对携程网和同程网网友点评的文本分析［J］. 消费经济，25（3）：62-65.
谷明 . 2000. 大连城市旅游形象定位及整体策划［J］. 旅游学刊，（5）：63-67.
广东省文物局 . 2016. 广东文化遗迹——海上丝绸之路史迹［M］. 广州：中山大学出版社 .
郭丽华 . 1999. 略论“文化旅游”［J］. 北京第二外国语学院学报，（4）：42-45.
郭伟锋，郜俊利 . 2018. 海上丝绸之路节点城市旅游业绩效时空分异研究［J］. 湖北文理学院学报，39（11）：18-24.
何国卫 . 2015. 论中国古代“海上丝绸之路”的技术基础［J］. 南海学刊，（3）：8-13.
何琼峰 . 2014. 基于扎根理论的文化遗产景区游客满意度影响因素研究——以大众点评网北京5A景区的游客评论为例［J］. 经济地理，34（1）：168-173，139.
侯毅 . 2018. 21世纪海上丝绸之路与中韩海上合作［J］. 中国边疆学，（2）：194-204.
胡建华 . 2015. 广西推进21世纪“海上丝绸之路”建设的路径选择［J］. 广西社会科学，（4）：46-50.
黄栋栋 . 2019. “21世纪海上丝绸之路”背景下的中印尼海洋合作研究［D］. 武汉：华中师范大学 .
黄茂兴，季鹏 . 2015. 福建积极融入21世纪海上丝绸之路建设的现实基础与战略方向［J］. 福建论坛（人文社会版），（7）：160-166.
黄少辉，傅轶，陈波，等 . 2009. 海上丝绸之路文化旅游发展研究——以“南海一号”古商船为例［J］. 热带地理，29（2）：177-181.
黄向，保继刚，Wall Geoffrey. 2006. 场所依赖：一种游憩行为现象的研究框架［J］. 旅游学刊，21（9）：19-24.
黄耀东，黄尚坤 . 2015. 广西融入“海上丝绸之路”旅游合作的优势、问题和建议［J］. 学术论坛，38（10）：75-79.
黄震方，李想 . 2002. 旅游目的地形象的认知与推广模式［J］. 旅游学刊，（3）：65-70.
吉西卡·哈蕾特，陆芸 . 1995. 模仿与启示：中国和巴士拉之间的陶瓷贸易［J］. 海交史研究，（1）：92-94，18.
贾鸿雁 . 2006. 我国的海洋旅游文化资源及其开发［J］. 中国海洋大学学报（社会科学版），（2）：8-11.
贾英，孙根年 . 2008. 论双因素理论在旅游体验管理中的应用［J］. 社会科学家，（4）：92-95.
柯彬彬 . 2017. 基于RMP分析的泉州“海丝”遗产廊道旅游开发研究［D］. 泉州：华侨大学 .
赖琼 . 2003. 历史时期雷州半岛主要港口兴衰原因探析［J］. 中国历史地理论丛，18（3）：101-106.
李华 . 2016. 海丝战略背景下福建与东盟物流产业合作模式研究［D］. 泉州：华侨大学 .
李金明 . 2011. 唐代中国与阿拉伯海上交通航线考释［J］. 广东社会科学，（2）：114-121.
李靖宇，张晨瑶 . 2015. 中俄两国合作开拓21世纪东北方向海上丝绸之路的战略构想［J］. 东北亚论坛，（3）：75-83，128.
李蕾蕾 . 1999a. 旅游地形象策划：理论与实务［M］. 广州：广东旅游出版社 .
李蕾蕾 . 1999b. 人-人感知系统：旅游地形象设计新领域［J］. 人文地理，14（4）：10-14.
李群群，方旭红 . 2016. 文化遗产类旅游产品品牌建设——以泉州“海上丝绸之路”为例［J］. 广西经济管理干部学院学报，（3）：78-84.
李欣 . 2018. 海上丝绸之路北海史迹的研究与保护申遗刍议［J］. 遗产与保护研究，3（12）：44-47.

李彦辉，朱竑 . 2013. 地方传奇、集体记忆与国家认同——以黄埔军校旧址及其参观者为中心的研究［J］. 人文地理，(6)：17-21.
李永春，陈大涌 . 2007. “海丝文化”旅游圈标志景区（点）定量评价［J］. 泉州师范学院学报，(2)：75-79.
梁宪民 . 2015. 泉州宋代祈风石刻与祈风制度研究［D］. 福州：福建师范大学 .
廖萌 . 2015. 斯里兰卡参与共建海上丝绸之路的战略考虑及前景［J］. 亚太经济，(3)：62-67.
林爱平 . 2015. 三坊七巷核心文化符号——名人文化的旅游表达［J］. 闽江学院学报，36（1）：68-73.
林国平 . 2011. 福建古代海神信仰的发展与演变［A］. 福州：中华文化与地域文化研究——福建省炎黄文化研究会 20 年论文选集［第三卷］［C］：10.
林明太，黄朝晖 . 2015. 妈祖文化在海上丝绸之路沿线国家的传播与发展［J］. 集美大学学报（哲学社会科学版），18（4）：1-6.
刘赐贵 . 2014. 发展海洋合作伙伴关系推进 21 世纪海上丝绸之路建设的若干思考［J］. 国际问题研究，2014，(4)：1-8，131.
刘欢 . 2015. 中国旅游“感知形象”与“投射形象”对比研究［D］. 济南：山东大学 .
刘梦圆 . 2017. 基于网络文本分析的南京市旅游地形象感知研究［D］. 南京：南京师范大学 .
卢山 . 2004. 宋代港市与文化［J］. 城市规划，(5)：68-70.
卢文刚，黄小珍，刘沛 . 2015. 广东省参与“21 世纪海上丝绸之路”建设的战略选择［J］. 经济纵横，(2)：49-53.
陆芸 . 2006. 海上丝绸之路在宗教文化传播中的作用和影响［J］. 西北民族大学学报（哲学社会科学版），(5)：9-14.
吕变庭 . 2011. 略论宋代伊斯兰教建筑［J］. 青海民族研究，22（2）：70-76.
吕洁，陈东田，黄露，等 . 2017. 基于游客满意度的潍坊十笏园文化街区空间品质提升途径研究［J］. 山东农业大学学报（自然科学版），48（4）：497-503.
罗景锋 . 2017. 泉州海上丝绸之路文化遗产旅游开发适宜性评价研究［J］. 广东外语外贸大学学报，28（1）：107-115.
罗雪珍 . 2016. 泉州“海丝”的历史文化魅力与现代开发研究［J］. 福建省社会主义学院学报，(2)：62-70.
马波 . 1998. 文化旅游学［M］. 青岛：青岛大学出版社 .
马建春 . 2016. 海上丝绸之路的历史贡献［J］. 社会科学战线，(4)：81-87，2.
马向阳，杨颂，汪波 . 2015. 大陆游客涉入度与文化认同对台湾旅游目的地形象的影响［J］. 资源科学，37（12）：2394-2403.
毛卫东，黄震方，杨春宇 . 2008. 社会旅游资源的概念及范畴探析［J］. 企业经济，(7)：144-146.
门达明 . 2015. 现代海上丝绸之路旅游资源整合与产品创新——以海丝南海段为例［J］. 特区经济，(8)：19-21.
蒙吉军，崔凤军 . 2001. 北京市文化旅游开发研究［J］. 北京联合大学学报，(1)：139-143.
聂圣 . 2011. 旅游纪念品顾客感知价值对顾客行为意向影响的实证研究［D］. 长沙：湖南大学 .
潘冬东 . 2016. 福州市文化旅游融合发展研究［J］. 福建省社会主义学院学报，(4)：98-105.
彭红松，陆林，路幸福，等 . 2014. 基于社会网络方法的跨界旅游客流网络结构研究——以泸沽湖为例［J］. 地理科学，34（9）：1041-1050.
彭文英，李俊 . 2008. 北京旅游景区游客满意度及其影响因素分析［J］. 资源开发与市场，(6)：564-567.
钱晓燕 . 2017. 南京市高等级景区游客满意度评价及影响因素分析［D］. 南京：南京财经大学 .

邱慧，周强，赵宁曦，等 . 2012. 旅游者与当地居民的地方感差异分析——以黄山屯溪老街为例 [J]. 人文地理，27 (6)：151-157.
全毅，汪洁，刘婉婷 . 2014. 21 世纪海上丝绸之路的战略构想与建设方略 [J]. 中国经贸，(8)：4-15.
饶宗颐 . 1974. 海道之丝路与昆仑舶 [J]. "中研院" 历史语言研究所集刊，45 (4) .
任洪昌，林贤彪，王纯，等 . 2015. 地方认同视角下居民对农业文化遗产认知及保护态度——以福州茉莉花与茶文化系统为例 [J]. 生态学报，35 (10)：6806-6813.
尚雯雯 . 2015. 美食旅游动机视角下餐饮老字号游客满意度与忠诚度研究 [D]. 开封：河南大学 .
沈阳，燕海鸣 . 2018. 申遗背景下的中国海上丝绸之路史迹研究 [J]. 中国文化遗产，(2)：74-79.
时蓉华 . 1989. 现代社会心理学 [M]. 上海：华东师范大学出版社 .
司徒尚纪，许桂灵 . 2015. 中国海上丝绸之路的历史演变 [J]. 热带地理，(5)：628-636.
宋双双 . 2014. 在 "一带一路" 战略下扩大对外农业合作 [J]. 国际经济合作，2014，(9)：63-66.
苏颖 . 2016. 智慧旅游景区游客满意度分析 [D]. 乌鲁木齐：新疆师范大学 .
孙九霞，周一 . 2015. 遗产旅游地居民的地方认同—— "碉乡" 符号、记忆与空间 [J]. 地理研究，34 (12)：381-394.
谭瑶 . 2016. 21 世纪海上丝绸之路建设研究综述 [J]. 东南亚纵横，(3)：81-86.
唐文跃 . 2007. 地方感研究进展及研究框架 [J]. 旅游学刊，22 (11)：70-77.
藤田豊八 . 1932. 前漢に於ける西南海上交通の記録（西汉时期西南海上交通记录）[M]. 东京：荻原星文館 .
田静茹 . 2016. 历史风貌建筑的原真性、游客涉入与行为意向间的关系研究 [D]. 天津：天津财经大学 .
田里 . 2012. 旅游经济学（第二版）[M]. 北京：高等教育出版社 .
万明钢，王舟 . 2007. 族群认同、族群认同的发展及测定与研究方法 [J]. 世界民族，7 (3)：1-9.
汪文花 . 2018. 海上丝绸之路史迹旅游资源评价与空间分布特征研究——以泉州市为例 [D]. 福州：福建师范大学 .
王爱虎 . 2015. 从海上丝绸之路的发展史和文献研究看新海上丝绸之路建设的价值和意义 [J]. 华南理工大学学报（社会科学版），(1)：1-14.
王保庆，申艳楠 . 2019. 21 世纪海上丝绸之路：文化差异与融合 [J]. 珠江论丛，(2)：16-23.
王洪涛 . 1959. 泉州海外交通史博物馆建成 [J]. 文物，(9)：27.
王晶晶 . 2018. 扬州海上丝绸之路文化旅游资源开发探讨 [J]. 扬州职业大学学报，22 (2)：8-11，43.
王凯，唐承财，刘家明 . 2011. 文化创意型旅游地游客满意度指数测评模型——以北京 798 艺术区为例 [J]. 旅游学刊，26 (9)：36-44.
王可佳 . 2018. 山东积极融入 21 世纪海上丝绸之路建设的战略优势和发展方向 [J]. 中共青岛市委党校·青岛行政学院学报，(3)：50-54.
王琼，王珍珍 . 2018. 闽台合力开拓海上丝绸之路旅游市场的路径研究 [J]. 龙岩学院学报，36 (1)：79-84.
王群，丁祖荣，章锦河，等 . 2006. 旅游环境游客满意度的指数测评模型——以黄山风景区为例 [J]. 地理研究，(1)：171-181.
王圣华，谭剑 . 2019. 从 ICOMOS 评估报告解析 2018 泉州申遗 [J]. 中国文化 遗产，(5)：72-77.
王蔚 . 2015. 北京市历史文化街区保护与发展策略研究 [D]. 北京：首都经济贸易大学 .
王晓蓉，王树进 . 2010. 基于 SEM 的休闲农业园游客满意度研究——以南京地区调查为例 [J]. 中国农学通报，26 (13)：413-419.
王新越，司武兴 . 2016. 21 世纪海上丝绸之路国家旅游合作研究 [J]. 中国海洋大学学报（社会科学版），(2)：41-45.

韦有周，赵锐，林香红 . 2014. 建设“海上丝绸之路”背景下我国远洋渔业发展路径研究［J］. 现代经济探讨，(7)：55-59.

吴必虎，宋治清 . 2001. 一种区域旅游形象分析的技术程序［J］. 经济地理，(4)：496-499，512.

吴崇伯 . 2014. 福建构建 21 世纪海上丝绸之路战略的优势、挑战与对策［J］. 亚太经济，(6)：109-113.

吴晋峰 . 2014. 旅游目的地形象“拼图”及测评方法［J］. 陕西师范大学学报（自然科学版），(6)：85-93.

吴其付 . 2009. 民族旅游与文化认同：以羌族为个案［J］. 贵州民族研究，29（1）：132-140.

吴兆龙，丁晓 . 2004. 结构方程模型的理论、建立与应用［J］. 科技管理研究，(6)：90-92，95.

伍静，张笛，万程鹏 . 2019. 基于复杂网络的海上丝绸之路沿线港口地位评价［J］. 交通信息与安全，37（3）：101-108.

向晓梅 . 2014. 广东与 21 世纪海上丝绸之路沿线国家经贸合作模式创新研究［J］. 新经济，（31）：33-34.

小山富士夫 . 1939. エジプト・フォスタット出土の陶磁片について（关于埃及福斯塔特出土的陶瓷片）. 考古学雑誌，29（5）：279-306.

肖亮，赵黎明 . 2009. 互联网传播的台湾旅游目的地形象：基于两岸相关网站的内容分析［J］. 旅游学刊，(3)：75-81.

邢权兴，孙虎，管滨，等 . 2014. 基于模糊综合评价法的西安市免费公园游客满意度评价［J］. 资源科学，36（8）：1645-1651.

徐秀美，李洁 . 2011. 历史文化街区顾客餐饮满意度分析—以昆明文明街为例［J］. 旅游论坛，4（2）：28-31.

许树柏 . 1988. 实用决策方法：层次分析法原理［M］. 天津：天津大学出版社 .

余明径 . 2009. 宋元时期福建丝绸纺织业发展的研究［J］. 丝绸 .（11）：44-47.

闫旭 . 2016. 福建新举措促进闽台旅游融合和“海丝”旅游合作［J］. 台声，(11)：32-35.

颜妍婷 . 2015. 广佛非物质文化遗产旅游资源的保护与开发——以海上丝绸之路为视角［J］. 广东技术师范学院学报，36（9）：111-120.

杨恩璞 . 1984. 大规模远洋航行的序幕——《海上丝绸之路》（三）［J］. 瞭望周刊，38：42-43.

杨国桢，王鹏举 . 2015. 中国传统海洋文明与海上丝绸之路的内涵［J］. 厦门大学学报（哲学社会科学版），(4)：22-27.

杨立国，刘沛林，林琳 . 2015. 传统村落景观基因在地方认同建构中的作用效应：以侗族村寨为例［J］. 地理科学，35（5）：593-598.

杨丽梅，叶秋梅 . 2002. 层次分析法在顾客满意度评价中的应用［J］. 内蒙古质量技术监督，（4）：19-21.

杨艳荣 . 2015. 历史文化街区旅游真实性感知与游客满意度关系研究［D］. 广州：暨南大学 .

于逢春 . 2016. 中国海洋文明的隆盛与衰落［J］. 学术月刊，48（1）：11-20，48.

余向洋，吴东方，朱国兴，等 . 2015. 旅游视域下的认同研究——基于文献综述的视角［J］. 人文地理，30（2）：15-22.

袁新涛 . 2014. 丝绸之路经济带建设和 21 世纪海上丝绸之路建设的国家战略分析［J］. 东南亚纵横，(8)：3-8.

臧德霞，黄洁 . 2007. 国外旅游目的地形象研究综述——基于 Tourism Management 和 Annals of Tourism Research 近 10 年文献［J］. 旅游科学，21（6）：12-19.

曾昭璇，曾新，曾宪珊 . 2003. 论中国古代以广州为起点的“海上丝绸之路”的发展［J］. 中国历史地理论丛，(2)：67-78，160.

占毅 . 2015. 海上丝绸之路上华侨华人的文化认同 [J]. 中华文化论坛，(11)：46-53，191.

张海洋 . 2006. 中国的多元文化与中国人的认同 [M]. 北京：民族出版社 .

张捷 . 1997. 区域民俗文化的旅游资源的类型及旅游业价值研究：九寨沟藏族民俗文化与江苏吴文化民俗旅游资源比较研究之一 [J]. 人文地理，12 (3)：24-28，78.

张进福，郑向敏 . 2001. 旅游安全研究 [J]. 华侨大学学报（人文社会科学版)，(1)：15-22.

张开城 . 2015. 海上丝绸之路精神与 21 世纪海上丝绸之路建设 [J]. 中国海洋大学学报（社会科学版)，(4)：47-53.

张涛 . 2012. 饮食旅游动机对游客满意度和行为意向的影响研究 [J]. 旅游学刊，27 (10)：78-84.

张天桂 . 2016. 中国东盟 FTA 升级和次区域经济合作——共建“21 世纪海上丝绸之路”的视角 [J]. 中国商论，(14)：97-99，101.

张晓斌，郑君雷 . 2019. 广东海上丝绸之路史迹的类型及其文化遗产价值 [J]. 文化遗产，(3)：141-148，161-162.

张晓振 . 2011. 主题乐园顾客满意度的理论与实证研究 [D]. 成都：西南交通大学 .

张淼海 . 2006. 泉州景教初探 [D]. 福州：福建师范大学 .

章仲根 . 2004. 宁波商帮的海洋文化情结 [J]. 广东海洋大学学报，(5)：13-18.

赵春晨 . 2002. 关于“海上丝绸之路”概念及其历史下限的思考 [J]. 学术研究，(7)：88-91.

赵鸣，王丹，刘芳 . 2019. 海上丝绸之路文化保护与旅游产业发展研究——以江苏为例 [J]. 东北亚经济研究，3 (3)：82-92.

郑漫丽 . 2014. 浅谈博物馆在构建城市文化认同中的作用——以金沙遗址博物馆为例 [J]. 中华文化论坛，2014，1 (1)：85-88.

郑一钧 . 1994. “海上丝绸之路与伊斯兰文化”国际学术讨论会述要 [J]. 中国史研究动态，(8)：15-19.

钟星星 . 2014. 现代文化认同问题研究 [D]. 北京：中共中央党校 .

周长山 . 2014. “海上丝绸之路”概念之产生与流变 [J]. 广西地方志，(3)：47-51.

周淳 . 2016. 历史遗产地游客感知价值对重游意愿影响研究 [D]. 北京：北京林业大学 .

周建标 . 2016. 泉州发展海丝文化旅游的机遇、优势及路径选择 [J]. 长江论坛，(5)：61-66.

周晓虹 . 2008. 认同理论：社会学与心理学的分析路径 [J]. 社会科学，(4)：46-53.

周学军，郑亚章 . 2016. 三峡游客满意度影响因素及品牌忠诚检验 [J]. 统计与决策，(18)：182-184.

朱竑，刘博 . 2011. 地方感、地方依恋与地方认同等概念的辨析及研究启示 [J]. 华南师范大学学报（自然科学版)，43 (1)：1-8.

朱竑，钱俊希，陈晓亮 . 2010. 地方与认同：欧美人文地理学对地方的再认识 [J]. 人文地理，25 (6)：1-6.

朱竑，钱俊希，吕旭萍 . 2012. 城市空间变迁背景下的地方感知与身份认同研究——以广州小洲村为例 [J]. 地理科学，32 (1)：18-24.

庄春平，张新建 . 2011. 地方认同：环境心理学视角下的分析 [J]. 心理学进展，19 (9)：1387-1396.

庄景辉 . 2006. 泉州港考古与海外交通史研究 [M]. 长沙：岳麓书社 .

庄景辉 . 1984. 郑和下西洋的壮举（上）——《海上丝绸之路》（七）[J]. 瞭望周刊，43：42-43.

庄为玑，1956. 宋元明泉州港的中外交通史迹 [J]. 厦门大学学报（社会科学版)，(1)：96-124.

庄为玑 . 1989. 古刺桐港 [M]. 厦门：厦门大学出版社 .

庄为玑，庄景辉 . 1977. 泉州宋船结构的历史分析 [J]. 厦门大学学报（哲学社会科学版)，(4)：75-83.

庄为玑，庄景辉，王连茂 . 1989. 海上丝绸之路的著名港口 [M]. 北京：海洋出版社 .

庄伟光，邹开敏 . 2015. 21 世纪海上丝绸之路建设背景下粤港澳台旅游合作研究 [J]. 新经济，(16)：

19-24，4.
邹云美，陈军. 2018. 21 世纪海上丝绸之路我国沿海港口类型化研究［J］. 上海海事大学学报，39（3）：64-68.
Adams P C，Hoelscher S，Till K E. 2011. Textures of Place：Exploring Humanist Geographies［M］. Minneapolis：University of Minnesota Press.
Baloglu S，Mangaloglu M. 2001. Tourism destination images of Turkey，Egypt，Greece，and Italy as perceived by US-based tour operators and travel agents［J］. Tourism Management，22（1）：1-9.
Baloglu S. 1997. The relationships between destination images and sociodemographic and trip characteristics of international travelers［J］. Journal of Vacation Marketing，（3）：221-233.
Baloglu S. 2001. Image variations of Turkey by familiarity index：Informational and experiential dimensions［J］. Tourism Management，22（2）：127-133.
Barich H，Kotler P. 1991. A framework for marketing image management.［J］. Sloan management review，32（2）.
Beerli A，Martín J D. 2004. Factors influencing destination image［J］. Annals of Tourism Research，31（3）：657-681.
Bernardo F，Palma J M. 2005. Place change and identity processes［J］. Medio Ambientey Comportamiento Humano，（6）：71-87.
Bhattacharyay B N. 2012. Seamless Sustainable Transport Connectivity in Asia and the Pacific：Prospects and Challenges［J］. International Economics and Economic Policy，9（2）：147-189.
Bing P，Xiang L. 2011. The long tail of destination image and online marketing［J］. Annals of Tourism Research，38（1）：132-152.
Breakwell G M. 1992. Processes of self-evaluation：Efficacy and estrangement［M］// Breakwell G M. Social psychology of identity and the self-concept. Surrey，Guildford，UK：Surrey University Press.
Broadman H G. 2007. Africa's Silk Road：China and India's New Economic Frontier［M］. Washington，DC：World Bank Publication.
Choi W M，Chan A，Wu J. 1999. A qualitative and quantitative assessment of Hong Kong's image as a tourist destination［J］. Tourism Management，20（3）：361-365.
Dehyle D. 1992. Constructing failure and maintaining cultural identity：Navajo and Ute school leavers［J］. Journal of American Indian Education，31（2）：24-47.
Embacher J，Buttlef A. 1989. Repertory grid analysis of Austria's image as a summer vacation destination［J］. Journal of Travel Research，28（3）：3-23.
Esfahani G H，Memarzadeh N，Hasheminasab S，et al. 2015. Analysis of silk road tourism development［J］. Cumhuriyet University Faculty of Science Science Journal，36（3）：1300-1949.
Fakeye P C，Crompton J L. 1991. Image Differences between Prospective，First-Time，and Repeat Visitors to the Lower Rio Grande Valley［J］. Journal of Travel Research，30（2）：10-16.
Garther W C. 1986. Temporal influence on image change［J］. Annals of Tourism Research，（13）：635-644.
Grabowski C P. 2000. European Silk Road Tourists “and Their Tour Guides” Perceptions of Product and Service Quality［J］. Journal of Quality Assurance in Hospitality & Tourism，1（4）：97-106.
Grosspietsch M. 2006. Perceived and projected images of Rwanda：Visitor and international tour operator perspectives［J］. Tourism Management，27（2）：225-234.
Gunn C A. 1972. Vacation scape：Designing tourist regions［M］. Austin：University of Texas Press.
Halpenny E A. 2010. Pro-environmental behaviors and park visitors：the effect of place attachment［J］. Journal

of Environmental Psychology, 30 (4): 409-421.

Heshmatipour R. 2010. The Role of Silk Roads in Tourism Development [J]. Annals of Tourism Research, 37 (2): 562-564.

Hunt J D. 1971. Image-a factor in tourism [D]. Fort Collins: Colorado State University.

Huntington S P. 1993. The Clash of Civilizations? [J]. Foreign Affairs, 72 (3): 22-49.

Jones L M, Pratt D. 2012. Islam in China: From Silk Road to Separatism [J]. Muslim World, 102 (2): 308-334.

Kalph K. 2010. Interaction on the Maritime Silk Road: From the Per-sian Gulf to the East China Sea [M]. Wiesbaden: Harrassowitz Verlag.

Kneafsey M. 1998. Tourism and place identity: a case-study in rural Ireland [J]. Irish Geography, 31 (2): 111-123.

Kock F, Josiassen A, Assaf A G. 2016. Advancing destination image: The destination content model [J]. Annals of Tourism Research, 61: 28-44.

Krupat E. 1983. A place for place identity [J]. Journal of Environmental Psychology, (3): 343-344.

Lai K, Xiang L. 2015. Tourism Destination Image [J]. Journal of Travel Research, 63 (2): 8-15.

Lane M B, Lewcock R. 2011. Rebuilding the Silk Road Culture Tourism and Revival of Heritage in Uzbekistan [J]. Arquivo Brasileiro De Medicina Veterinana E Z, 63 (6): 1605-1608.

Lepawsky J. 2011. A museum, the city, and a nation. [J]. Cultural Geographies, 15 (1): 119-142.

Lisa G. 1991. The impact of China-Iran trade patterns on the Iranian ceramis Industry in the 14th-15th century [A]. 中国与海上丝绸之路——联合国教科文组织海上丝绸之路综合考察泉州国际学术讨论会文集 [C]. 泉州国际学术讨论会组织委员会: 449-483.

Mcintosh R W, Goeldner C R, Ritchie J R B. 1995. Pleasure travel motivation [J]. Pleasure Travel Motivation.

Michel Jacq-Hergoualc'H. 2002. The Malay Peninsula. Crossroads of the Maritime Silk Road (100 BC–1300 AD) [M]. Leiden: Brill.

Muthiah K. 2010. Chindia-the Changing Times of China and India Bilateral Relations [J]. Management Research Review, 33 (1): 23-40.

Peter Bryder. 1991. Manichaeism as a link between the silk roads on land and sea [A]. 联合国教科文组织海上丝绸之路综合考察泉州国际学术研讨会论文集续集 [C], 泉州国际学术讨论会组织委员会: 62-69.

Pike S. 2002. Destination image analysis: a review of 143 papers from 1973 to 2000 [J]. Tourism Management, 23 (5): 541-549.

Proshansky H M. 1978. The city and self-identity [J]. Environment and Behavior, 10 (2): 147-169.

Proshansky H M, Fabian A K, Kaminoff R. 1983. Place identity: Physical word socialization of the self [J]. Journal of Environmental Psychology, 3 (1): 57-83.

Samuel S K, Morrsion A M. 2005. Change of images of South Korea among foreign tourists after the 2002 FIFA World Cup [J]. Tourism Management, 26 (2): 233-247.

Sklias P, Roukanas S, Pistikou V. 2012. Chinas Economic Diplomacy: A Comparative Appr-oach to Sino-Greek and Sino-Turkish Relations [J]. International Journal of Business and Social Science, 3 (10): 286-297.

Stedman R. 2002. Toward a social psychology of place: Predicting behavior from place-based cognitions, attitude, and identity [J]. Environment and Behavior, 34: 561-581.

Stepchenkova S, Li X. 2012. Chinese outbound tourists' destination image of America: Part II [J]. Journal of Travel Research, 51 (3): 250-266.

Stepchenkova S, Morrison A M. 2006. The destination image of Russia: From the online induced perspective [J].

Tourism Management, 27 (5): 943-956.

Tapachai N, Waryszak R. 2000. An examination of the role of beneficial image in tourist destination selection [J]. Journal of Travel Research, 39 (1): 37-44.

Vogt C A, Andereck K L. 2003. Destination Perceptions Across a Vacation [J]. Journal of Travel Research, 41 (4): 348-354.

Wade G. 2009. An Early Age of Commerce in Southeast Asia, 900－1300 CE [J]. Journal of Southeast Asian Studies, 40 (2): 221-265.

World Trade Organization. 2001. Study on Visa Facilitation in the Silk Road Countries [OL]. https://www.e-unwto.org/doi/pdf/10.18111/9789284404223 [2001-12-31].

附录　第 2 章图片来源说明

图	来源	
图 2-1 温麻镇遗址	自摄	
图 2-2 延福寺	自摄	
图 2-3 迴龙桥	网络	https://m. toutiao. com/i6744692466638684684/? traffic_source = CS1114&in_ogs = 2&utm_source = HW&source = search_tab&utm_medium = wap_search&prevent_activate = 1&original_source = 2&in_tfs = HW&channel =
图 2-4 石湖码头	网络	https://history. sohu. com/20150526/n413773652. shtml
图 2-5 伊斯兰教圣墓	网络	https://i. snssdk. com/gf/gallery/? offset = 43&from = gallery&&format = json&from_search_id = 202011060923110101980230821B653472&keyword = % E6% B3% 89% E5% B7% 9E% E4% BC% 8A% E6% 96% AF% E5% 85% B0% E6% 95% 99% E5% 9C% A3% E5% A2% 93&newurl = 1&entry = channel&aid = 1455
图 2-6 福州开元寺	网络	https://pic. sogou. com/d? query = % E7% A6% 8F% E5% B7% 9E% E5% BC% 80% E5% 85% 83% E5% AF% BA&forbidqc = &entityid = &preQuery = &rawQuery = &queryList = &st = &did = 14
图 2-7 泉州市舶司	网络	https://i. snssdk. com/gf/gallery/? offset = 22&from = gallery&&format = json&from_search_id = 202011060929530101980621600B665392&keyword = % E6% B3% 89% E5% B7% 9E% E5% B8% 82% E8% 88% B6% E5% 8F% B8&newurl = 1&entry = channel&aid = 1455
图 2-8 九日山祈风石刻	网络	https://pic. sogou. com/d? query = % E4% B9% 9D% E6% 97% A5% E5% B1% B1% E7% A5% 88% E9% A3% 8E% E7% 9F% B3% E5% 88% BB&forbidqc = &entityid = &preQuery = &rawQuery = &queryList = &st = &did = 26
图 2-9 六胜塔	网络	https://pic. sogou. com/ris? query = http% 3A% 2F% 2Fimg03. sogoucdn. com% 2Fapp% 2Fa% 2F100520146% 2FD020B27A96BF67AA4293DEAD116D5CDA&from = ris_sim&flag = 1&did = 4#did3
图 2-10 圣寿宝塔	自摄	
图 2-11 德化屈斗宫遗址		https://pic. sogou. com/d? query = % E5% BE% B7% E5% 8C% 96% E5% B1% 88% E6% 96% 97% E5% AE% AB% E9% 81% 97% E5% 9D% 80&forbidqc = &entityid = &preQuery = &rawQuery = &queryList = &st = &did = 2
图 2-12 清净寺	自摄	
图 2-13 草庵及摩尼光佛造像	网络	https://pic. sogou. com/d? query = % E8% 8D% 89% E5% BA% B5% E6% 91% A9% E5% B0% BC% E5% 85% 89% E4% BD% 9B&forbidqc = &entityid = &preQuery = &rawQuery = &queryList = &st = &did = 116
图 2-14 毗湿奴立身像	网络	http://www. qzhjg. cn/html/zzhdt/20190531/810. html

续表

图	来源	
图 2-15 湄洲岛妈祖庙	网络	https://pic. sogou. com/d? query=% E6% B9% 84% E6% B4% B2% E5% B2% 9B% E5% A6% 88% E7% A5% 96% E5% BA% 99&forbidqc = &entityid = &preQuery = &rawQuery=&queryList=&st=&did=17
图 2-16 柔远驿	网络	http://www. mafengwo. cn/i/8208322. html
图 2-17 郑和行香碑	网络	http://www. lvmama. com/trip/pic/94329-1465917
图 2-18 烟台山近代建筑群	网络	https://i. snssdk. com/gf/gallery/? offset = 51&from = gallery&&format = json&from_search_id = 20201106091807010198087105 5A654FAC&keyword =% E7% 83% 9F% E5% 8F% B0% E5% B1% B1% E5% 85% AC% E5% 9B% AD% E7% A6% 8F% E5% B7% 9E&newurl=1&entry=channel&aid=1455